金苑文库

浙江金融职业学院中国特色高水平高职学校建设系列成果

会计专业群
课程思政案例

ACCOUNTING

张薇　刘冰洋　编著

KUAIJI ZHUANYEQUN
KECHENG SIZHENG
ANLI

中国人民大学出版社
·北京·

《会计专业群课程思政案例》编委会

张　薇	刘冰洋	施金影	安　娜
张　亮	薛　燕	杨　艾	伊　娜
徐　菲	廖子乐	傅红英	黄文妍
谢春苗	陈燕燕	姚军胜	许　辉
黄道利	彭　博	陈文菁	倪丽丽
雷　舰	陈美丽	费含笑	薛叶佳
顾元超	郭梦婷	孙　博	孙成龙
于玲燕	牟昀汀	桑　滨	

序

　　培养什么人、怎样培养人、为谁培养人始终是高等教育的根本问题。古人说："大学之道，在明明德，在亲民，在止于至善"，也就是说大学的宗旨，在于弘扬光明正大的品德，在于使人弃旧图新，在于使人达到最完善的境界。职业教育作为类型教育，是社会主义建设者和接班人的重要培养路径，德育是高职人才达到"至善"的至关重要的一环，而课程思政是德育的重要实现路径。

　　《会计专业群课程思政案例》一书聚焦会计专业群相关专业的核心课程，展现出三大特点：

　　一是该书所撰写的相关案例紧扣《关于深化新时代学校思想政治理论课改革创新的若干意见》和《高等学校课程思政建设指导纲要》的要求，能切实为高职教师提供让学生掌握事物发展规律，通晓天下道理，丰富学识，增长见识，塑造品格，努力成为德智体美劳全面发展的社会主义建设者和接班人的有效参考。

　　二是该书深入挖掘会计专业群各门专业课程的思政元素，开展课程思政方案的整体设计，并给出了实施方案，既有静态的描述，也有动态的微视频展示，形成了立体而灵动的三维案例展现方式，能为高职教师提供课程思政方案整体设计、课程思政的课堂实施技巧等全方位的借鉴。

　　三是该书内容新、覆盖面广、可借鉴性强，不仅涵盖了"基础会计""财务会计（初级）""中级财务会计""财务管理实务""管理会计""成本核算与管理""会计职业素养"等传统核心理论课程，也涵盖了"基础会计综合模拟实训""会计综合技能""财务管理综合实训""业财一体化综合实训"等实训课程，还挖掘了"会计信息化""财务机器人应用""财务共享中心实训""财务大数据分析"等"大智移云物区"背景下的新设课程。

　　该书对会计专业群课程思政的实施所做的研究与探索，对于高职高专会计人才通过

"德育"形成职业素养具有重要价值,为人才走向"至善"提供可操作、可复制、可推广的方案。

伍中信

海南大学博士生导师

财政部会计名家

"财务管理"国家一流本科课程主持人

前　言

为深入贯彻落实习近平总书记关于教育的重要论述和全国教育大会精神，贯彻落实中共中央办公厅、国务院办公厅发布了《关于深化新时代学校思想政治理论课改革创新的若干意见》，把思想政治教育贯穿人才培养体系，全面推进高校课程思政建设，发挥好每门课程的育人作用，提高高校人才培养质量，教育部于2020年5月28日印发实施《高等学校课程思政建设指导纲要》。

高职院校要落实立德树人根本任务，必须使价值塑造、知识传授和能力培养三者融为一体、不可割裂。全面推进课程思政建设，就是要寓价值观引导于知识传授和能力培养之中，帮助学生塑造正确的世界观、人生观、价值观。本书探索会计专业群的课程思政元素的内涵与外延，以及这些思政元素应当如何落实到课程的实施中去。

本书的特色体现在以下方面：

第一，本书紧紧围绕立德树人展开，覆盖面广。本书聚焦会计专业群相关课程的思政实施，以案例方式呈现真实课堂的课程思政的组织。案例可用于大数据与会计、大数据与财务管理、大数据与审计、大数据与财税应用、信用管理、资产评估等专业相关课程的思政实施。

第二，本书的课程思政方案可复制性、可推广性强，30门课程围绕课程概况、课程教学目标与思政育人要求、课程思政方案的整体设计、育人元素实施案例、特色及创新、实施效果与教学反思等主要内容展开，既提供整体课程思政方案的设计，也给出了具体育人元素的教学实施方法。

第三，本书采用微课视频立体化、动态呈现思政方案的实施。相关微课视频涵盖大数据与会计、大数据与财务管理、大数据与审计、大数据与财税应用等专业的核心课程，为案例的应用提供直观可视的动态场景。

本书适用于高职院校大数据与会计、大数据与财务管理、大数据与审计、大数据与财税应用、信用管理等专业的一线教师。

目　录

会计类　　001

"基础会计"课程思政教学案例　　施金影 / 003
"财务会计"课程思政教学案例　　薛　燕 / 014
"中级会计实务"课程思政教学案例　　杨　艾 / 019
"成本核算与管理"课程思政教学案例　　伊　娜 / 028
"会计职业素养"课程思政教学案例　　徐　菲 / 035
"管理会计"课程思政教学案例　　廖子乐 / 039
"出纳实务"课程思政教学案例　　傅红英 / 045
CMA Part1网络公共课程思政教学案例　　黄文妍 / 052
"行业会计比较"课程思政教学案例　　谢春苗 / 055
"财会专业英语"课程思政教学案例　　陈燕燕 / 064

财务管理类　　069

"财务管理实务"课程思政教学案例　　姚军胜 / 071
"筹资管理"课程思政教学案例　　许　辉 / 075
"投资管理"课程思政教学案例　　黄道利 / 081
"全面预算管理"课程思政教学案例　　彭　博 / 085
"创新创业财务知识"课程思政教学案例　　陈文菁 / 091

会计实操类　　099

"基础会计综合模拟实训"课程思政教学案例　　张　薇 / 101
"会计综合技能"课程思政教学案例　　倪丽丽 / 109
"财务管理综合实训"课程思政教学案例　　雷　舰 / 116

财会信息化类　　　　　　　　　　　　　　　　　　　　　**121**

"会计信息化"课程思政教学案例　　　　　　　　　张　亮 / 123

"业财一体化综合实训"课程思政教学案例　　　　　陈美丽 / 127

"Excel财务应用"课程思政教学案例　　　　　　　　费含笑 / 138

"财务机器人应用"课程思政教学案例　　　　　　　薛叶佳 / 142

"财务共享中心实训"课程思政教学案例　　　　　　顾元超 / 151

"财务大数据分析"课程思政教学案例　　　　　　　郭梦婷 / 158

审计与税收类　　　　　　　　　　　　　　　　　　　　　**165**

"审计实务"课程思政教学案例　　　　　　　　　　安　娜 / 167

"内部控制"课程思政教学案例　　　　　　　　　　孙　博 / 172

"税收基础"课程思政教学案例　　　　　　　　　　孙成龙 / 176

信用管理类　　　　　　　　　　　　　　　　　　　　　　**189**

"信用管理实务"课程思政教学案例　　　　　　　　于玲燕 / 191

"金融机构信用管理"课程思政教学案例　　　　　　牟昀汀 / 196

"信用数据挖掘与处理"课程思政教学案例　　　　　桑　滨 / 204

参考文献　　　　　　　　　　　　　　　　　　　　　　/ 212

会计类

"基础会计"课程思政教学案例

◎ 施金影

一、课程概况

　　基础会计课程是浙江金融职业学院大数据与会计、大数据与财务管理、信用管理专业的专业核心课。课程以会计岗位的典型工作任务为依据设置，面向银行柜员、出纳收银、财务会计、成本核算、仓库管理、营销、统计等工作岗位。通过本课程的教学，能使学生熟练掌握会计基本理论与基础知识以及账务处理的基本知识，具备处理会计业务的基本技能和专业技能，具备基本的职业能力，使学生岗位适应能力与操作技能达到上岗标准。本课程以就业为导向，在行业专家对财会类专业所涵盖的岗位群进行任务与职业能力分析的基础上开设的。课程设置以会计循环流程为主线，根据高等职业院校财经类学生的认知特点来展示教学内容。在工作任务引领下，以情景模拟、角色互换、仿真操作、分组讨论等形式展开教学，使学生真切体会到会计人员在会计循环中所需的职业能力和实际动手能力。要求学生做学结合、边学边做，以培养学生胜任会计业务操作的职业能力，提高学生分析和解决会计问题的实际操作能力，适应岗位实际运用需要，并为学习掌握后续其他相关专业主干课程如财务会计、成本核算与管理、财务管理、财务分析等做好铺垫。

　　经过多年的课程建设，本课程团队获得了多项荣誉：《基础会计》是浙江省精品在线开放课程，教材获评"十二五"职业教育国家规划教材；2016年全国高职高专院校微课大赛一等奖，2017年浙江省高职院校教学信息化比赛二等奖，2021年浙江省高职院校教学能力比赛专业课组二等奖，2022年浙江省高职院校教学能力比赛专业课组一等奖。

二、课程教学目标与思政育人要求

　　基础会计课程的教学目标是使大学生掌握会计核算原理与方法，能够熟练进行会计凭证的填制和审核，正确完整地登记账簿以及填制会计报表。在课程教学目标的指导下，学生不仅要掌握一定的理论知识，还要具备相应的能力和素质。

　　除此之外，为了更好地落实立德树人根本任务，必须将价值塑造、知识传授和能力培养三者融为一体。因此，应增加课程思政目标，包括具有社会责任感和社会主义核心价值观，牢固树立法治观念，弘扬以爱国主义为核心的民族精神和以改革创新为核心的时代精神，深化职业理想和职业道德教育，具有经世济民、诚信服务、德法兼修的职业素养。帮助学生树立"诚信为本、操守为重、坚持原则、不做假账"的自律思想，这是会计从业人员应坚守的原则，也是会计职业道德核心价值观的体现。在学习实践过程中，不仅要让学生熟练掌握会计实践技能，同时应加深学生对会计行业的敬畏感，端正其工作态度，担起会计这份职业的责任，严格遵守工作纪律，体现优良的会计工作作风。具体内容见表1。

表1 "基础会计"课程教学目标与思政育人要求

总体目标			
通过本课程的学习，了解会计工作的环境和职业道德，认识会计工作的一般流程，理解会计要素、会计等式和复式记账法的基本原理，掌握填制和审核凭证、登记账簿和编制会计报表，具备会计核算和监督能力，培养爱岗敬业、诚实守信、廉洁自律、客观公正的会计职业态度和职业行为，提高学生财务分析、企业管理和协作沟通素质，为将来从事财务或审计工作打下坚实的基础。			
知识目标	能力目标	素质目标	思政育人要求
1.了解会计概念、职能、历史；理解会计核算基本前提和核算一般原则；掌握会计工作流程。 2.理解会计要素、会计科目和会计账户；掌握会计等式和借贷记账法。 3.掌握企业采购业务、生产业务、销售业务等日常核算。 4.掌握原始凭证、记账凭证、会计账簿、会计报表的概念、分类和填制。 5.掌握财产清查方法。	1.具有从事会计工作最基本的基础知识、基本核算和监督能力。 2.具有会计职业的就业能力和会计岗位初步职业判断能力。 3.能够完成从填制和审核凭证、设置和登记账簿、编制报表一系列会计工作流程。 4.能够进行简单财产清查工作和错账查找工作。 5.能够进行简单财务数据分析。	1.拥有良好的职业道德和敬业精神。 2.拥有较强的语言表达、职业沟通和协调能力。 3.拥有团队合作和妥善处理人际关系素质。 4.拥有良好的心理素质和克服困难的素质。 5.拥有自主学习会计新知识素质和终身学习的态度。 6.拥有踏实肯干的工作作风和热情、耐心的服务态度。	1.具有社会责任感，牢固树立社会主义核心价值观。 2.牢固树立法治观念，弘扬以爱国主义为核心的民族精神和以改革创新为核心的时代精神。 3.深化职业理想和职业道德教育，具有经世济民、诚信服务、德法兼修的职业素养。 4.树立"诚信为本、操守为重、坚持原则、不做假账"的自律思想。

三、课程思政方案的整体设计

具体内容见表2。

表2 "基础会计"课程思政元素融入课程的整体设计

序号	教学内容	课程思政育人目标	教学方法
1	会计产生与发展、会计基本假设与核算基础、会计信息质量要求、会计要素与会计等式	爱国情怀教育、爱岗敬业精神、坚定文化自信，职业道德教育、践行社会主义核心价值观	案例式教学＋讨论式教学＋启发式教学：激发学生的家国情怀、担当意识，将来走向工作岗位，做一个遵纪守法的好公民。

续表

序号	教学内容	课程思政育人目标	教学方法
2	会计科目和账户、复式记账	遵循事物发展的规律、现象和本质的方法论教育、爱国情怀教育、自信教育	案例式教学＋讨论式教学＋启发式教学：通过小组讨论，探讨复式记账法产生的理念，其所描述的规律，以及是否与人生规律有相似地方。通过人物事迹来阐述"天道酬勤"的价值观。
3	主要经济业务的核算	诚信教育、爱岗敬业教育、职业道德教育	案例式教学＋任务驱动教学法：融入减税降费对于减轻企业税费负担，增强国家经济实力，从而惠及民众的重要意义。
4	会计凭证的填制与审核	遵守会计职业道德，培养团队成员之间的相互协作	角色扮演教学＋任务驱动教学法：根据不同的岗位分工体验不同的工作任务。由学生担任会计、出纳等不同角色，参与模拟会计凭证的填制和审核。
5	会计账簿的登记	严谨认真、精益求精的工匠精神	情景式教学＋任务驱动教学法：根据不同的岗位分工体验不同的工作任务。以钟南山认真严谨家风作为案例，向学生传授严谨认真做事方法。
6	账务处理程序	诚信、遵规守纪、勇于担当、工匠精神和团队协作；不断学习和进取的精神	案例式教学＋讨论式教学＋启发式教学：结合当前大数据背景下的实际情况，介绍大数据、企业集团中的财务共享、会计人工智能化和区块链等信息技术，并且分析这些信息技术对当前会计的影响和挑战，告诫学生应快速掌握新技术，更新知识结构，以便更好适应将来工作的需要。
7	财产清查	廉洁自律、做人清白、做事认真	案例式教学＋任务驱动教学法：通过财产清查学习，教育学生将来在工作中不要被物质利益所诱惑，让学生意识到廉洁自律、做人要清白、做事要认真的重要性。
8	财务报告	诚实守信、遵规守纪、坚持准则、不做假账；勇于担当、团队协作和工匠精神	案例式教学＋任务驱动教学法：结合财务实务界曝出的财务造假事件，引导学生树立法治理念、诚信理念和准则理念，让学生意识到做假账可耻，财务造假不仅损害国家利益，还损害社会公众的利益。

四、育人元素实施案例

具体内容见表3。

表3 "基础会计"课程育人元素实施案例

教学内容	填制与审核原始凭证		
教学目的	1. 熟悉原始凭证的概念、分类 2. 掌握原始凭证的填制方法 3. 掌握原始凭证的审核		
教学重点	原始凭证的审核		
教学难点	原始凭证的填制		
课程思政育人内容	重点介绍原始凭证审核的要点,通过案例讨论使学生深刻理解原始凭证审核工作的重大意义和对学生在工作严谨性、工匠精神培养以及职业道德养成的重要意义。		
课程平台	中国大学MOOC学习平台 (https://www.icourse163.org/)	课时数	
教学方法	案例教学法、任务驱动法	教学场所	6106
思政教学设计与组织	一、课前准备 1. 学习平台上微课视频课件的学习 2. 课前测试——重点测试"举例说出常见的凭证有哪些" 3. 讲评反馈——讲评测试内容,反馈考评结果 二、组织新课 (一)思政案例导入(10′) 1. 案例简介:发票报销用心苦,套现吸金终败露 2016年,三亚市城郊人民检察院指控三亚市某园林开发公司总经理周某利用职务之便,通过购买虚假发票和虚开发票的方式贪污公款。 调查发现,周某常以"会务费"的名义虚构单位旅游活动,事后通过虚开发票或从不法人员处购得的假发票交给公司财务部门,报销其个人消费。2011年6月,周某就曾授意当时的办公室主任吴某以"单位旅游活动"为由,向公司财务借款56 000元现金,供其个人使用。为了冲抵此次借款,周某通过向海南某假期旅行社支付增值税额4 480元的方式,取得了该旅行社开具的一张面值为56 000元的发票。同时,周某不知从何处取得了一份与该发票对应的《旅游合同》。"处事周到"的周某担忧这些材料不符合公司的财务制度,于是特意在发票后面签上了自己的名字,并在《旅游合同》上加盖了公司的公章。为使材料更具可信性,周某还"发动"办公室的两名职工,让他们在发票后面签字验证,真可谓"用心良苦"。这样一来万事俱备,周某顺利地将这份发票和合同拿到财务处,冲抵了自己56 000元的借款。 此外,根据公司内部人员指证,周某自2008开始除了经常以从未举办的单位活动套现吸金外,还时常以预借引种费为由向公司财务借现金,然后购买假发票冲抵。据法院调查核实,周某任总经理期间共贪污公款71万余元,鉴于其还有其他罪行,数罪并罚,最终被判处有期徒刑13年。		

"基础会计"课程思政教学案例

续表

教学内容	填制与审核原始凭证
思政教学设计与组织	2. 案例点评 　　本案例描述了在原始凭证审核过程中由于会计人员工作的严谨性、内部控制的完整及有效性以及会计人员职业道德方面所存在的问题而导致虚假业务得以顺利通过原始凭证的审核环节，从而导致单位损失的情形。教学目的在于使学生对原始凭证审核要点形成清晰的认知，引导学生树立对工作中的工匠精神和良好的职业道德重要性的认知。 　　3. 思政元素 　　案例中明确提到，周某仅以一张虚开的发票与一份来路不明的合同，报销"单位旅游费用"，说明公司财务人员在进行原始凭证审核时存在玩忽职守的行为。企业的会务费报销没有提供旅游活动计划与预算明细、实际活动组织开展的证明材料、花费支出清单明细等佐证资料，财务人员在此过程中本应对报销事由、报销依据、报销发票真实性及合理性等进行严格审核逐层把关，审核无误后方可按照合同规定及时办理付款。该单位此类行为能屡次发生，说明在原始凭证的审核方面存在缺陷，应加强财务人员工匠精神的教育与职业道德意识的提升。 　　4. 课程思政教学目标 　　（1）通过案例讨论，让学生了解原始凭证审核的要点及严格实施对保障企业利益不受侵害的重大意义。 　　（2）强化学生的工匠精神，使学生意识到职业道德的养成是其职业能力最重要的组成部分。 　　（二）知识点1：原始凭证的概念与分类（20'） 　　1. 教学环节——互动讨论 　　背景资料：李明2019年7月从浙江某财经职业学院毕业，任杭州新飞科技服务公司财务处出纳。2019年12月2日该公司收到银行收账通知单，收到东方后勤公司上月欠款120 000元。12月5日，业务员王凯出差预借差旅费5 000元，"借款单"李明审核后，以现金付讫。12月6日，李明根据"工资结算表"，以现金96 000元发放公司员工工资。12月8日，该公司负责生产设计的李副经理持一张金额为1 260元的发票前来报销，发票上注明系樱花牌除油烟机。经李明审核，发票上应填的内容齐全。12月12日，该公司何副董事长持一张金额为1 000元，开票日期为当年1月份的发票前来报销，并称这是当时出差回来后遗失而现在找到的发票。 　　问题：分析上述经济业务发生后分别涉及哪些原始凭证？哪些属于外来或自制凭证？李副经理和何副董事长的发票能否报销？为什么？原始凭证的审核包括几个方面？ 　　主题1：会计凭证的概念与作用 　　专业解析：会计凭证是记录经济业务事项发生或完成情况的书面证明，也是登记账簿的依据。 　　主题2：会计凭证的分类？ 　　专业解析：（略） 　　主题3：原始凭证的概念与分类

续表

教学内容	填制与审核原始凭证
思政教学设计与组织	专业解析： （1）原始凭证的概念。 原始凭证又称单据，是在经济业务发生或完成时取得或填制的，用以记录或证明经济业务的发生或完成情况的文字凭据。 （2）原始凭证的种类。 1）原始凭证按其来源不同分类，可以分为外来原始凭证和自制原始凭证两种。 外来原始凭证：指在经济业务发生或完成时，从其他单位或个人直接取得的原始凭证。 常见的外来原始凭证，如购货时取得的增值税专用发票、收款单位开出的收款收据、银行的各种结算凭证、出差取得的飞机票、车船票、住宿发票等。 （浙江省增值税专用发票样张） 自制原始凭证：指由本单位内部经办业务的部门和人员，在执行或完成某项经济业务时填制的、仅供本单位内部使用的原始凭证。 常见的自制原始凭证，如材料验收入库时填制的收料单、领用材料时填写的领料单、限额领料单，产品入库单、产品出库单、借款单、工资发放明细表、折旧计算表等。 2）按格式不同可以分为通用凭证和专用凭证。 通用凭证：指由有关部门统一印制、在一定范围内使用的具有统一格式和使用方法的原始凭证。如国家统一的异地结算银行凭证、各类税务发票。 专用凭证：指由单位自行印制、仅在本单位内部使用的原始凭证。如领料单、差旅费报销单、折旧计算表、借款单等。 3）原始凭证按照填制手续及内容不同分类，可以分为一次凭证、累计凭证和汇总凭证。 一次凭证：在经济业务发生时，由经办人员填制，一般只反映一项经济业务或者同时反映若干同类性质的经济业务。 常见的一次凭证，如领料单、工作单、销货发票等。 累计凭证：多次有效的凭证，在一张凭证内可以连续登记相同性质的业务，随时结出累计数及结余数，并按照费用限额进行费用控制，期末按实际发生额记账。

续表

教学内容	填制与审核原始凭证
思政教学设计与组织	常见的累计凭证，如限额领料单。 汇总凭证：也称原始凭证汇总表，是对一定时期内反映经济业务内容相同的若干张原始凭证，按照一定标准综合填制的原始凭证。 常见的汇总凭证，如材料耗用汇总表、工资结算汇总表、差旅费报销单等。 （借款单、限额领料单、差旅费报销单 样表） 2. 教学环节——头脑风暴 主题1：原始凭证与记账凭证的区别？ 专业解析：（略） 主题2：会计小陈拿着一批单据，包括盘点盈亏表、经济合同、增值税专用发票、材料请购单、银行对账单、生产通知单、领料单、火车票，请你帮小陈辨别其中哪些属于原始凭证。

续表

教学内容	填制与审核原始凭证
思政教学设计与组织	专业解析：原始凭证最大的特点是必须具体载明已经发生或完成的经济业务，所以上述单据中：经济合同、材料请购单、银行对账单、生产通知单不是原始凭证。 　　主题3：原始凭证的基本内容有哪些？ 　　专业解析： 　　（1）原始凭证名称。 　　（2）填制原始凭证的日期。 　　（3）接受原始凭证的单位名称。 　　（4）经济业务内容（含数量、单价、金额等）。 　　（5）填制单位签章。 　　（6）有关人员签章。 　　（7）凭证附件。 　　主题4：原始凭证的填制要求。 　　专业解析： 　　（1）记录要真实。 　　（2）内容要完整。 　　（3）手续要完备。 　　（4）书写要清楚、规范。 　　（5）编号要连续。 　　（6）不得涂改、刮擦、挖补。 　　（7）填制要及时。 　　（三）知识点2：原始凭证的审核（10'） 　　（1）真实性审核。 　　（2）合法性审核。 　　（3）合理性审核。 　　（4）完整性审核。 　　（5）正确性审核。 　　（6）及时性审核。 　　主题5：原始凭证错误的更正 　　（1）原始凭证所加载的各项内容均不得涂改。随意涂改的原始凭证即为无效凭证，不能作为填制原始凭证或登记会计账簿的依据。 　　（2）原始凭证记载内容有错误的，应当由开具单位重开或更正，并在更正处加盖出具凭证单位印章。 　　（3）原始凭证金额出现错误的，不得更正，只能由原始凭证开具单位重新开具。 　　（4）原始凭证开具单位应当依法开具准确无误的原始凭证。对于填制有误的原始凭证，负有更正和重新开具的法律义务，不得拒绝。
教学反思	在讲授课程过程中，应该深度挖掘"基础会计"课程中所蕴含的思想价值和精神内涵，创新教学方式方法，利用案例教学、微视频、情景教学、线上和线下混合教学等方法，在向学生传授知识的过程中，渗透德育教育，培养社会主义核心价值观，充分将专业内容与思政元素有机融合，将知识目标、能力目标以及素质目标纳入课程目标设计中，实现

续表

教学内容	填制与审核原始凭证
教学反思	思想政治教育和知识体系教育的有机统一，价值引领和知识传授、能力培养的有机统一，教书和育人的有机统一。通过基础会计课程的学习，学生不仅能够掌握会计的基本理论知识和会计核算的基本能力，同时培养学生爱国、敬业、诚实守信、遵规守纪、廉洁自律、勇于担当、不断创新等会计人员应该具备的思想品质。

五、特色及创新

（一）思政元素挖掘的创新

从事物发展的规律与共性出发，将会计核算方法和原理对接人生做事的方法和态度。会计专业能够不断地发展，是因为其通过更有效的方法，满足使用者的需求。这于人生是相通的。人生具有价值一定是不断地提高做事效率，考虑他人需求，这两点是相通的。

（二）教学方法创新

1. 案例选取的创新

在授课过程中，根据不同的授课内容选取不同的课程思政案例。通过我国会计泰斗级人物潘序伦先生、郭道扬教授等名人故事，以及某个财务造假案例，将课程思政和专业知识有机结合。结合财务造假案例将专业知识和思政知识结合的过程进行分析；选用热点事件和人物作为案例，使学生产生共鸣。根据教材内容、结合时事选择针对性强的案例，这样不但能提升整体的教学成果，理论和实践相互补充，实现教育教学的举一反三，而且能使学生在最短的时间内获得最有用的专业知识和思政教育，最大限度地调动学生的学习潜能，发挥学生学习的主动性，实现案例教学效用的最大化。案例不仅使学生学到了理论知识，还培养了学生的会计职业道德素养。

2. 任务驱动教学实践的创新

任务驱动法主要应用在会计核算组织程序、财务报表的编制及手工实训、第二课堂等模块知识的学习中。会计核算组织程序这一模块应用任务驱动教学法，可以激发学生的团队合作意识，让学生知道财务人员要有诚实守信的职业道德素养，在工作中实现自我价值和社会价值的统一。

除了以上两种主要的教学方法外，还采用了线上线下混合式教学、讨论法、启发式教学法。基础会计借助中国大学慕课、浙江省精品在线开放课程等教学平台向学生发布视频、课件等教学资源，让学生利用课余时间在线下进行课前知识预习和对已学知识的练习，为线上课堂教学留出更多时间，用于学生展示自己的学习成果。借助相应的案例可以让学生分组进行讨论，这样能更好地发挥学生的主动性、积极性，有利于培养学生的口头表达能力、沟通能力、团队合作精神等。

六、实施效果与教学反思

（一）实施效果评价

课程思政教学效果如何，需要有一定的评价标准和评价体系，目前可以从短期效果和长期效果两个方面进行评价。课程思政的短期教学效果评价可以从以下两个方面进行：第一，教师可以通过课堂学生的及时反馈了解课程思政实施的效果，如学生学习的专注度、提问情况、课堂讨论等。第二，课后作业及第二课堂。根据课后作业的完成情况及完成质量、手工实训的全过程及其结果、各种竞赛的成绩、为学院及学校增光添彩的各个项目等来进行确定。财管211财管212班的"基础会计"课程体现出严谨求实孜以求的学习态度和工匠精神，并获校学风示范班标兵班的荣誉称号；初级考证通过率在30%以上。

课程思政的长期教学效果评价侧重于学生未来的视角。第一，毕业实习阶段实习单位的评价。通过为期三个月的实习，由实习单位对学生实习期间的表现进行客观评价，了解学生是否具有经世济民、诚信服务、德法兼修的职业素养。第二，建立毕业生工作档案，监督学生毕业后一定期间是否有违法违纪、不诚实守信的现象，是否具备运用法治思维和法治方式维护自身权利、化解矛盾纠纷的意识和能力。毕业反馈信息，每年由第三方出具毕业生就业情况反馈调查表。

（二）教学反思

1. 充分采用多元教学手段

通过线上线下相结合将思政元素借由最新案例、生动视频等多元形式融入课堂，而非枯燥地说教。课程思政绝不是生硬地在专业课中讲授思政课内容，而是将思想政治教育元素有机融入专业课教学中，将思政之"盐"，融于课程之"汤"。

2. 创设教学情境，激发深层思考

对于"基础会计"课程来说，与现实实践贴合紧，对职业道德要求高，因而使知识的获取和价值观塑造在教学中有机融合尤为必要。通过系统地教学设计，例如在"思考与讨论"环节，通过不断转换预设身份，激发学生思考在不同情境下的职业道德选择，加大对青年学生的思政培养要求与本课程在知识层面的契合度，在提升其专业素养的同时锻造其思想政治素质和职业道德修养。

3. 突出学生主体地位

采用以学生为中心的参与式教学活动，通过案例引入和问题导向式学习，鼓励学生思考、讨论、踊跃发言，激发学生的学习兴趣和对所学内容的总括了解。然后通过及时的考核评价来掌握学生的实际学习情况，以对教学过程进行动态调整从而达到最佳的课程思政教学效果。

"财务会计"课程思政教学案例

◎ 薛 燕

一、课程概况

财务会计课程是高职财经商贸类学科的专业核心课程，本课程以培养学生会计核算能力为主线，全面提升学生对企业商业信息的会计分析、判断与处理能力，注重学生诚实守信、遵守准则的职业精神的培养，认真严谨、踏实细致的"工匠精神"养成。

财务会计课程遵循"职业能力导向"的人才培养原则，通过岗位分解任务，以任务连接知识、能力和素质，实现会计理论与实务的统一。课程整体设计注重与会计行业工作标准、会计岗位组织设置和会计业务能力素质的"三个对接"，突出能力培养，注重业务规范，旨在实践应用。学习者需要具备相关的会计基础知识与基本技能储备，课程选取了企业典型出纳岗位、材料物资岗位、固定资产岗位、无形资产及其他资产岗位、往来结算岗位、债务资金岗位、投资资金岗位、权益资金岗位、收入岗位、利润岗位、总账报表岗位等12个工作岗位为项目单元，共40余项工作任务为载体，全面地展现了企业财务会计工作的主要内容。

本课程先修课程包括基础会计、财经职业道德等，后修课程包括中级会计实务、成本核算与管理、企业纳税实务等。

二、课程教学目标与思政育人要求

在课程思政理念的引导下，社会主义核心价值观贯穿整个教学过程，和会计专业知识传授相融，充分发挥专业课程的思想政治教育功能，让专业课程也能真正实现高校育人工作，实现育人价值。"财务会计"教学内容将体现思想性、理论性、现实性与前瞻性，达到理论与实践相统一。在专业课程思政视域下，在课堂理论教学中，让学生形成健康的世界观、人生观、价值观、法治观和道德观，养成良好的会计职业素养，具备会计职业道德与会计职业行为规范，践行社会主义核心价值观于日常学习与生活中，在将来的工作中做到"爱岗敬业，遵循准则，不做假账"。

本课程的课程思政教学的要点分解：
（1）培养学生热爱会计工作，忠于职守，尽心尽力，尽职尽责的敬业精神；
（2）培养学生严肃认真、严谨细致的工作作风；
（3）培养学生坚持准则，诚实守信，不弄虚作假的职业操守；
（4）鼓励学生积极参与社会实践，在实践中体验企业财务会计工作实务，理论联系实际，知行合一。

三、课程思政方案的整体设计

具体内容见表1。

表1 "财务会计"课程思政元素融入课程的整体设计

序号	教学内容	课程思政育人目标	教学方法
1	总论	"法治、诚信"价值观、会计职业道德的八项要求	讲解会计文化的演变，激发同学们对中华文化的自豪感。 会计人员遵守会计法律、坚守会计准则，这是树立正确法治观的要求。 批判性地引入财务造假案例，讨论会计人员诚信缺失的行为，使学生们坚守诚信，把握可靠性等信息质量要求。 引导学生树立职业理想，初级、中级、高级会计师的职业进阶。
2	货币资金	"诚信"价值观、坚守准则	不相容岗位分离以及授权批准等内部控制手段与学生请假申请报批、诚信应考等联系起来。《现金管理暂行条例》《支付结算管理办法》等规定，引导学生守法守纪。
3	应收项目	商业信用的重要性、"友善"价值观、理性谨慎	通过与他人交往之间的金钱往来，说明信用的重要性，引导理性原则，分析财务风险。
4	存货	树立爱国情怀、"诚信"价值观	引入獐子岛失踪的扇贝案例，揭示财务造假的危害；结合新冠疫情初期口罩这一项存货供不应求的情况，讲解可变现净值的实质。教育同学们强化诚信意识。
5	投资	树立风险意识、风险与报酬均衡、会计职业道德	金融市场价格波动引入资产的公允价值计量，进而强调风险与报酬相均衡，引导学生们做理性投资者和消费者。
6	固定资产	把握重要性、重视固定资产，理性谨慎	固定资产的折旧，既有使用产生的磨损，也有技术进步导致的无形磨损，引导学生们在新技术环境下，多多提高技能，成为创新人才。
7	无形资产	重视研发，培养创新精神	融入爱国情怀，强调科学技术是第一生产力，鼓励学生们注重创新，为自己增加无形的价值。

续表

序号	教学内容	课程思政育人目标	教学方法
8	负债	商业信用、"友善、法治"价值观、"依法纳税"信念	将偷漏税等社会新闻引入课堂,提醒学生注意,会计人员应坚持依法纳税,维护国家利益。税收是取之于民用之于民的,引导学生树立纳税光荣的意识;引导学生熟悉工资的构成,熟悉单位工资发放流程,树立薪酬岗位荣誉感。
9	所有者权益	"敬业、法治"核心价值观	从债权人和股东两者出发,阐述负债和所有者权益的区别。
10	收入费用利润	"诚信"价值观,坚持准则,反对不恰当消费,强化职业道德	收入的确认不得高估,这是谨慎性的质量要求,同时成本费用的发生应如实记录,这是可靠性的质量要求,引导学生们日常生活中节约用水用电,爱护学校公物等。
11	财务报表	坚持"诚信"价值观,不做假账	引导同学们收集财务造假案例,并深入分析其对社会的不良影响,坚守诚信的价值观与职业操守的重要性。

四、育人元素实施案例

具体内容见表2。

表2 "财务会计"课程育人元素实施案例

实施案例	无形资产
育人教学目标	针对学生的特点及教学改革的需要,重置教学目标,以无形资产项目教学单元为例,挖掘项目单元教学思政元素,构建课程思政三维教学目标。 1. 德育目标 改革后的课程以贯彻职业道德、职业精神为前提,以实现职业技能为导向,以培养德才兼备的学生为全面发展目标。根据无形资产的具体内容和业务处理流程融入课程思政教育元素,通过课程学习培养学生诚实守信、爱岗敬业、坚持准则、服务他人的职业素养,增强学生爱党爱国的情怀。 2. 知识目标 学生通过课前、课中、课后三个环节的学习,了解无形资产的定义、特点,掌握无形资产的确认和初始计量、学会区分内部研究开发支出中资本化支出和费用化支出、精通后续计量中使用寿命有限的无形资产的摊销和使用寿命不确定的无形资产的减值测试,重点掌握无形资产处置的业务处理。 3. 能力目标 学生不仅要掌握无形资产有关的理论知识,还要熟悉处理无形资产取得业务、内部研发支出业务、无形资产摊销和减值业务的方法,并重点掌握处理无形资产出租、出售和报废业务的方法。
课程思政教学内容	项目四无形资产导入环节,教师通过分析蓝田股份从"中国农业第一股"变成退市股的原因,引入课程思政内容,在师生共同探讨中得出"任何一家企业要想做大做强做长久,企业内部员工,特别是财务人员都要坚持准则,诚实守信,不能滥用权力"的结论。又如,在讲解著作权是典型的无形资产时,教师可以结合论文抄袭、代

续表

实施案例	无形资产
课程思政教学内容	写的现象，告诫学生做学术时要诚实守法，不能有剽窃他人成果的想法，同时作为财会人员也要以诚信为本、操守为重、遵循准则、保证会计信息的真实可靠。此外，在讲授无形资产的专利权和专利技术时，教师可以引入华为超级计算机技术和软件技术，介绍华为公司研发的超级计算机大大提升了我国相关领域的自主创新能力，且华为超级计算机核心部件已实现完全国产化，让学生感知中国的强大，增强学生的民族自豪感，弘扬爱国主义精神。 项目教学的第二部分内容是内部研发形成无形资产的确认和计量。教师让学生通过课中在线讨论的方式，探讨如何区分华为超级计算机技术的研究阶段和开发阶段，并引导学生思考，如果自己作为华为技术部的员工，在核心技术研发中应遵守什么职业道德，以此引导学生逐步养成诚实守信、爱岗敬业、保守商业机密的职业操守。 项目教学的第三部分内容是无形资产的后续计量，第四部分内容是无形资产的处置，重点考核学生的业务处理能力。教师在授课过程中重点讲解业务处理基本规范，让学生利用实训平台进行仿真模拟实训。学生在实训过程中，教师要通过后台数据实时了解学生技能掌握情况。课程总结以学生分组讨论的形式进行，学生根据所学无形资产项目单元内容，提炼总结财务人员在实际工作中应具备的职业道德。对此，教师可以湖北武汉金银潭医院张定宇院长的敬业故事为结尾，鼓励学生要爱岗敬业、干一行爱一行，让学生了解到做好自己的本职工作就是爱家爱国的表现，让学生在未来的财务实际工作中遵守会计职业道德，诚实守信、守法守则、爱岗敬业、强化服务。
教学方法和举措	1. 做好基于课程思政理念的教学准备 教师在授课前要认真搜集资料，挖掘项目教学单元蕴含的思政元素，紧扣德育目标设计好思政育人的情景环节，将德育目标与专业知识目标进行有效融合，在系统专业知识学习中渗透德育。做好课前德育目标任务的布置后，教师引导学生查阅蓝田股份绩优神话终结的案例，思考蓝田绩优股份神话终结的主要原因，并从案例中提取会计人员应具备的职业道德。 教师需提前准备好专业知识点的教学材料，并上传至网络学习平台，让学生在课前通过平台学习做好项目预习，进行课前练习，教师再通过学生练习结果分析了解学生对项目知识点的学习情况。课堂中，教师就学生的预习情况进行有针对性的讲解，以此提高课堂教学效率。这样不仅能使学生学到相应的理论知识，还可以有充裕的时间来渗透相关知识点的德育内容，实现文化和思政协同教育的目标。 **无形资产项目具体德育目标及具体案例** | 德育目标 | 紧扣的知识点或技能点 | 具体案例 | |---|---|---| | 诚实守信、守法守则 | 无形资产的导入——著作权 | 蓝田股份绩优神话的终结 | | 爱国精神 | 无形资产的定义——专利权、专利技术 | 华为超级计算机技术 | | 职业道德 | 无形资产的确认和计量 | 华为技术 | | 爱岗敬业、强化服务 | 无形资产业务技能操作 | 抗击新冠疫情的感人事迹：湖北武汉金银潭医院张定宇院长 | 2. 采用多元教学策略促进课程与思政有效融合 教师根据教学内容与教学目标，制定课前自主学习、课中"讨学"结合、当堂技

续表

实施案例	无形资产
教学方法和举措	能训练、课后技能拓展的教学策略。课前，学生通过网络资源搜索完成课前任务，通过职教云平台、QQ班群等线上平台观看教师上传的学习材料，以此提高自身自主学习与信息收集能力。课中，教师采用理论讲授渗透、案例教学引导、线上互动强化、课程实践体验的混合式教学手段，促进课程思政和专业知识的有效融合。课后，教师在线上学习平台布置课后作业，利用虚拟仿真实训平台强化学生的实操业务处理能力。 3.利用信息化手段有序展开课程思政教学 　　信息化时代离不开信息化手段，课程思政教改更是如此。为更好地完成课程改革，教师可以依托职教云浙江省在线开放课程平台等平台，将课前准备好的课程教学内容和相关知识点的德育案例上传平台，发布课前预习内容，并在课中运用在线学习平台进行签到、讨论、提问、头脑风暴、随堂评价等活动，课后让学生完成平台作业和师生评价。

五、特色及创新

本次教学的开展借助浙江省在线开放课程和职教云两大平台。学生在课前利用浙江省开放课程平台自主观看教学视频，阅读电子教材、课件等，完成理论知识学习和测试。在课堂上，借助职教云平台课前设置好的问题，通过讨论、提问、头脑风暴等环节，让学生参与课堂，引导其思考问题。教师组织大量课堂活动来帮助学生消化、理解理论知识，进而达到理论指导实践的目的，实现有效的翻转课堂教学方式。

六、实施效果与教学反思

（一）理论知识结合思政热点

本次会计课堂思政教育通过学习无形资产理论知识点，结合当下学术诚信的热点话题，点明知识点背后折射出的会计思政内涵。学生课堂参与度高，学习积极性高，在掌握知识的同时，领悟到了会计职业道德要求，提高了精神境界。

（二）借助线上平台开展远程授课

借助传统的QQ交流工具，运用屏幕分享，可以轻松展现教师端的课件、视频等教学素材。在新课的授课过程中，通过QQ通话，学生可随时解除静音功能进行发言，通过这种方式，确保学生在课堂上集中注意力，活跃课堂气氛，在教学过程中注重互动与讨论，能获得更好的交互体验。

"中级会计实务"课程思政教学案例

◎ 杨　艾

一、课程概况

"中级会计实务"课程遵循"职业能力导向"的人才培养原则，通过岗位分解任务，以任务连接知识、能力和素质，实现会计理论与实务相统一。课程整体设计注重与会计行业工作标准、会计岗位组织设置和会计业务能力素质的"三个对接"，突出能力培养，注重业务规范，旨在实践应用。该课程以会计假设的松动和会计原则的延伸为前提，就财务会计领域中新的、特殊的会计问题进行阐述，是对财务会计的突破和扩展。学习本课程，应在重点把握中级财务会计的理论基础、构成内容的基础上，掌握金融资产、投资性房地产、长期股权投资、非货币性资产交换、资产减值、借款费用、债务重组、或有事项、所得税、外币业务、会计政策、会计估计变更和差错更正、资产负债表日后事项等各种特殊会计业务的特点、处理原则及其方法。

二、课程教学目标与思政育人要求

本课程是在学习财务会计基础上，为进一步提高学生会计理论水平和应用能力而设置的一体化课程。本课程以培养学生会计核算能力为主线，全面提升学生对企业商业信息的会计分析、判断与处理能力，注重学生诚实守信、遵守准则的职业精神的培养，学生认真严谨、踏实细致的"工匠精神"养成。

在课程思政理念的引导下，将社会主义核心价值观贯穿整个教学过程，和会计专业知识传授相融，充分发挥专业课程的思想政治教育功能，让专业课程也能真正实现高校育人工作，实现育人价值。中级会计实务教学内容将体现思想性、理论性、现实性与前瞻性，达到理论与实践相统一。在课程思政视域下，在课堂理论教学中，让学生形成健康的世界观、人生观、价值观、法治观和道德观，养成良好的会计职业素养，具备会计职业道德，掌握会计职业行为规范，践行社会主义核心价值观于日常工作之中，做到"爱岗敬业，遵循准则，不做假账"。

本课程的课程思政教学的要点分解：

（1）培养学生热爱会计工作，忠于职守，尽心尽力，尽职尽责的敬业精神；

（2）培养学生严肃认真、严谨细致的工作作风；

（3）培养学生坚持准则，诚实守信，不弄虚作假的职业操守；

（4）鼓励学生积极参与社会实践，在实践中体验企业财务会计工作实务，理论联系实际，知行合一。

三、课程思政方案的整体设计

"中级会计实务"课程通过对教学案例的选取和设计，在案例中渗透进课程思政元素，切实解决专业教学内容和课程思政元素两张皮的问题。具体设计思路见表1。

表1 "中级会计实务"课程思政元素融入课程的整体设计

序号	教学内容	课程思政育人目标	教学方法
1	金融资产	1.培养学生热爱会计工作，忠于职守、尽心尽力、尽职尽责的敬业精神。 2.培养学生严肃认真、严谨细致的工作作风。 3.培养学生坚持准则、诚实守信、不弄虚作假的职业操守。 4.鼓励学生积极参与社会实践，在实践中体验企业金融资产业务实务，理论联系实际，知行合一。	1.引导案例：美股再熔断 贝索斯一天损失近千亿！体现制度认知。 2.债权投资案例、其他债权投资案例、其他权益工具投资案例、交易性金融资产案例，体现严肃认真、严谨细致的工作作风和坚持准则的职业操守。 3.通过课堂实训让学生体验忠于职守，尽心尽力、尽职尽责的敬业精神和理论联系实际，知行合一的工作态度。
2	长期股权投资	1.培养学生热爱会计工作，忠于职守、尽心尽力、尽职尽责的敬业精神。 2.培养学生严肃认真、严谨细致的工作作风。 3.培养学生坚持准则、诚实守信、不弄虚作假的职业操守。 4.鼓励学生积极参与社会实践，在实践中体验企业长期股权投资业务实务，理论联系实际，知行合一。	1.引导案例："中国水务"和"深圳建信"股权交易案例，体现理论联系实际，知行合一。 2.长期股权投资的取得、成本法计量、权益法计量等业务案例，体现严肃认真、严谨细致的工作作风。 3.通过课堂实训让学生体验忠于职守，尽心尽力、尽职尽责的敬业精神和理论联系实际，知行合一的工作态度。
3	投资性房地产	1.培养学生热爱会计工作，忠于职守、尽心尽力、尽职尽责的敬业精神。 2.培养学生严肃认真、严谨细致的工作作风。 3.培养学生坚持准则、诚实守信、不弄虚作假的职业操守。 4.鼓励学生积极参与社会实践，在实践中体验企业投资性房地产业务实务，理论联系实际，知行合一。	1.引导案例：上市公司"炒房"热，体现理论联系实际，知行合一。 2.投资性房地产分类案例，体现严肃认真、严谨细致的工作作风。 3.投资性房地产的初始计量、后续计量、出售等案例，体现坚持准则、忠于职守、尽心尽力、尽职尽责的敬业精神。 4.投资性房地产的转换案例，体现诚实守信，不弄虚作假的职业操守。

续表

序号	教学内容	课程思政育人目标	教学方法
3	投资性房地产		5.通过课堂实训让学生体验忠于职守、尽心尽力、尽职尽责的敬业精神和理论联系实际、知行合一的工作态度。
4	非货币性资产交换	1.培养学生热爱会计工作，忠于职守、尽心尽力、尽职尽责的敬业精神。 2.培养学生严肃认真、严谨细致的工作作风。 3.培养学生坚持准则，诚实守信、不弄虚作假的职业操守。 4.鼓励学生积极参与社会实践，在实践中体验企业非货币性资产交换业务实务，理论联系实际，知行合一。	1.引导案例：大商股份资产交换案，体现理论联系实际，知行合一。 2.商业实质的判断案例，体现会计职业判断、诚实守信、不弄虚作假。 3.非货币性资产交换案例，体现坚持准则，忠于职守、尽心尽力、尽职尽责的敬业精神。 4.通过课堂实训让学生体验忠于职守、尽心尽力、尽职尽责的敬业精神和理论联系实际，知行合一的工作态度。
5	资产减值	1.培养学生热爱会计工作，忠于职守、尽心尽力、尽职尽责的敬业精神。 2.培养学生严肃认真、严谨细致的工作作风。 3.培养学生坚持准则，诚实守信、不弄虚作假的职业操守。 4.鼓励学生积极参与社会实践，在实践中体验企业资产减值业务实务，理论联系实际，知行合一。	1.典型案例：多家上市公司计提大额资产减值，体现诚实守信，不弄虚作假的职业操守。 2.资产减值案例，体现诚实守信，不弄虚作假的职业操守。 3.通过课堂实训让学生体验忠于职守、尽心尽力、尽职尽责的敬业精神和理论联系实际，知行合一的工作态度。
6	借款费用	1.培养学生热爱会计工作，忠于职守、尽心尽力、尽职尽责的敬业精神。 2.培养学生严肃认真、严谨细致的工作作风。 3.培养学生坚持准则，诚实守信、不弄虚作假的职业操守。 4.鼓励学生积极参与社会实践，在实践中体验企业借款费用业务实务，理论联系实际，知行合一。	1.引导案例："大东南"的盈余管理，体现诚实守信，不弄虚作假的职业操守。 2.专门借款和一般借款费用的计算案例，体现忠于职守、尽心尽力、尽职尽责的敬业精神。 3.通过课堂实训让学生体验忠于职守、尽心尽力、尽职尽责的敬业精神和理论联系实际，知行合一的工作态度。
7	债务重组	1.培养学生热爱会计工作，忠于职守、尽心尽力、尽职尽责的敬业精神。 2.培养学生严肃认真、严谨细致的工作作风。 3.培养学生坚持准则，诚实守信、不弄虚作假的职业操守。 4.鼓励学生积极参与社会实践，在实践中体验企业债务重组业务实务，理论联系实际，知行合一。	1.引导案例：温州立人集团22亿债务重组案，体现理论联系实际，知行合一。 2.债务重组业务案例，体现坚持准则，诚实守信，忠于职守、尽心尽力、尽职尽责的敬业精神。 3.通过课堂实训让学生体验忠于职守、尽心尽力、尽职尽责的敬业精神和理论联系实际，知行合一的工作态度。

续表

序号	教学内容	课程思政育人目标	教学方法
8	或有事项	1.培养学生热爱会计工作,忠于职守,尽心尽力、尽职尽责的敬业精神。 2.培养学生严肃认真、严谨细致的工作作风。 3.培养学生坚持准则,诚实守信、不弄虚作假的职业操守。 4.鼓励学生积极参与社会实践,在实践中体验企业或有事项业务实务,理论联系实际,知行合一。	1.引导案例:飞科电器未决诉讼案,体现遵纪守法、理论联系实际,知行合一。 2.未决诉讼、债务担保、产品质量保证、亏损合同对应案例,体现坚持准则,诚实守信,不弄虚作假的职业操守。 3.通过课堂实训让学生体验忠于职守,尽心尽力、尽职尽责的敬业精神和理论联系实际,知行合一的工作态度。
9	所得税	1.培养学生热爱会计工作,忠于职守,尽心尽力、尽职尽责的敬业精神。 2.培养学生严肃认真、严谨细致的工作作风。 3.培养学生坚持准则,诚实守信、不弄虚作假的职业操守。 4.鼓励学生积极参与社会实践,在实践中体验企业所得税业务实务,理论联系实际,知行合一。	1.引导案例:递延所得税的"魔法",体现遵纪守法、理论联系实际,知行合一。 2.应交所得税、递延所得税、所得税费用相关案例,体现遵纪守法、严肃认真、严谨细致的工作作风。 3.通过课堂实训让学生体验忠于职守,尽心尽力、尽职尽责的敬业精神和理论联系实际,知行合一的工作态度。
10	外币业务	1.培养学生热爱会计工作,忠于职守,尽心尽力,尽职尽责的敬业精神。 2.培养学生严肃认真、严谨细致的工作作风。 3.培养学生坚持准则,诚实守信、不弄虚作假的职业操守。 4.鼓励学生积极参与社会实践,在实践中体验企业外币业务实务,理论联系实际,知行合一。	1.引导案例:汇兑损失影响航空公司业绩,体现理论联系实际,知行合一。 2.亚洲金融危机期间,人民币不贬值案例,体现大国精神和大国情怀。 3.外币交易业务,体现坚持准则,诚实守信,不弄虚作假的职业操守。 4.通过课堂实训让学生体验忠于职守,尽心尽力、尽职尽责的敬业精神和理论联系实际,知行合一的工作态度。
11	会计政策、会计估计变更和前期差错更正	1.培养学生热爱会计工作,忠于职守,尽心尽力、尽职尽责的敬业精神。 2.培养学生严肃认真、严谨细致的工作作风。 3.培养学生坚持准则,诚实守信、不弄虚作假的职业操守。 4.鼓励学生积极参与社会实践,在实践中体验企业会计政策、会计估计变更和前期差错更正业务实务,理论联系实际,知行合一。	1.引导案例:浙江仙通橡塑股份有限公司关于公司会计政策变更的公告,体现严肃认真、严谨细致的工作作风。 2.会计政策变更、会计估计变更和前期差错更正的业务案例,体现坚持准则,诚实守信、不弄虚作假的职业操守。 3.通过课堂实训让学生体验忠于职守,尽心尽力、尽职尽责的敬业精神和理论联系实际,知行合一的工作态度。
12	资产负债表日后事项	1.培养学生热爱会计工作,忠于职守,尽心尽力、尽职尽责的敬业精神。 2.培养学生严肃认真、严谨细致的工作作风。	1.引导案例:黄山公司资产负债表日后事项案例,体现严肃认真、严谨细致的工作作风。 2.资产负债表日后调整和非调整事项的分类

续表

序号	教学内容	课程思政育人目标	教学方法
12	资产负债表日后事项	3.培养学生坚持准则，诚实守信，不弄虚作假的职业操守。 4.鼓励学生积极参与社会实践，在实践中体验企业资产负债表日后事项业务实务，理论联系实际，知行合一。	和业务处理案例，体现坚持准则，诚实守信、忠于职守，尽心尽力、尽职尽责的敬业精神。 3.通过课堂实训让学生体验忠于职守，尽心尽力、尽职尽责的敬业精神和理论联系实际，知行合一的工作态度。

四、育人元素实施案例

（一）案例一：资产减值的魔法

根据学生在前期已经完整学习了资产减值的业务处理原则、职业判断方法和账务处理流程，教师设计如下教学环节。

第一步，案例展示环节。见图1。

"中级会计实务"课程思政教学案例

课堂案例

2016年12月底，东方公司购入一台机床，入账价值为40万元，预计净残值为2万元，预计使用寿命为10年，采用双倍余额递减法计提折旧。2018年12月31日，市场上同类机床价格出现大幅度下跌。

情况一
假如会计人员关注到这一情况，并经过严格执行减值测试程序，预计该机床未来现金流量的现值为10万元，估计公允价值为13万元，估计处置费用2万元。

情况二
假设会计人员关注到这一情况，但经过企业相关领导授意，对该机床减值金额不必做过多估计，以保证企业利润少受影响。为此，会计人员预计该机床未来现金流量的现值为20万元，估计公允价值为13万元，估计处置费用2万元。

情况三
假设会计人员关注到这一情况，但在进行减值测试时，对未来现金流量现值的估计没有严格执行测试程序，出现估计错误，估计为15万元，其他估计与情况一相同。

情况四
假如会计人员没有关注市场行情，并未发现机床价格下跌这个现象。

图1

案例中，同样一台机床，在使用两年后，由于市场价格大幅度下跌而出现了减值。但是，会计人员由于责任心或工作能力或业务水平等不同，而出现了四种情况。请大家按组别，分别扮演这四个会计人员，计算这项业务对公司当期利润总额的影响。

第二步，头脑风暴环节：发现资产减值的魔法。

各组讨论并派代表表述如下内容：本小组会计人员对资产减值的业务处理情况如何？这种资产减值处理最终怎样反映在利润表中？资产减值是否可以操控利润？通过这项案例的处理你对会计人员应具备的素质和职业道德有哪些认识、体会？

四个小组的代表回答情况如下：

第一组：

> 2018年末
> 固定资产账面价值=40-40×2/10-（40-8）×2/10=25.6（万元）
> 公允价值减去处置费用后的净额=13-2=11（万元）⎫
> 预计未来现金流量的现值=10（万元）　　　　　　⎬—— 较高者
> 固定资产的可收回金额=11万元　　　　　　　　　⎭
> **判断** 可收回金额＜账面价值，固定资产发生了减值
> 　　　　减值额=25.6-11=14.6（万元）
> 　　　　　借：资产减值损失　　　　14.6
> 　　　　　　　贷：固定资产减值准备　14.6
> 　　　　对利润总额的影响：使当期利润减少14.6万元

第二组：

> 2018年末
> 固定资产账面价值=40-40×2/10-（40-8）×2/10=25.6（万元）
> 公允价值减去处置费用后的净额=13-2=11（万元）⎫
> 预计未来现金流量的现值=20（万元）　　　　　　⎬—— 较高者
> 固定资产的可收回金额=20万元　　　　　　　　　⎭
> **判断** 可收回金额＜账面价值，固定资产发生了减值
> 　　　　减值额=25.6-20=5.6（万元）
> 　　　　　借：资产减值损失　　　　5.6
> 　　　　　　　贷：固定资产减值准备　5.6
> 　　　　对利润总额的影响：使当期利润减少5.6万元

第三组

> 2018年末
> 固定资产账面价值=40-40×2/10-（40-8）×2/10=25.6（万元）
> 公允价值减去处置费用后的净额=13-2=11（万元）⎫
> 预计未来现金流量的现值=15（万元）　　　　　　⎬—— 较高者
> 固定资产的可收回金额=15万元　　　　　　　　　⎭
> **判断** 可收回金额＜账面价值，固定资产发生了减值
> 　　　　减值额=25.6-15=10.6（万元）
> 　　　　　借：资产减值损失　　　　10.6
> 　　　　　　　贷：固定资产减值准备　10.6
> 　　　　对利润总额的影响：使当期利润减少10.6万元

第四组：

2018年末
固定资产账面价值=40-40×2/10-（40-8）×2/10=25.6（万元）

判断 由于没有发现减值迹象，所以不进行减值测试，没有计提固定资产减值准备。
当期利润总额不受影响。

同学们发现，由于资产减值处理的不同情况，利润总额这个指标在会计人员手中成为可以操控的，这会直接影响会计信息使用者对企业信息的把握和判断。

第三步，课程思政环节：会计人员的职业道德和职业素养。

情况二体现出会计人员缺乏诚信，不坚守职业道德。诚信原则是会计工作的基本原则，它要求会计人员必须客观公正地对本企业实际发生的经济业务做出合法合理的判断，不因任何理由人为改变职业判断，操纵会计数据，要客观、真实地进行会计核算，提供正确的会计信息。

情况三和情况四体现出会计人员不具备相关业务知识和业务素养，不能熟练掌握和合理运用专业知识处理会计问题。对专业知识的熟练掌握和运用是会计人员职业能力的突出表现，也是会计人员爱岗敬业的体现，要以充分的责任心、岗位意识、务实精神投入到会计工作中。

（二）案例二：亚洲金融危机中的大国担当

外币业务这个教学项目，一般的讲授过程是先让学生认识汇率，然后把重点放在进口采购、出口销售、往来款项结算等涉及汇率折算的业务处理上。笔者认为，外币业务是一个有先天优势的课程思政融入点，教学过程可以这样安排：

第一步：业务讲解处理环节。

【工作实例1】 甲公司的记账本位币为人民币，外币交易采用交易日即期汇率折算。20××年5月15日，向国外乙公司出口销售商品一批，根据销售合同，货款共计700 000欧元，当日的即期汇率为1欧元=7.68人民币元。假定不考虑增值税等相关税费，货款尚未收到。甲公司的会计处理如下：

借：应收账款——乙公司（欧元）　　5 376 000（700 000×7.68）
　　贷：主营业务收入——出口××商品　　5 376 000

【工作实例2】 20××年5月31日，甲公司仍未收到乙公司购货款，当日的即期汇率为1欧元=7.76人民币元。则该项外币货币性项目"应收账款"在资产负债表日以当日即期汇率折算为记账本位币5 432 000人民币元（700 000×7.76），原记账本位币5 376 000人民币元，应调增应收账款56 000人民币元，同时冲减当期财务费用。甲公司的会计处理如下：

借：应收账款——乙公司（欧元）　　56 000
　　贷：财务费用——汇兑差额　　56 000

第二步：提出问题，步步引导学生展开思考。

问题1：人民币贬值对出口企业好还是不好？

同学们通过上述工作实例，很容易发现人民币贬值给出口企业带来了汇兑收益。几乎没有例外的，大家都认为人民币贬值对出口企业是更有利的。

问题2：我国对东南亚诸国是出口更多还是进口更多？

通过查阅资料，同学们发现我国和东南亚国家的贸易关系具有如下特点：东南亚诸国目前是我国较大的出口市场，也是进口来源地之一。双边贸易排前三位的是越南、马来西亚和泰国。对这些国家，我们都是出口大于进口的。

问题3：在亚洲金融危机中，我国选择人民币不贬值，你们认为是出于什么考虑？

人民币不贬值，显而易见对出口企业是不利的。我国广大对东南亚诸国进行出口贸易的企业在人民币不贬值的背景下将遭受经济损失。那么选择人民币不贬值是出于什么考虑呢？

同学们对这个问题就比较疑惑了。笔者引导同学们从国家宏观经济、政治、国际关系等角度去考虑问题。部分同学逐渐有了答案，经过热烈的讨论形成了以下认知：

在亚洲金融危机时，我国选择人民币不贬值，有以下意义：

（1）树立负责任的大国形象；

（2）增强人民币信誉；

（3）维持外商直接投资的稳定；

（4）增强企业和出口产品的核心竞争力；

（5）保持香港的繁荣稳定。

人民币不贬值，避免了金融危机的进一步扩大，特别是保护了中国香港的联系汇率制度；减轻了已实行货币贬值国家的经济压力，维护了东南亚的经济秩序。对缓解亚洲经济发展不利局面，带动亚洲经济复苏发挥了重要作用，体现了大国担当。

第三步：总结归纳。

课程进行到这里，课程思政内容已经很自然地蕴含在前述的教学当中。学生在自己分析判断的过程中，已经体会到一个国家的选择和担当。不仅加深了学生对专业内容的理解，更提升了爱国情怀和对正确经济政治外交政策的信任和坚持。

五、特色及创新

（一）科学选取教学案例

会计类课程专业性、技术性强，通常在体现职业操守、工匠精神、遵守会计准则方面是比较容易找到思政点的。但是如果仅仅只有这一方面的思政元素，课程就会显得相对单薄，在政治认同、理想信念、家国情怀方面，教师还应该多花心思，用心选取教学案例，挖掘教学案例背后蕴含的更丰富的内容，引导学生进一步思考，从提升学生思想层次、完善价值观的角度对学生进行教育。

"中级会计实务"课程在教学案例的选取上非常用心，能够做到与时俱进。比如在涉及现金流量问题上，我们就选取了新冠疫情背景下，中小企业遭受重创，国家给予现金流扶持相关政策的案例。

（二）自然融入课程内容

目前有些课程教学内容和思政内容是两张皮的，课程思政内容容易出现为了思政而思政的情况。老师在介绍思政内容的时候往往喜欢把思政内容总结提炼出来，灌输感比较强，学生在接受时显得被动和刻意。怎样把思政内容自然地融入教学，让学生在接受专业知识学习的过程中，自然而然地感受到思政内容，潜移默化地被感动、被震撼、被鼓舞、被激励。这样的思政教育才有深度，有持久性。

"中级会计实务"课程在设计课程思政内容的时候，对案例进行了细致挑选，深入挖掘思政元素，并在设计教学过程时，通过层层诱导的方式，带领学生去感受其中蕴含的思政意义。让学生油然而生家国情怀、民族自豪感、社会责任感，增强爱岗敬业精神、遵纪守法意识。

六、实施效果与教学反思

经过前期充分的案例收集整理和教学设计，"中级会计实务"课程在教学过程中充分贯彻课程思政教学思路，并不断摸索更好的教学方法，让思政内容更自然生动地融入专业教学内容，在教学中取得了良好的教学效果，得到学生和听课教师的一致好评。

在后续的教学过程中，"中级会计实务"课程重点将在教学案例的及时更新上下功夫，尽量使教学案例与时俱进，结合学生关心的国家大事、社会热点组织案例内容，在教学实施环节更生动自然地融入课程思政元素，切实提升课程的课程思政教学效果。

"成本核算与管理"课程思政教学案例

◎伊　娜

一、课程概况

"成本核算与管理"课程从专业课程体系来看，一直是会计及财务管理专业的核心课程，对学习者的专业知识体系的构建和学习及职业能力的提升起到支撑作用，是其专业学习不可或缺的一部分。

"成本核算与管理"是基于一般工业制造企业产品成本核算这一会计岗位设计开发的。成本核算岗位是企业财会人员根据企业自身的生产类型、工艺特点、管理上的要求，运用成本核算的理论和技术方法，对本企业的生产（经营）成本进行核算、记录和报告，并据此进行成本分析，是企业盈亏核算的基础，同时为企业进行成本管理提供全面、具体、翔实的资料，为管理者进行决策提供重要依据，是企业管理的重要组成部分。规模较大的企业一般设置成本科；规模较小的企业，可设成本核算员，也可由主管会计来兼任。成本核算岗位工作人员必须具有会计从业能力，同时要求有较强的会计理论功底和实际操作能力。在本院是作为"基础会计""财务会计"课程后的专业提升模块，同时也是"财务管理""管理会计"课程的前置基础课程。

"成本核算与管理"作为本院会计专业核心课程一直注重课程建设与改革，2010年入选院级精品课程，2012年入选学院精品资源共享课程，2013年参加浙江省优势专业的课程建设，2018年入选学院在线开放课程的建设。2020年入选学院省级在线开放课程的建设，在前期的课程教学实践中，课程教学已初步形成了教学内容针对性强、更新速度快，教学形式灵活、多样的理论教学与实践教学相辅相成的教学模式，符合高职院校培养实用型人才、注重学生动手能力的培养目标。

二、课程教学目标与思政育人要求

（一）知识目标

（1）熟悉《中华人民共和国会计法》《会计基础工作规范》《企业会计准则》《企业内

部控制规范》等财经法律法规；

（2）掌握企业运用品种法进行产品成本核算的操作流程；

（3）掌握品种法中材料、人工、其他费用等各生产要素的归集分配方法；

（4）掌握品种法中辅助生产费用、制造费用等间接费用的归集分配方法；

（5）掌握品种法中完工产品的归集分配方法；

（6）掌握运用分批法进行产品成本核算的操作流程方法；

（7）掌握运用分步法进行产品成本核算的操作流程方法；

（8）掌握运用辅助产品成本计算方法进行产品成本核算的操作流程方法。

（二）能力目标

（1）能运用相关的专业知识和技能进行会计职业判断和会计政策的选用；

（2）能运用相关的专业知识和技能进行经济业务的流程分析和业务处理；

（3）能独立完成材料费用的归集和分配工作；

（4）能独立完成人工费用的归集和分配工作；

（5）能独立完成外购动力、折旧等其他费用的归集和分配工作；

（6）能独立完成辅助生产费用的归集和分配工作；

（7）能独立完成制造费用的归集和分配工作；

（8）能独立完成生产损失的核算工作；

（9）能独立完成生产费用在完工产品与在产品之间的分配；

（10）能独立完成分批法的成本计算与核算；

（11）能独立完成分步法的成本计算与核算；

（12）能独立操作财务软件，完成财务数据的生成、提取、分析和反馈。

（三）素质目标

（1）具有诚实守信、客观公正的职业精神；

（2）具有服从管理、分工协作的团队意识；

（3）具有严谨细致、认真负责的工作态度；

（4）具有良好的心理素质、服务意识和责任担当；

（5）具有较强的语言表达、会计职业沟通与协调能力；

（6）具有一定的财经文本的整理、汇总、撰写能力；

（7）具备一定的大数据、物联网、人工智能等信息化理念；

（8）能自主学习、归纳和总结会计新知识、新技术和新方法。

（四）思政进行育人的要求

依据会计专业的特点，深入分析会计专业的德育目标，深挖专业知识体系中蕴含的思政元素，合理增加会计专业课程的深度、广度和温度。"成本核算与管理"课程包含成本核算与管理的基本理论、成本核算方法的相关知识和技能等内容，在课程教学内容中融入恰当的思政元素，增强专业课程的知识性、人文性，将这些元素转化成具体而生动的课堂教学实践，才能真正做到"思政教育走进课堂"。

总体要求：将宏观层面（包括政治认同、国际视野、国家大势、民族情怀、历史使命和时代责任等），中观层面（包括法制意识和专业素养）和微观层面（包括同学们爱国、敬业、诚信、友善等社会主义核心价值观培养的内容、行业动态、个人职业发展和为人处世观等）的思政元素有机融入"成本核算与管理"课程教学内容中，采用恰当的教学方法和评价方法将其落到实处，最终实现知识传授、能力培养与价值引领高度融合的教学改革目标。

三、课程思政方案的整体设计

开展课程思政元素融入课程的整体设计，并分析本课程实施中思政元素的融入路径，具体内容见表1。

表1 "成本核算与管理"课程思政元素融入课程的整体设计

序号	教学内容	课程思政育人目标	教学方法
1	成本概念和成本作用	降低成本、创造价值的理念	案例教学法
2	成本核算的原则和要求	遵纪守法、公平客观、诚实守信	案例教学法
3	要素费用的核算	认真细致、承担并改正错误、担当意识	案例教学法
4	辅助生产费用的核算	建立"谁受益、谁承担"的分配理念、职业判断能力进行不同方法的正确选择	案例教学法
5	制造费用的核算	遵纪守法、客观公正核算、实事求是	案例教学法
6	成本核算方法	职业判断能力、节约成本、爱岗敬业、善于沟通交流	案例教学法
7	成本分析	降低成本、提高企业价值、民族自豪感、勇于承担社会责任、问题导向解决问题	案例教学法
8	成本管理	成本管理迁移到人生管理，组织能力与分析能力	案例教学法

四、育人元素实施案例

（一）成本核算原理（见图1）

学习内容	学习情景/任务	思政元素	思政媒介	思政嵌入形式
成本核算原理	绘制制造企业生产的流程图	实事求是 诚信经营	中国义乌小商品批发市场的奇迹	情景体验设计 案例讨论
	标注成本核算点及相应分录			

图1

（二）成本核算方法（见图2）

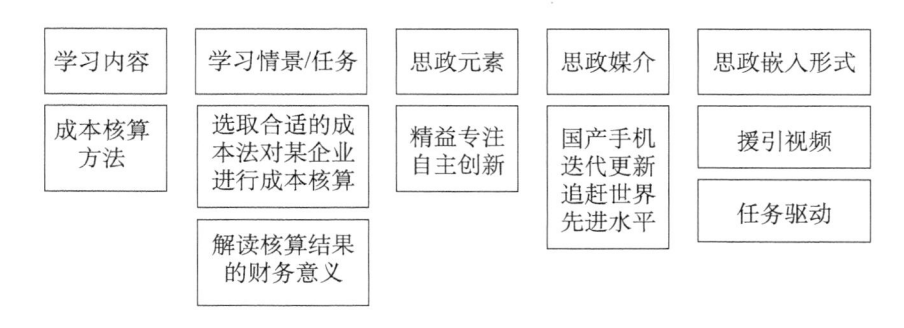

学习内容	学习情景/任务	思政元素	思政媒介	思政嵌入形式
成本核算方法	选取合适的成本法对某企业进行成本核算	精益专注 自主创新	国产手机迭代更新追赶世界先进水平	援引视频
	解读核算结果的财务意义			任务驱动

图2

（三）课程思政实现途径

1. 学情分析：以提升学生的自我效能为中心

授人以鱼不如授人以渔。教学的最终目的是让学生学会学习，自主学习并学以致用，自我效能感高的学生才能更好地进行自主学习并学以致用。在学情分析中，除了传统的知识结构，兴趣点、认知程度、认知习惯、心理诉求分析，还要加入思政水平分析（通过学生的入党情况、志愿者活动情况，以及学生的品行行为情况测评成绩为媒介了解学生的思政水平）。教师循序渐进，重组调整学习的三大目标，在此基础上选择合适的教学内容、教学素材、思想媒介。有了学生感兴趣的内容与学习方式，加上有一定挑战度，努力就能获得的成功体验，能最大限度地提升学生的自我效能感与获得感。

2. 学习资源：通过师生共建思政资源突出学生的能动性

建立思政资源库，主要是名人名企以及相关行业的案例，还有企业的社会责任报告，科研文献，法律法规，以及学生报告。其中学生报告指的是学生在课堂中通过学习研讨得到有启发性的心得体会。通过把学生报告囊括到资源库中，一方面资源的共建性能够激发学生的能动性，另一方面当学生读到师长师姐的思考与价值取向时，同向的激励作用也是课程思政的一部分。

3. 学习环境：线下+线上，打造思政环境，突出学生互动

线上线下结合的混合式教学法，在云班课上开放空间让学生自由问答互动，通过头脑风暴集思广益。线下课堂采用活动式座椅，学生能够按照课堂活动的需要随意组合，方便互动交流，同时让学生随时向同伴展示自己的思路，友好互助、良性竞争。作业展示全电子化，鼓励学生无纸化，亲身践行环保理念，课后要求学生所有物件归原位，做到无痕化，这是自律与体谅他人的体现。

4. 课前导学：案例紧跟时代脉搏，贴近学生生活，力求学生参与度

课前导学为课中研学做好铺垫的工作，为提高学生的自发参与度，在课前导学中践

行三性一化，即导学案例的时代性，导学活动的互动性，导学与研学的相关性以及成果的可视化。通过关注热点事件与国计民生，激发思考讨论，形成学生的互动，并以可视化的成果呈现在老师与同伴面前，而老师要在课堂上对成果做出反馈，从而深化研学学习成果。

5. 课中研学：体验性保障学习温度，前沿性保障学习高度

课程内容的体验性，主要通过基于问题导向的任务驱动法和基于案例研究的互动教学法等教学方法实现。基于问题导向的任务驱动法由学生探究完成，在任务的驱动下，学生带着问题利用互联网与社会资源自主学习，完成任务，旨在锻炼学生独立解决问题、自主探究的能力。工匠精神是中华民族的优秀传统，学生从自身出发，独立思考并体会此精神要义。基于案例研究的互动教学法通常由学生团队共同探究完成，团队成员分工协作（或角色扮演），在老师的指引下，通过合作解决复杂问题，是知识的综合运用的尝试，旨在培养学生团队合作、人际交流以及学以致用的能力。社会中的企业实际管理就是团队协作的结果，诚信经营、全局意识、自主创新都是企业管理的灵魂。另外，基于学科前沿的论文研讨法强调提高学习的高度，通过教师指引学生进行论文的研读，了解最新的学科发展方向和行业趋势，益于开拓学生的视野，培养学生的研究兴趣。

6. 课后练学：温故知新，关注学生成长

通过习题作业巩固学生的知识，锻炼学生的能力，同时在问题中提出价值取向问题让学生进行思考、探讨，要求学生进行自我成长总结，总结在知识上、能力上及情感上的收获，以及学生自己学习目标达成情况与学习策略有效性的分析，总结报告一方面激励学生成长，另一方面也是教师下一阶段学情分析的重要依据。

7. 学习评价：两线相融，全过程评价

依托云班课采用多元多维度的考核形式，注重五个结合原则，过程性与总结性评价相结合，线上评价与线下评价相结合，定性与定量相结合，教师评价、同伴评价与自我评价相结合、学习评价与思政评价相结合。对思政评价应以过程性评价为主，思政总体评价占总成绩的10%~20%，在思政总体评价中，教师可以课后学生的专题思政报告为依托，结合学生在课前进行的思政讨论及课中的小组活动表现，给出最终的思政评分。

五、特色及创新

在课程中融入思政元素的教学中，教师通过使用恰当的教学方法，实现综合的育人效果。

（一）混合教学法

教师通过利用学习平台，以学生为中心，实现教师与学生"课前、课中和课后"的

互动，通过学习平台实时了解学生的学习状态，与学生互动，为学生答疑、及时获得学生的反馈，教师根据学生的反馈及时进行教学反思，对课堂教学的内容与方法做出合理的调整。课前将教学大纲、进度表、PPT、思政案例、微视频等教学资源上传平台，为学生提供随时随地线上学习的机会，激发学生主动学习的热情，做好课前的准备工作，课堂教学中，教师通过教学内容融入思政元素，采用恰当的教学方法和方式实现课程思政的德育目标。

（二）案例教学法

教师在教学过程中以恰当的案例为基础，结合教学内容采用有效的方式进行讲解分析和升华，实现通过案例将思政元素融入课程的教学之中。如果进行思政说教，容易引起学生反感，而以专业案例为背景，生动具体地解释课程内容，无形中融入思政教学，更容易让学生产生共鸣。

（三）情景教学法

教师通过恰当的情境，使思政教育融入课程，如进行分岗位学习，教师通过材料费用核算岗、工资费用核算岗、生产成本核算岗等角色的分配，让学生体验成本类账簿的设置、要素费用的分配、制造费用和辅助生产费用分配、计算完工产品成本和账簿登记等整个成本核算的工作过程，让学生知道成本核算工作的整体流程是一环扣一环的，每个环节的工作效率和质量对其他环节都有很大的影响，甚至影响整个成本核算的质量，从而让学生在模拟工作中深刻体会、理解成本工作所需的职业能力和职业道德，培养学生独立学习和团队协作的能力。

（四）互动教学法

这种方法是以学生为中心，教师主要起到指导和引导的作用。以作业或任务为桥梁，让学生根据作业或者任务进行准备，通过小组任务，参与讨论、作业展示、师生互动等环节充分发挥学生的主观能动性和发散的思维方式，打造富有生命活力的会计教学课堂。教师布置小组作业，让学生搜集关于成本核算的专业知识和时事热点结合的案例，制作成课件进行展示，用总结发言等方式与教师进行互动，分析时要求学生结合思政内容，实现学生在获取专业知识的同时，得到思政方面的升华。

六、实施效果与教学反思

本课程的教学取得了良好的成果，但是还有很多地方需要持续改进，不断迭代更新，如本课程的课程思政如何与其他财务、会计课程的课程思政完成衔接与深化，如何更加直观快速地了解学生的价值取向、思想动态，如何更好帮助学生从认识思政元素到内化与践行思政元素，如何更客观、更有效地评价学生的思政表现，课程结束后，如何持续巩固学生的思政素养等。

　　课程思政看似是面向学生的价值观养成，实则要求教师严于律己，身教的力量远远大于言传，教师的一言一行、教学能力、科研态度，甚至待人接物都是给学生最好的思政教育。

"会计职业素养"课程思政教学案例

◎徐 菲

一、课程概况

会计职业素养是完成会计职业活动和谋求会计职业生涯可持续发展的关键基本意识、专业能力与职业技能等的集合。"会计职业素养"课程的设计应基于会计行业和会计相关岗位的特点及任职要求展开。

本课程在学校自主学习平台上开设,通过本课程的学习,让学生理解会计文化素养、会计职业道德素养、会计职业角色素养、会计岗位技能素养、会计人员的非财务素质与能力素养、会计法律法规素养以及智能财务素养,全面有效地提升学生的会计职业素养,增强学生的会计岗位适应能力,为会计职业未来可持续发展奠定良好的基础。

本课程主要内容见图1。

1 第一章 会计文化素养
1.1 学习目标
1.2 会计发展史
1.3 会计职业
1.4 会计文化
1.5 会计精神
1.6 知识拓展

2 第二章 会计职业道德素养
2.1 学习目标
2.2 爱岗敬业
2.3 诚实守信
2.4 廉洁自律
2.5 依法办事
2.6 客观公正
2.7 保守秘密
2.8 提高技能
2.9 强化服务
2.10 知识拓展

3 第三章 会计职业角色素养
3.1 学习目标
3.2 会计职业角色——出纳
3.3 会计职业角色——会计
3.4 会计职业角色——主办会计
3.5 会计职业角色——财务经理
3.6 会计职业角色——财务总监
3.7 知识拓展

4 第四章 会计岗位技能素养
4.1 学习目标
4.2 会计通用技能
4.3 会计专用技能

5 第五章 会计人员的非财务素质与能力素养
5.1 学习目标
5.2 会计人员应具备非财务素质与能力的必要性
5.3 会计人员应具备的非财务素质与能力
5.4 非财务素质与能力的培养

6 第六章 会计法律法规素养
6.1 学习目标
6.2 会计法律法规
6.3 知识拓展

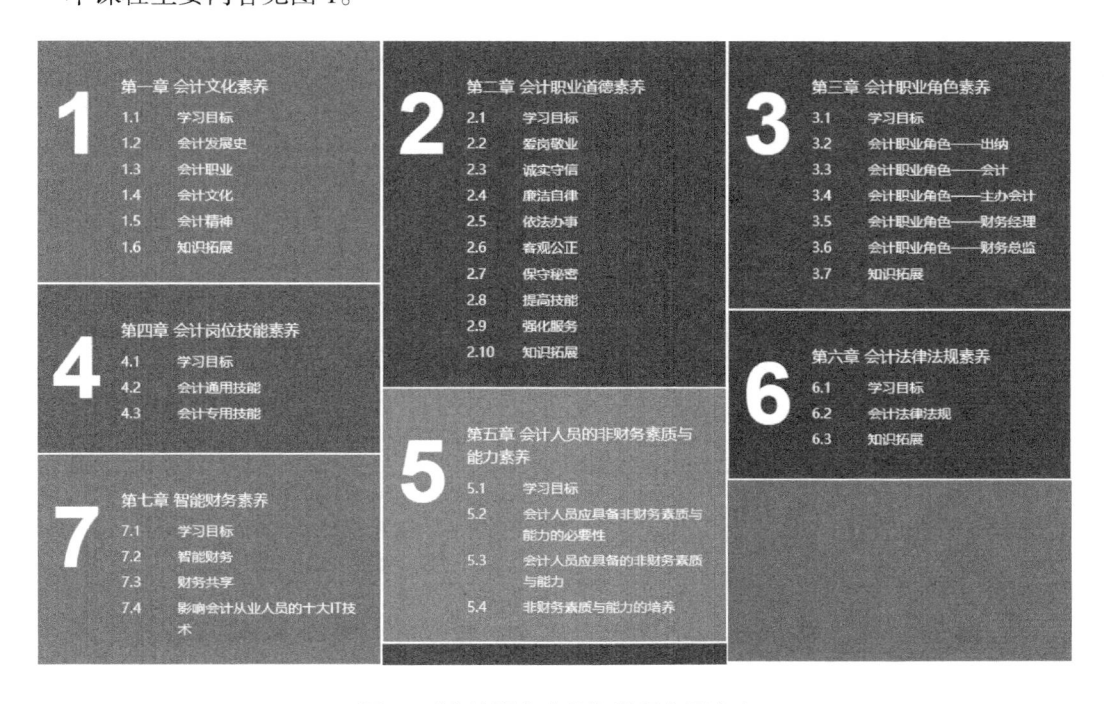

7 第七章 智能财务素养
7.1 学习目标
7.2 智能财务
7.3 财务共享
7.4 影响会计从业人员的十大IT技术

图1 "会计职业素养"课程主要内容

二、课程教学目标与思政育人要求

"会计职业素养"课程在设计思路上坚定贯彻党的教育方针,坚持社会主义大学办学方向,遵循教育为人民服务、为中国共产党治国理政服务、为巩固和发展中国特色社会主义制度服务、为改革开放和社会主义现代化建设服务的基本要求,在传授课程知识的基础上引导学生将所学到的知识和技能转化为内在德行和素养,注重将学生个人发展与社会发展、国家发展结合起来,有助于帮助学生解答思想困惑、价值困惑、情感困惑,激发学生为国家学习、为民族学习的热情和动力,帮助学生在创造社会价值过程中明确自身价值和社会定位。

在重视德育的基础上,注重鼓励学生在专业知识学习之余,养成勤锻炼、有情趣、爱劳动的生活取向,激活学生的创造活力,将学生培养成品德高尚、专业过硬、体魄强健、审美高雅、热爱劳动的新时代好青年。

三、课程思政方案的整体设计

具体内容见表1。

表1 "会计职业素养"课程思政元素融入课程的整体设计

序号	教学内容	课程思政育人目标	教学方法
1	第一章 会计文化素养	理解会计文化的含义和会计精神。	通过讲解历史上孔子、孟子、韩非子对会计的观点,融入我国传统文化的内容。让学生在了解我国悠久文明的同时,增加学生的文化自信,树立民族文化自信心和爱国情怀。
2	第二章 会计职业道德素养	理解会计人所需具备的会计职业道德,强化学生的会计职业道德素养。	通过电影片段展示出会计职业道德,让学生体会在会计工作中应秉持爱岗敬业、客观公正、依法办事等职业道德。
3	第三章 会计职业角色素养	熟悉会计相关岗位职责,培养学生的会计职业角色素养。	通过情景模拟和角色扮演,让学生切身体会每个岗位的职责以及沟通协助的重要性。
4	第四章 会计岗位技能素养	通过案例演练和实务操作,强化学生的会计相关岗位的技能素养。	通过"伪造、变造会计凭证案例"的分析,提高学生识别能力,强化岗位职责意识。
5	第五章 会计人员的非财务素质与能力素养	培养学生的非财务素质与能力素养。	通过疫情大考下的餐饮业案例,讲解餐饮业通过其他方式如增加外卖、摆菜摊、"共享员工"等方式来积极自救。
6	第六章 会计法律法规素养	培养学生的会计法律法规素养。	以偷税漏税案例,说明法律法规是工作底线。
7	第七章 智能财务素养	培养学生的智能财务素养。	通过新闻、软件公司的广告片,让学生体会会计工作的与时俱进,智能财务发展的趋势。

四、育人元素实施案例

案例1：通过与课程内容相关的电影、短视频，更丰满地展示出会计职业道德。例如在会计职业道德素养章节中，通过观看电影《梦想 AB 面》让学生体会在会计工作中应秉持爱岗敬业、客观公正、依法办事等职业道德。

案例2：采用小组讨论的方式，让学生在讨论过程中相互碰撞、相互启发、沟通协作。例如设置情境题"过期面包与饥民"。该题没有标准答案，旨在考验学生在处理事情的逻辑思维、大局观，避免草率回答、钻牛角尖或者逃避。

> **情景设置**
>
> 如果你是本公司的业务员，你在一辆载着一车过期面包的卡车上，准备到偏远的地区把这些面包销毁，但在半路遇见一群饥民，他们十分饥饿，饥民把路给堵住了，当场还有刚刚赶来的记者，那些饥民知道车里有吃的。请问你会怎样处理这件事情，既不让记者报道公司把过期的面包给难民吃，又让饥民可以吃掉这些不会影响身体的救命面包。
>
> 注：车不可以回去购买食品，车上只有面包，不可以贿赂记者。

五、特色及创新

"会计职业素养"课程专业知识本身具有明显的价值倾向，专业课程教师具备正确的政治立场和坚定的政治意识，履行好教书育人的初心，主动承担起培养社会主义建设者和接班人的时代重任。

教师通过深度挖掘，在已有思政元素的基础上实现进一步拓展和开发，将德育内容融入专业课程，通过有机融合、相互促进，转变为由近及远、由表及里、引人入胜地引导学生理解，"如盐化水"地自然渗入课程的方方面面，实现润物无声的效果。

六、实施效果与教学反思

（一）实施效果

本课程采用线上线下相结合的教学方式。突破传统课堂教学模式，采用网络教学为主、线下为辅的教学模式。教学过程力求体现"以就业为导向，以能力为本位"的精神，线上采用讲授、案例教学、情景教学等多种教学方法，线下组织心理测试、模拟面试、情景演练等活动，使学生在掌握基本知识的同时，培养学生的会计职业礼仪、沟通技巧和会计职业精神，全面提升学生的职业素质。目前本课程已开设 6 个学期，每学期有超过 100 位学生选课，学生学习积极性高，学生评价较高。

（二）教学反思

根据前期对毕业生、毕业生所在单位以及在校生进行访谈调查，进一步分析会计职业素养的内涵以及当前会计人才的培养现状和不足，找到目前会计职业素养课程设计中薄弱的环节。课程组积极开展课程建设，完善课程资源，加强课程教学创新力度，修订"会计职业素养"课程配套教材，特别是依据技术的发展及时修订智能财务素养章节的内容。

"管理会计"课程思政教学案例

◎廖子乐

一、课程概况

管理会计是大数据与会计专业和大数据与财务管理专业的专业必修类课程，是一门新兴的将现代化管理与会计融为一体的综合性交叉学科。它运用一系列的会计方法，收集、分类、汇总、分析和报告各种经济信息，借以进行预测和决策，制定计划，对经营业务进行控制，对业绩进行评价，以保证企业改善经营管理。学生通过对本课程的学习，将了解现代管理会计学在会计学科体系中的地位和作用，掌握管理会计的基本内容和基本理论，学会如何在社会主义市场经济条件下和现代企业制度环境中，进一步加工和运用企业的业务与财务信息，预测经济前景，参与经营决策，规划经营方针，控制经营过程和考评责任业绩的基本程序、操作技能和基本方法。

"管理会计"作为专业核心课程之一，其先修课程包括"基础会计""财务会计""成本会计""财务管理"等。学生在初步掌握相关财务会计、成本会计等知识的基础上，进行"管理会计"课程的学习，要熟悉相关的基础知识、基本理论，掌握管理会计的基本技能，并能运用所掌握的管理会计知识进行社会实践应用。我院管理会计课程于2018年在职教云平台开设了校级精品在线开放课程，截至目前累计已有1 200余人使用和学习，反馈良好。

二、课程教学目标与思政育人要求

（一）引导学生树立正确的价值观，积极践行社会主义核心价值观

管理会计课程思政育人的主要目的在于通过创新课程讲授内容，有效融入价值理念和职业道德等思政元素，引导学生树立正确的价值观，积极践行社会主义核心价值观，爱国、敬业、诚信，具有家国情怀和社会责任担当，树立理想信念，为实现伟大的中国梦而努力奋斗。

（二）培养提升学生的职业道德，增强社会责任感

管理会计课程思政育人的一个重要内容是培养提升学生的职业道德，增强学生的社

会责任感和使命担当。《中国管理会计职业能力框架》中具体规定了职业道德和行为规范，要爱岗敬业，提供真实、准确的管理和会计信息，维护单位的合法权益，保守工作秘密，积极促进所在单位承担应承担的社会责任，不以牺牲道德规范为代价达到个人或单位的目的，廉洁自律。通过管理会计课程思政内容设计，引入具体案例，通过讨论、作业等方式引导学生树立正确的职业态度，掌握扎实的管理会计技能和方法，提升职业道德水平和专业能力，积极履行社会责任，为将来的职业发展和就业打好基础。

（三）培养高素质管理型会计人才，增强创新创业能力

数智时代下新兴信息技术的广泛应用使得传统的核算型会计迫切需要向管理型会计人员转型，因此管理会计课程改革的目标是着力培养高素质的管理型会计人才，增强创新创业能力。一方面需通过专业课程内容设计与教学方式方法的改革引导学生创新思考，掌握知识的同时扎实提升专业实践能力和创新创业能力；另一方面加强思政育人案例资源库建设，通过课程思政育人案例引导学生树立新的发展理念，将个人价值与国家利益有机结合，努力为我国管理会计理论体系建设与实践应用做出贡献。

三、课程思政方案的整体设计

围绕立德树人理念充分挖掘思政元素，融合课程知识与思政元素，我们按照图1四个阶段循序渐进，构建"管理会计"课程思政内容体系，为提升教学质量和新财经人才培养质量提供切实可行的策略。

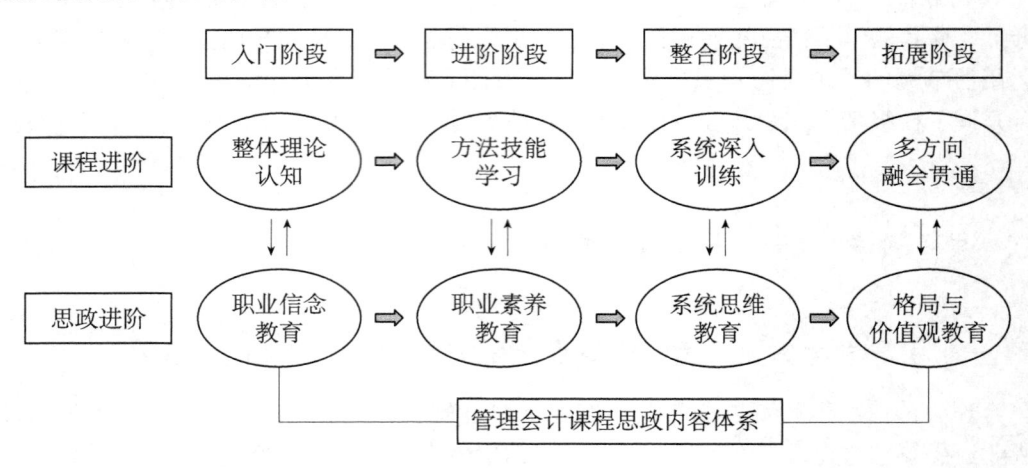

图1 "管理会计"课程思政内容体系

（一）入门阶段：导入理论基础，坚定职业信念

自2016年财政部颁发《管理会计基本指引》后，中国特色管理会计体系建设和发展被正式提上日程。2018年以来，中国数字经济蓬勃兴起，大数据、人工智能、物联网、

云计算急速发展，为管理会计发挥其分析决策职能，进行价值创造提供了广阔舞台。管理会计具有的业财融合一体化、信息对称无缝隙、资源整合共享作用被充分认识，其与数字信息技术的融合大大提升了信息传递的精确性和前瞻性，成为赋能企业数字化转型和高质量发展的重要利器，而这都是新财经领域的发展指向。结合管理会计与多学科交叉融合的新发展动向，引导学生认识到必须坚持不断学习新的技术技能，才能增强对经济社会形势的研判能力和问题应对能力，从而抓住机遇赢得主动。

管理会计课程基本理论包括概念特征、职能作用、职业道德等内容，具体可以结合时事热点、领域热点，融入国内外先进的企业管理理念，对管理会计在企业决策领域的关键作用和影响展开讨论，强化学生对管理会计内涵的理解，引导学生正确认知国情、了解行业发展趋势，将自身价值融入国民经济和社会各项事业发展之中。在这一阶段课程思政要达到的效果：一是把握事物发展规律，学会辩证思考问题；二是明确职业方向，坚定自己的理想信念；三是不断提升个人技能，以更好服务社会发展。

（二）进阶阶段：掌握基本方法，提升职业素养

工匠精神是职业教育的灵魂。新财经背景下高职院校财经人才培养，要求扎实掌握基本专业知识，注重工匠精神培育，提升职业素养。这一阶段的课程开展主要为介绍管理会计基本方法和工具，阐述具体的管理会计专业知识，如价值链管理、作业成本法、本量利分析、敏感性分析、资本成本分析、经济增加值、平衡计分卡、风险矩阵模型等，结合各知识点的相关思政元素，培养敬业负责、诚实守信、精益求精的会计职业精神。

要以问题为起点，学生的思维训练贯穿其中。让学生明白管理会计的理论方法很多是日常生活的提炼与总结，例如"覆水难收"体现的是管理会计中的"沉没成本"思想、买车还贷时"等额本金还款"与"等额本息还款"方式是管理会计中现值的计算与决策问题，理论与实际是紧密联系、融合共进的。二是注重采用案例方式教学法，注重寻找本土化案例，案例素材来源于国内企业、本土企业，才能让学生了解我国的基本国情、经济社会发展情况，达到课程思政的要求和目的。在这一阶段课程思政要达到的效果：一是理论联系实际，提高分析能力；二是勤于探索钻研，培育匠人精神；三是打牢专业基础，把握人生航向。

（三）整合阶段：强化专业能力，提升系统思维

随着中国经济的提速增效及信息技术的升级换代，社会更加重视高等财经人才输出的质量和效益，新财经人才的培养更加注重内化知识、系统整合的能力。由此，在完成管理会计基本工具方法的学习后，可对每个领域模块设置相应的系统分析项目，糅和管理会计的知识点，帮助学生了解知识点之间的内在逻辑，形成较为完备的知识体系认知。提炼思政要素，系统优化课程思政内容供给，集中强化学生财经素养和思想政治素养。

例如在战略管理领域模块的学习完成之后，采用PEST分析、波特五力模型、SWOT分析等战略管理工具对蔚来、小鹏汽车等公司进行战略分析，提高学生综合分析问题的能力，了解国家对新能源产业的鼓励和政策支持。同样可以应用战略管理工具对自身进行剖析，让学生明白自身的优势和长处，扬长避短，努力进取。再如通过对近年火爆的喜茶、

茶颜悦色等新中式茶饮店进行本量利分析和敏感性分析，在巩固营运管理领域理论知识的同时，融入当前经济大环境下开放包容、追求个性的文化特征以及乐于纳新、体验至上的消费趋势，提升学生的学习兴趣。在这一阶段课程思政要达到的效果：一是分析问题要系统全面，也要会抓矛盾的主要方面；二是要有风险意识，也要懂得责任担当；三是正确分析形势，因势而谋、应势而动。

（四）拓展阶段：培养格局与价值观，聚焦全面发展

新财经背景下的人才培养必须提升未来适应性，跳出思维局限，增强使命感，放大格局观，以适应新兴产业和新经济发展需求。在"管理会计"课程系统性学习完成后，可以集中利用若干节课的时间来进行体现课程思政特色的专题学习与讨论，聚焦时事热点，穿插经济学、金融学和大数据等相关知识，让学生在专题讨论中提升思辨能力，拓宽思维和视野。将这一讨论活动成果融入学生学习效果和教师教学效果的考核评价体系，实现育人与育才相统一。在这一阶段课程思政要达到的效果：一是调动学习主观能动性，增强团队协作能力；二是紧跟时代脉搏，化挑战为机遇；三是树立终身学习的理念，成就自我，贡献社会。

"管理会计"课程思政元素融入课程的整体设计见表1。

表1 "管理会计"课程思政元素融入课程的整体设计

序号	教学内容	课程思政育人目标	教学方法
1	管理会计认知	培养学生公正、法治、敬业、诚信等社会主义核心价值观	信息媒介、案例分析、课堂讨论
2	战略地图	培养学生大局观，提升学生系统思维能力	PBL教学法
3	全面预算管理	牢记"四个意识"、坚定"四个自信"	实地考察、工作坊
4	本量利分析	提高学生的风险意识	信息媒介、案例分析、课堂讨论
5	长期投资决策	引导学生增强人与自然和谐共生的意识，保护环境，理解人类命运共同体	PBL教学法、实地考察
6	绩效管理－平衡计分卡	培养学生爱国主义精神，增强社会责任感和担当意识	PBL教学
7	成本管理－目标成本法	培养学生工匠精神、树立浪费可耻的观念	实地考察、案例分析

四、育人元素实施案例

以问题导向和案例植入的教学方式能够充分调动学生学习积极性，鼓励学生勤于钻研，对所学知识有清晰的认知，以备将来学以致用。

例如在讲述作业成本法时，代入上海铁路局成本管控创新方法：紧紧围绕质量效益和业财融合两大关键点，推动作业流程优化和检修资源

优化配置，实现动车组高级检修成本精益化管控，有效应对新冠肺炎疫情对铁路运输影响和冲击；又如在讲述价值链管理时，代入柳州两面针牙膏案例：曾经辉煌的"儿时记忆牙膏"，由于战略布局失误和成本控制不力，经历多年的连续亏损，两面针集团于2021年投资建设基于消费者需求的日化产品全价值链管理云平台，以期获得新的发展生机，深刻体现了云计算环境下管理会计价值链的管理理念和重要性。

例如设置"北京冬奥"的专题讨论，从管理会计各大应用领域看"冬奥"：在战略规划上秉持"可持续·向未来"的理念绿色办奥运，深入实施可持续发展战略；在预算管理上，尽管"预算账本"科目繁多极其复杂，但通过对细节的极致苛求和整体把控，做到了节俭办奥运；在成本管理上严控收支，以旧替新、以物换钱，实现了廉洁办奥运；在融资管理上，场馆建设引入社会资本，各种设备以租代购、能租尽租，践行经济办奥运；在风险管理上，结合大数据、人工智能、云计算、5G通信等新技术的创新应用成功转移和控制风险，实现了高质量办奥运。通过专题学习，运用奥运精神激活内能，永葆初心，加深学生胸怀祖国的爱国情怀，自觉践行绿色低碳行为，切实提升课程思政质量。

五、特色及创新

管理会计课程思政按照入门、进阶、整合、拓展四个阶段渐进铺开的思路，层层递进，贴合了学生自身专业素养和能力需求的实际需要。

入门阶段通过对管理会计发展历程、概念框架、职能特征的讲述，引导学生了解管理会计学科中的管理理念和价值观，形成对管理会计理论框架的初步认识，明确管理会计人员的职责和社会责任所在，帮助学生树立与时俱进的社会责任感与职业自豪感；进阶阶段教会学生管理会计的基本方法、基本知识，掌握这些工具方法的理论思想，在管理会计工具方法的使用中逐步培育公正、严谨、高效的职业素养；整合阶段糅和了战略管理、预算管理、成本管理、营运管理、投融资管理、绩效管理、风险管理七大管理会计应用领域的内容，开展系统训练和分析探讨，培养学生全面系统的管理会计职业观和精益求精的专业态度，深刻认识管理会计在企业高质量发展中的重要性；拓展阶段适度打破课程所属的学科边界，结合大数据、财富管理、经济学等多个方向、多个角度拓展教学，提升学生的发散思维，启发学生寻找专业领域与国家发展、社会发展、经济发展的结合点，建立服务社会的正确价值观和格局观。通过四个阶段有序展开，促进学生"新财商"思维的形成和成熟，增强学生的财务管理能力，提升学生的财经素养。

六、实施效果与教学反思

推进新财经背景下高职院校管理会计课程思政建设，实现全过程全方位教学育人模式，需要教学资源、教师团队、各类教学平台的多维助力，确保教学工作满足社会经济发展需求。

总而言之，切实推进高职院校课程思政是一个持续探索的过程。要设计好阶段性路径，结合国家社会政治经济大局和个人理想信念，创新课程思政开展的方式技巧。作为新财经背景下的财会类专业核心前沿课程，管理会计教学更应主动融入国情教育和价值熏陶，拓展教学广度、深度、温度，尊重职教规律和学生认知规律，引导和激励学生在新财经时代的舞台上拼搏进取、追求卓越、奉献社会。

"出纳实务"课程思政教学案例

◎傅红英

一、课程概况

"出纳实务"是会计专业的一门专业实践操作课程,其先修课程是"基础会计",课程以培养出纳岗位的职业能力为目标,以岗位典型工作任务为载体,主要面向企事业单位出纳岗位,培养学生的出纳岗位基本技能、出纳现金业务和银行业务的处理技能、出纳凭证、账簿和报表处理技能以及出纳管理技能等。要求学生能运用相关专业知识与业务技能进行企业的现金业务、银行存款业务、出纳报表编制业务的处理。

"出纳实务"课程采用工作过程系统化的课程开发技术,通过组建由课程专家、行业专家、骨干教师组成的课程开发团队,对出纳岗位的主要工作任务进行筛选、整合,合理地设计工作项目与任务。本课程以岗位核心职业能力培养为主线,坚持课程标准与职业标准、课程内容与岗位能力、课程讲授与实务操作的"三个对接",以原理解析、能力训练、素质养成为主体框架,以真实企业的日常典型经济业务为载体,以出纳工作业务处理流程为逻辑主线,整合课程相关的知识、能力、素质目标,培养学生具有敬业精神、团队合作和良好的职业道德修养。

课程在智慧职教的慕课学院建立了网络课程,已经开课六次,累计选课人数达到4 000多人,学员所属单位达到500家(见图1)。

图1

二、课程教学目标与思政育人要求

本课程根据教育部发布的《高等学校课程思政建设指导纲要》以及浙江省教育厅、学校和本学院的课程思政建设工作方案为指导，围绕全面提高人才培养能力这个核心点，围绕坚定学生理想信念，围绕家国情怀、文化素养、法治意识、

道德修养等重点，系统进行社会主义核心价值观教育、法治教育、劳动教育。"出纳实务"课程教学目标见表1。

表1 "出纳实务"课程教学目标

序号	工作项目	工作任务	知识目标	能力目标	素质目标
1	出纳岗位基本技能训练	岗位操作基本技能训练	掌握数码数字的标准书写；掌握票据的整点方法；掌握货币的防伪知识。	能准确书写数码数字；能准确整点票币；能准确识别货币的防伪标识。	爱岗敬业，遵守法规；具备团队合作的精神；具备诚信的职业素养，遵守职业道德；具备不做假账的职业道德；树立社会主义核心价值观。
		业务工具使用技能训练	掌握保险柜的使用方法；掌握点钞机的点钞功能和假币识别功能的使用方法；掌握支付密码器的使用。	能准确使用保险柜；能准确使用多功能防伪点钞机；能准确使用支付密码器。	
2	现金业务处理能力训练	现金收付业务处理能力训练	掌握增值税专用发票的开具方法；掌握收款收据的开具方法；掌握工资汇总表等结算凭据的复核方法；掌握借款单、差旅费报销单等结算凭据的审核方法；掌握现金收入现金支出业务的账务处理程序。	能准确开具增值税专用发票；能准确开具收款收据；能准确复核工资汇总表等结算凭据；能准确审核借款单、差旅费报销单等结算凭据；能准确进行现金收入、现金支付业务的账务处理。	爱岗敬业，遵守法规；具备团队合作的精神；具备诚信的职业素养，遵守职业道德；具备不做假账的职业道德；树立社会主义核心价值观。
		现金存取业务处理能力训练	掌握库存现金限额的计算方法；掌握库存现金限额申请的基本程序；掌握现金缴款单的填写方法；掌握现金送存业务的处理程序；掌握现金支票的签发方法；掌握现金提取业务的处理程序。	能准确计算库存现金的限额；能准确填写库存现金限额申请批准书；能准确填写现金缴款单；能准确进行现金送存业务的账务处理；能准确签发现金支票；能准确进行现金提取业务的账务处理。	

续表

序号	工作项目	工作任务	知识目标	能力目标	素质目标
3	银行业务处理能力训练	银行账户业务处理能力训练	掌握银行开户所需资料的主要内容； 掌握开立单位银行结算账户基本流程； 掌握变更银行账户的基本流程； 掌握撤销银行账户的基本流程。	能准确准备开户资料； 能准确填写开立单位银行结算账户申请书； 能准确填写变更银行账户内容申请书； 能准确填写撤销银行账户申请书。	爱岗敬业，遵守法规； 具备团队合作的精神； 具备诚信的职业素养，遵守职业道德； 具备不做假账的职业道德； 树立社会主义核心价值观；
		转账支票业务处理能力训练	掌握空白支票请购单的填写方法； 掌握转账支票的签发方法； 掌握转账支票付款、收款业务的处理程序； 掌握进账单的填写方法； 掌握转账支票背面的填写方法。	能准确填写空白支票请购单； 能准确签发转账支票； 能准确进行转账支票付款、收款业务的账务处理； 能准确填写进账单； 能准确填写转账支票背面信息。	
		银行本票业务处理能力训练	掌握银行本票业务委托书的填写方法； 掌握银行本票付款、收款业务的处理程序； 掌握银行本票背面的填写方法。	能准确填写银行本票业务委托书； 能准确进行银行本票付款、收款业务的账务处理； 能准确填写银行本票背面信息。	
		银行汇票业务处理能力训练	掌握银行汇票业务委托书的填写方法； 掌握银行汇票付款、收款业务的处理程序； 掌握银行汇票的审核方法。	能准确填写银行汇票业务委托书； 能准确进行银行汇票付款、收款业务的账务处理； 能准确审核银行汇票。	
		商业汇票业务处理能力训练	掌握商业承兑汇票、银行承兑汇票的签发方法； 掌握托收凭证的审核方法； 掌握商业承兑汇票和银行承兑汇票的收款、付款业务的处理程序； 掌握商业承兑汇票、银行承兑汇票的审核方法； 掌握托收凭证的填写方法。	能准确签发商业承兑汇票、银行承兑汇票； 能准确审核托收凭证； 能准确进行商业承兑汇票、银行承兑汇票的收款、付款业务的账务处理； 能准确审核商业承兑汇票、银行承兑汇票； 能准确填写托收凭证。	
		汇兑业务处理能力训练	掌握汇兑业务委托书的填写方法； 掌握汇兑付款、收款业务的处理程序；	能准确填写汇兑业务委托书； 能准确进行汇兑付款、收款业务的账务处理。	

续表

序号	工作项目	工作任务	知识目标	能力目标	素质目标
3	银行业务处理能力训练	委托收款业务处理能力训练	掌握托收凭证的填写方法和审核方法； 掌握委托收款的收款、付款业务的处理程序； 掌握委托收款结算全部或部分拒绝付款理由书的填写方法； 掌握应付款项证明书的填写方法。	能准确填写和审核托收凭证； 能准确进行委托收款的收款、付款业务的账务处理； 能准确填写委托收款全部或部分拒绝付款理由书； 能准确填写应付款项证明书。	
		托收承付业务处理能力训练	掌握托收凭证的审核、填写方法； 掌握托收承付收款、付款业务的处理程序； 掌握托收承付全部或部分拒绝付款理由书的填写方法。	能准确审核、填写托收凭证； 能准确进行托收承付收款、付款业务的账务处理； 能准确进行托收承付全部或部分拒绝付款理由书。	
		银行借款业务处理能力训练	掌握贷款卡办理申请书的填写方法； 掌握办理贷款卡业务的处理程序； 掌握借款申请书的填写方法； 掌握借款合同的拟定方法； 掌握办理银行借款业务的处理程序。	能准确填写贷款卡办理申请书； 能准确填写借款申请书； 能准确拟定借款合同。	
4	出纳报表业务处理能力训练	出纳报表业务处理能力训练	掌握现金盘点的方法； 掌握现金盘点报告表的填写方法； 掌握现金盘点业务的处理程序； 掌握账单核对的方法； 掌握银行存款余额调节表的编制方法； 掌握银行存款余额调节表编制业务的处理程序； 掌握结账的方法； 掌握出纳报告单的编制方法。	能准确盘点现金； 能准确填写现金盘点报告表； 能准确进行现金盘点业务的账务处理； 能准确进行账单核对； 能准确编制银行存款余额调节表； 能准确结账； 能准确编制出纳报告单。	爱岗敬业，遵守法规； 具备团队合作的精神； 具备诚信的职业素养，遵守职业道德； 具备不做假账的职业道德； 树立社会主义核心价值观。

续表

序号	工作项目	工作任务	知识目标	能力目标	素质目标
4	出纳报表业务处理能力训练	出纳会计资料的归档业务处理能力训练	掌握会计资料的整理方法；掌握会计资料的保管方法；掌握会计资料移交的基本程序；掌握会计资料移交清册的填制方法。	能准确整理会计资料；能合理保管会计资料；能准确填制移交清册。	
5	出纳岗位综合能力训练	出纳岗位生产性实训	掌握出纳核算岗位日常业务的会计处理方法。	能准确完成审核与填制原始凭证；能准确编制记账凭证；能准确登记账簿；能准确编制现金日报表。	爱岗敬业，遵守法规；具备团队合作的精神；具备诚信的职业素养，遵守职业道德；具备不做假账的职业道德；树立社会主义核心价值观。

三、课程思政方案的整体设计

本课程融入的思政元素类型主要是职业理想和职业道德教育、社会主义核心价值观教育，课程思政元素的融入整体设计见表2。

表2 "出纳实务"课程思政元素融入课程的整体设计

序号	教学内容	课程思政育人目标	教学方法
1	出纳岗位基本技能训练	爱岗敬业、工匠精神	直观教学法
2	现金业务处理能力训练	遵法守法、坚守职业道德	情境教学法、案例教学法、角色扮演法
3	银行业务处理能力训练	团队协作、社会责任感	情境教学法、案例教学法、角色扮演法
4	出纳报表业务处理能力训练	严谨求实、不做假账	案例教学法
5	出纳岗位综合能力训练	社会主义核心价值观	任务驱动法

四、育人元素实施案例

具体内容见表3。

表3 "出纳实务"课程育人元素实施案例

授课主题	现金收付业务处理能力训练
课程平台	平台1：智慧职教云课堂（https://zjy2.icve.com.cn/portal/login.html） 平台2："出纳的一天"软件平台（http://192.168.194.218:8237/index.shtml）
教学目标	掌握现金收付业务处理知识并进行相应的业务操作和账务处理
课程思政育人内容	培养学生遵纪守法，坚守职业道德，爱岗敬业
教学实施 —— 课程导入	案例导入：宁德出纳私取现金挪用公款38万余元获刑。 互动讨论：企业现金管理条例内容是什么？出纳人员该具备什么样的职业道德？
教学实施 —— 课中组织	提问1：企业现金管理条例相关内容有哪些？ 切入知识点：通过案例导入教学，使学生掌握企业现金业务的相关法律法规。 切入思政育人点：学生在熟悉业务法规的基础上做到遵纪守法。 提问2：现金收入和现金支付的业务怎么操作？ 切入知识点：通过情境教学，使学生掌握现金收付业务处理知识并进行相应的业务操作和账务处理。 切入思政育人点：培养学生工作要认真负责，在金钱面前坚守职业道德。 提问3：如何提高企业的资金使用安全和使用效率？ 切入知识点：启发学生进一步思考，延伸拓展业务实践能力。 切入思政育人点：培养学生爱岗敬业精神。
课程总结	1. 现金收付业务的解析应注意内容安排的层层递进 2. 注意工作情境设计的细致化、条理化和全面化 3. 注意业务知识点上要顺势自然切入思政育人点

五、特色及创新

本课程把思政元素融入专业教学中，立德树人、教书育人，以案例教学、情境教学等方式，以体验式、对话式、渗透式让学生在不知不觉中得到启发、受到教育、产生影响。

在教学材料运用上，采用了出纳工作情境仿真模拟软件，采用了智慧职教网络课程资源，注重将典型案例、政策法规作为载体实现教学方法转变和课程思政教学的重要载体，通过将讨论案例、研读政策文件与课程思政教学相结合，通过贯通"现实问题—知识节点—思维方法"的因果学习链，从而实现专业思维和人格塑造。

在教学方法上，采用线上线下混合式教学模式，主要采用任务驱动法、情境教学法、案例教学法、直观教学法、角色扮演法等教学方法组织与实施教学活动。注重将社会热点与课程思政教学结合起来，结合学生对不同热点的兴趣建立学习小组，在讨论中对专业知识和思政育人进行无缝衔接结合。

六、实施效果与教学反思

从"出纳实务"课程思政教学建设成果实施的效果来看，已经得到了较为明显的成绩，学生在认知水平、综合能力，思想素质等方面都有了显著提升。

在认知水平上，学生不仅掌握了出纳基本知识，而且通过仿真模拟锻炼了实践技能，在中国总会计师协会举办的全国大学生出纳岗位竞赛中，学院学生获得了一等奖的好成绩；在综合能力上，通过课程思政建设初步掌握了对国家政策法规的解读和分析运用；在思想素质上，塑造了社会责任观和职业道德观，能够积极践行社会主义核心价值观。

在教学反思上，一方面是要注意在课堂上切入思政育人点的时候，一定要在合适的业务知识点顺势自然切入，不能生硬搬入，教学环节的设计需要细致；另一方面，通过布置实习、调研、竞赛等课堂外活动，进一步强化课堂外的思政元素的融合。课程思政建设是一个综合性的系统建设工程，需要不断完善。

CMA Part1网络公共课程思政教学案例
◎黄文妍

一、课程概况

CMA考试是美国注册管理会计师协会（Institute of Management Accountants，IMA）创立的专业资格，美国注册管理会计师协会是从美国国家会计协会（NAA）派生出来的，已有一百多年的历史，是美国最大的会计师协会之一。考试由Part 1财务报告规划、绩效与控制以及Part 2战略财务管理组成。本课程主要为Part 1财务报告规划、绩效与控制的先导课程。课程依托会计学院开设网络公共选修课，面向全校学生开放，旨在为财经大类学生普及美国注册管理会计考试与认证的基础介绍与基本知识，并提升专业英语在学生学习中的应用。

二、课程教学目标与思政育人原则

CMA Part1课程主要由四大模块、九章内容、两节作业组成，具体的课程教学目标与思政育人原则见表1。

表1 "CMA Part1"课程思政教学目标与思政育人原则

模块	章节	思政育人原则
外部财务报告	External Financial Statement and Revenue Recognition	求真性原则
规划、预算编制与预测	Planning, Budgeting and Forecasting	一体性原则
绩效管理	Performance Measures	实效性原则
内部控制	Internal Control	规范性原则

三、课程思政方案的整体设计

开展课程思政元素融入课程的整体设计见表2。

表2 "CMA Part1"课程思政元素融入课程的整体设计

序号	教学内容	课程思政育人目标	教学方法
1	外部财务报告	树立制度自信，坚持诚信原则，培养学生遵纪守法的基本立身之道。	网络在线学习与相互讨论答疑
2	规划、预算编制与预测	一体化学习，对个人成长与知识积累形成系列整体性、复杂性、全面性的认知，对商业运行与实施有初步的认识。	网络在线学习与相互讨论答疑
3	绩效管理	遵循政治方向正确与旗帜鲜明，做好企业管理的基本评价工作，培养学生兼顾过程和结果而重在过程、知行合一的能力。	网络在线学习与相互讨论答疑
4	内部控制	做好内部控制，实施绩效反馈，形成管理闭关，建立基本的反思能力。	网络在线学习与相互讨论答疑

四、育人元素实施案例

在每一个模块中加入对课程思政的思考，具体内容可点击该网络公共选修课。

（一）外部财务报告

（二）规划、预算编制与预测

（三）绩效管理

课程思政元素

What qualities and abilities do you think employees,... 回复

（四）内部控制

课程思政元素

Internal control is very important to the enterprise. P... 回复

五、特色及创新

特色：作为全英文证书，融入思政课程元素，打造具有国际视野的中国特色社会主义事业接班人。

创新：融入思政文化与试题闯关模式，发散学生思维，自主学习与认识思政内容、学习思政知识。

六、实施效果与教学反思

网络公选课的课程思政实施不如在线课堂"润物无声"，但通过知识点的讲解与知识的内化，帮助学生在以上模块有初步的会计专业课程思政意识与内容认知，为后续学习打下良好的基础。

"行业会计比较"课程思政教学案例

◎谢春苗

一、课程概况

"行业会计比较"是高职高专院校财会类专业的一门专业选修课程。学习本课程前，学生必须事先学习"基础会计""财务会计"等会计专业核心课程，已经掌握会计核算基本方法，熟悉工业会计的岗位设置和核算要求，在此基础上拓展学习其他行业的会计核算方法，对各行业的特殊业务进行比较。

课程在浙江省在线开放课程平台上有配套线上课程，微课、习题、案例等各类教学资源完善，作为学生课前预习、复习的工具，同时也可作为线上教学的辅助。

二、课程教学目标与思政育人要求

该课程以各行业会计为教学专题，以就业导向为教学理念，以会计准则和行业会计的特点为依据，以会计核算方法为依托，以会计实务核心技能为主线，以各行业会计核算任务为载体，介绍了商品流通企业、旅游与餐饮服务业、交通运输企业、建筑施工企业、房地产开发企业等各个行业的主要核算业务。

（一）教学目标

通过本课程的教学，能使学生了解我国行业的划分；理解行业会计与《企业会计准则》的关系；理解各个行业的业务及其会计核算的特点；掌握和熟练运用各个行业基本核算原理和账务处理流程，使学生在对各个行业的会计核算有一个完整的认识的基础上，进行相应行业会计比较，为今后从事各种行业的会计实务打好基础。课程各项目的知识目标、能力目标及职业素养目标见表1。

表 1 "行业会计比较"课程教学目标

项目名称	课程知识目标	课程能力目标	职业素养目标
绪论	1. 了解行业以及行业的划分； 2. 掌握行业会计的分类； 3. 掌握行业会计比较的内容和方法。	1. 明确行业会计比较的意义； 2. 知晓行业会计比较的内容及方法。	1. 培养爱国情怀和民族自豪感； 2. 树立正确职业理想； 3. 热爱会计工作和会计岗位。
项目一 商品流通企业会计	1. 了解商品流通企业经营特点及商品流通企业会计的核算方法； 2. 掌握商品流通企业中的批发企业购进、销售以及特殊经济业务核算； 3. 掌握商品流通企业中零售企业购进、销售以及特殊经济业务核算； 4. 掌握已销商品进销差价的计算和结转方法； 5. 了解经营鲜活商品业务核算。	1. 能够对商品批发企业的经济业务进行会计核算； 2. 能够对商品零售企业的经济业务进行会计核算； 3. 能够对鲜活商品业务进行会计核算。	1. 培养正确商业之道，商业信用、崇正义、对价取之有道； 2. 培养学生团结合作以及诚信理念； 3. 培养学生"诚信为本、操守为重、坚持准则、不做假账"的良好职业道德与操守。
项目二 旅游、餐饮、服务企业会计	1. 了解旅游、餐饮、服务企业经营活动特点及会计核算特征； 2. 掌握旅游企业营业收入、营业成本的会计核算； 3. 掌握餐饮业原材料、餐饮制品成本及销售的会计核算； 4. 掌握服务企业营业收入、营业成本的会计核算。	1. 能够对旅游、餐饮、服务企业营业收入进行会计核算； 2. 能够对旅游、餐饮、服务企业营业成本进行会计核算。	1. 培养服务业的工匠精神，兢兢业业、精益求精； 2. 培养学生实事求是、坚持准则、不做假账的良好职业道德。
项目三 交通运输企业会计	1. 了解交通运输企业的经营特点和会计核算特点； 2. 掌握交通运输企业燃料和轮胎的核算； 3. 掌握交通运输企业营业收入核算； 4. 掌握交通运输企业营业成本核算。	1. 能够对交通运输企业燃料、轮胎的会计处理； 2. 能够对交通运输企业基层以及公司营业收入进行会计核算； 3. 能够对交通运输企业营运成本进行会计核算。	1. 培养学生认真严谨的工作精神与成本控制意识； 2. 培养学生的团队意识和吃苦耐劳的精神。
项目四 施工企业会计	1. 了解施工企业经营活动特点及施工企业会计核算特征； 2. 掌握施工企业周转材料、临时设施的会计核算； 3. 掌握施工企业成本、收入的会计核算。	1. 能够对施工企业周转材料、临时设施的经济业务进行会计核算； 2. 能够对施工企业的成本进行会计核算； 3. 能够对施工企业的收入进行会计核算。	1. 培养吃苦耐劳、勤俭节约、防止铺张浪费的不良作风； 2. 培养学生"诚信为本、操守为重、坚持准则、不做假账"的良好职业道德与操守。

续表

项目名称	课程知识目标	课程能力目标	职业素养目标
项目五 房地产开发企业	1. 理解房地产开发企业经营业务和会计核算的特点； 2. 掌握开发成本会计核算； 3. 掌握开发产品会计核算； 4. 掌握投资性房地产会计核算； 5. 掌握周转房会计核算。	1. 能够对开发成本进行核算； 2. 能够对开发产品的核算； 3. 能够对投资性房地产核算； 4. 能够对周转房会计核算。	1. 培养正确的投资理念，加强风险防范意识； 2. 培养认真严谨、诚实守信的工作精神； 3. 培养知识迁移能力。

（二）育人要求

课程积极落实课程思政理念，不断创新课程思政，将专业教育与思政育人紧密结合。课程思政贯穿课程方案、课程标准、课程实施与教学评价等教育教学全过程，使课程思政理论与专业有机融合、润物无声。

（1）培养学生树立正确的社会主义核心价值观和爱国主义精神；

（2）培养学生"诚信为本、操守为重、坚持准则、不做假账"的良好职业道德与操守；

（3）培养学生爱岗敬业、认真严谨的职业态度，懂得团结与协作，具备良好的职业素养；

（4）培养学生知识迁移的能力、建立终身学习、更新知识的理念。

三、课程思政方案的整体设计

课程深入挖掘思政点，通过思政主题、专业渗透、实训强化等多种途径，实现课程专业知识与思政元素的深入融合。

（1）思政主题活动，师生话思政。教师结合课程，开展与教学内容相关的思政主题会、案例分析、小组讨论等活动，以学生为主体、教师引导的方式，展开对相关思政元素的讨论，使思政理念深入人心。

（2）专业知识渗透，教师融思政。教师深入分析专业教学内容，特别是针对会计专业的职业道德、会计准则要求等内容，深入渗透有关职业操守的思政元素。

（3）会计实务训练，学生悟思政。通过实训任务，学生体会会计工作认真严谨的要求、培养良好的职业习惯。

课程思政融入课程的整体设计见表2。

表2 "行业会计比较"课程思政元素融入课程的整体设计

项目	教学内容	课程思政育人目标	教学方法
绪论	认知一 行业与行业会计 认知二 行业会计比较的内容、任务和方法	1. 认识我国行业发展状况，了解国家综合国力以及基本国情，培养爱国精神及民族自豪感，树立责任感和奉献感。 2. 了解各行业会计的联系与区别，培养"行行出状元"的理念，树立正确的职业理想。	视频学习：我国各行业的发展现状和未来前景。 教师讲授：讲授我国行业划分与行业特点。 小组讨论：学生分小组讨论，"我的理想就业行业"，分享对行业的认知和未来的职业选择。
项目一 商品流通企业会计	任务一 商品流通企业会计认知	1. 培养学生爱岗敬业、诚信做人的职业精神。教育学生爱祖国、爱人民、爱家乡、爱学校。 2. 培养学生终身学习习惯、辩证发展的观点看问题，具有组织的责任感和奉献精神，树立正确的价值观。	"渗透"教学法。 1. 通过介绍我国商品流通企业的地位和作用以及主要经营活动，使学生对行业的认识进一步加深，拓展眼界，培养学生爱国爱家、爱岗敬业、诚信做人的职业精神。 2. 通过对商品流通企业会计核算四种方法的介绍，特别是商品流通企业会计核算的复杂性，强调该行业的会计人员在掌握商业会计核算的基础上，拓宽行业背景知识、掌握过硬的专业知识、同时适应商品流通企业的经营特点，学会不同的核算方法。
	任务二 批发商品流转核算	1. 培养正确商业之道，商业信用、崇正义、对价取之有道。 2. 培养学生开源节流、纳税光荣、诚实守信、坚持会计准则的理念。	"渗透"教学法、任务驱动法。 1. 通过介绍批发企业的经营特征，使学生明白工业企业与商业批发企业和零售企业的不同地位和经营特点，强调培养正确的商业之道。 2. 批发商品销售核算：通过讲解使学生懂得销售的重要性，是企业收入的来源，培养学生开源节流、纳税光荣、诚实守信、坚持会计准则的理念。 3. 批发商品储存核算：批发商品储存核算主要包括：库存商品明细核算、商品盘点溢余短缺核算、商品销售成本的计算和结转。通过讲解，使学生懂得批发企业建立商品储备的重要性，并妥善保管商品，培养学生做事要有备无患，遇到问题按照准则规则做事。

续表

项目	教学内容	课程思政育人目标	教学方法
项目一 商品流通企业会计	任务三 零售商品流转的核算	1.培养学生分析问题解决问题的能力，培养学生细致严谨的工作态度，严谨规范、诚实守信的工作态度。 2.培养学生爱岗敬业、踏实工作的工作作风以及团队合作精神。	"渗透"教学法、任务驱动法。 学生通过商品购进、各实训任务的操练，掌握知识与技能。 1.商品购进核算：包括零售企业一般购进和特殊购进核算。特殊购进包括溢余短缺、进货退出、进货退补价等核算。 2.零售商品销售核算：包括一般销售和特殊销售核算。尤其重要的是一般销售收入和成本的核算有其特殊性、已销商品进销差价的计算和结转方法。 3.商品储存核算：包括商品调价、削价、溢余短缺和内部调拨核算。 4.通过讲解使学生掌握分析问题解决问题的能力，树立学生权利意识、责任意识，通过实训培养学生细致、严谨的工作态度，诚实守信的工作态度，增强其耐心和自信心。
项目二 旅游、餐饮与服务企业会计	任务一 旅游、餐饮、服务企业会计认知	1.培养爱国精神和文化认同。 2.培养服务业的工匠精神，兢兢业业、精益求精。	情境教学法。 1.通过介绍我国旅游业的变革和发展，培养学生对祖国大好山河的热爱。 2.通过介绍餐饮的概念，学生掌握中国传统饮食的知识，引导学生自己去发现课程中菜品的特点和内在文化。 3.通过对服务业的介绍，培养学生吃苦耐劳的精神。
	任务二 旅游企业经营业务的核算	培养坚持准则、实事求是、不做假账的精神。	"渗透"教学法、任务驱动法。 1.明确旅行社收入的确认时间和收入确认方法，向学生强调应严格按照准则的规定，培养合规精神。 2.合理确认成本。按照计划成本进行结转，待到结算账单后，与实际成本进行调整，培养学生具有实事求是的工作态度，不做假账的精神。
	任务三 餐饮业经营业务的核算 任务四 酒店业经营业务的核算	1.培养认真严谨的工作态度和爱岗敬业精神。 2.培养学生成本意识、精打细算的节约精神。	"渗透"教学法、任务驱动法。 1.厨房领用的原材料合理利用，避免浪费，培养节约精神。 2.加工原材料成本的核算：合理利用加工原材料的成本，合理确认是否存在下脚料。培养成本意识。 3.餐饮制品的核算：餐饮制品需要根据每日销售单据编制销售日报表，并根据收款情况编制收款日报表。培养学生具有持之以恒的会计精神。 4.酒店业务收入的核算：正确计算出租率，为提高酒店运营效率提供决策依据，体现会计管理活动的本质，培养爱岗敬业精神。

续表

项目	教学内容	课程思政育人目标	教学方法
项目三 交通运输企业会计	任务一 交通运输企业会计认知	1. 培养民族自豪感和自信心。 2. 培养学生的团队意识和吃苦耐劳的精神。	"渗透"教学法、案例教学法。 1. 交通运输企业概述：通过介绍我国交通运输业的变革和发展，提高学生的民族自豪感和自信心。 2. 交通运输企业会计核算的特点：通过对交通运输业的业务核算对象的复杂性分析，生产过程需要许多部门共同完成，培养学生的团队意识和吃苦耐劳的精神。同时针对交通运输业固定资产占比较大的特点，合理对固定资产进行估值，选择合适的方法计提折旧。
	任务二 交通运输企业存货的核算	1. 培养学生准确计算能力、合理安排的节约意识。 2. 培养认真严谨的工作态度。	"渗透"教学法、任务驱动法。 1. 燃料的核算：通过对燃料核算的讲解，强调合理计算耗油量。单位或使用部门合理确认耗油量，培养学生的节约意识。 2. 轮胎的核算：通过对轮胎核算的讲解，合理确认轮胎的摊销方法。预提轮胎的费用时，合理估算轮胎的损耗。轮胎报废时合理调整轮胎实际行驶里程数与定额行驶里程之间的差异。培养学生认真严谨的会计精神。
	任务三 交通运输企业营运收入的核算 任务四 交通运输企业营运成本的核算	1. 培养学生"诚信为本、操守为重、坚持准则、不做假账"的良好职业道德与操守。 2. 培养学生准确计算成本与成本控制意识。	"渗透"教学法、任务驱动法。 1. 交通运输企业收入的账务处理：交通运输业的劳务收入分布分散，通常由沿途各车站获取，培养学生及时汇总收入，不挪用收入款项。同时，交通运输业根据票据确认收入时，及时整理相关会计凭证，不弄虚作假。 2. 汽车运输成本、装卸成本、堆存成本：准备计算各成本、培养成本控制意识，在实训中培养严谨的工作精神。
项目四 施工企业会计	任务一 施工企业会计认知	1. 培养爱国情怀和民族自豪感。 2. 培养吃苦耐劳的精神。	案例教学法。 学习施工企业典型案例，了解施工企业特点，培养爱国情怀和吃苦耐劳精神。
	任务二 施工材料的核算 任务三 周转材料、临时设施的核算	1. 培养认真严谨的工作精神。 2. 培养终身学习意识、培养创新精神和知识迁移能力。	"渗透"教学法、任务驱动法。 1. 采购保管费的分配：计划分配率法下，期末有余额的，需要分配计入材料物资的采购成本，不留余额，提现了会计核算的严谨性。 2. 材料发出：材料发出要求根据不同的情况使用不同的领料单，指出财务工作需要有创新精神，结合实际情况对工作流程、表格设计等进行调整，提高效率、优化管理。

续表

项目	教学内容	课程思政育人目标	教学方法
项目四 施工企业会计			3.周转材料的摊销：周转材料的摊销有多种方法，分别适用于不同情况。会计人员需要有自己的职业判断能力，选择合适的摊销方法。 4.周转材料的转移、退库和报废：会计核算有一定的复杂性。会计人员一定要认真严谨，把账记清楚、记准确。 5.临时设施：把握临时设施与固定资产的联系与区别，告诉学生可以结合固定资产的账务处理来学习临时设施，强调需要有举一反三的知识迁移能力。
	任务四 工程成本的核算 任务五 工程收入的核算	1.培养学生"诚信为本、操守为重、坚持准则、不做假账"的良好职业道德与操守。 2.培养终身学习理念	"渗透"教学法、任务驱动法。 1.工程成本的内容：工程成本的内容虽然与制造业差别甚大，但是主要分类还是类似的，比如直接费用和间接费用，强调可以借鉴学习，充分利用已学知识，提高自学能力。 2.收入的确认：现行收入准则与之前有很大变化，会计从业人员需要终身学习、重视继续教育、更新知识体系。
项目五 房地产开发企业	任务一 房地产开发企业认知	培养正确的投资理念和风险意识。	案例教学法、小组讨论法。 通过对房地产企业的介绍以及案例的阐述，向学生灌输正确的投资理念。
	任务二 房地产开发成本的核算 任务三 房地产开发产品的核算	培养爱岗敬业、诚实守信、认真严谨、不做假账的工作精神。	"渗透"教学法、实训教学法。 1.房地产开发企业会计核算特点：通过对房地产资金需求量大、占用形态的多元性、核算周期的长期性等特点，强调财务工作者应具有风险防范意识。 2.通过实训，核算房地产开发成本、开发产品的核算，培养认真严谨的工作习惯。

四、育人元素实施案例

（一）案例一："我的理想就业行业"主题讨论

（1）教学内容：绪论　行业与行业会计。

（2）思政目标：

1）认识我国行业发展状况，了解国家综合国力以及基本国情，培养爱国精神及民族自豪感，树立责任感和奉献感；

2）了解各行业会计的联系与区别，培养"行行出状元"的理念，树立正确的职业理想。

（3）教学方法：视频学习、教师讲授、小组讨论。

（4）教学过程：

1）观看视频：介绍我国的行业发展现状及展望，培养爱国精神及民族自豪感，树立责任感和奉献感。

2）教师讲授：我国行业划分及主要特征；行业会计划分及特点；行业会计之间的联系与区别。

3）小组讨论：分小组讨论"我的理想就业行业"，组长汇报。

4）教师总结：各行各业都为我国的发展贡献了不分或缺的力量，树立"行行出状元"的理念和正确的职业理想。

（二）案例二：恒大集团"暴雷"的原因

（1）教学内容：项目五　任务一　房地产企业会计认知。

（2）思政目标：

1）培养正确的投资理念和风险意识；

2）培养坚持准则、不做假账的精神。

（3）教学方法：案例教学法、小组讨论法、教师讲授法。

（4）教学过程：

1）案例呈现：恒大集团"暴雷"的原因分析，主要从盲目扩张及财务危机两个角度分析。

2）小组讨论：从恒大集团"暴雷"事件中谈谈你的体会。

3）知识讲授：房地产开发企业的特点；房地产开发企业会计特点。

4）思政教育：结合房地产企业的特点、案例中恒大盲目扩张的行为和投资的损失，强调培养正确的投资理念和风险意识的重要性。结合房地产开业企业会计的特点以及恒大财务危机的原因，强调坚持准则、不做假账的重要性。

五、特色及创新

（一）课程思政目标，体现会计专业性

"行业会计比较"是会计专业类的专业选修课，授课对象为会计专业类学生，因此课程思政目标的制定要紧密联系会计专业的人才培养目标，特别突出爱岗敬业、诚实守信、不做假账的职业道德素养。

（二）课程思政内容，体现会计行业性

"行业会计比较"主要介绍各个行业的会计核算方法，除了会计专业方面的知识外，也会介绍我国各个行业的情况，培养爱国情怀与社会责任担当。在职业道德案例选择、职

业规划引导方面都会与相关行业相结合，充分考虑行业的特点。

（三）课程思政实施，体现教育信息化

充分利用现代信息化教育手段，线上线下联动，使思政教育贯穿课堂内外。借助平台的资源分享和互动，为学生创造良好的思政环境，激发学生知识学习兴趣，显性隐性双管齐下。同时借助平台更加了解每个学生的情况，因材施教，实现共性与个性相结合的课程思政。

六、实施效果与教学反思

（一）实施效果

（1）经过调整的教学方案、教学设计，更加体现专业与思政融合、教书与育人并进；融入了思政理念的课堂更加有情怀、有温度，教师与学生之间的关系进一步拉近。

（2）通过与学生交流，了解到学生们对会计岗位的认知、情感、价值观都有所提升，表达了自己将来想要从事的行业，对会计职业的发展充满信心。

（3）通过案例分析、小组讨论以及信息化手段的应用，学生的课堂积极性得到有效提高，课堂效果得到提升。

（4）通过实训任务，培养学生认真严谨的工作态度，实训的完成情况有很大改进。

（二）反思与改进

（1）进一步推进思政课堂教学模式创新，让课程思政成为常态化。时刻关注社会动态，进一步挖掘思政元素，整理感人事迹，汇集成思政案例集。

（2）进一步发挥学生的能动性。继续维护建设，使思政课堂的主线延伸到课外。学生可以随时分享身边令人感动的人与事，探讨专业学习、职业规划、理想目标等话题。

"财会专业英语"课程思政教学案例

◎陈燕燕

一、课程概况

"财会专业英语"是会计、财务管理专业开设的一门专业课程,其先修课程是"基础会计""大学英语"。本课程的学习核心是以"以职场交际为目标",将语言学习与职业素质和技能培养有机结合,教学过程体现职业性、实践性和实用性,全面提升学生的职业能力,符合新时期高等职业教学的新要求。通过本课程的学习,使学生能够比较全面地学习西方财务会计的专业知识,以适应经济全球化的新趋势,符合对外交流与合作的需求,同时还可以帮助会计工作者和财经类专业学生阅读英语会计文献和使用英语处理会计工作。

二、课程教学目标与思政育人要求

(一)课程教学目标

知识目标:

(1) Understand the history and development of accounting;

(2) Identify the users of accounting information;

(3) Understand the difference b/w management accounting and financial accounting;

(4) Understand the accounting equation;

(5) Understand the double-entry bookkeeping;

(6) Understand how to record transactions;

(7) Identify the types of source documents;

(8) Identity the types of journals;

(9) Understand the recording of account receivables;

(10) Understand two types of inventory system;

(11) Understand the inventory costing methods;

(12) Understand the depreciation of fixed assets;

(13) Understand how to record non-current liabilities.

能力目标：

(1) Describe the nature of accounting;

(2) Describe the types of business entities;

(3) Describe the accounting cycle;

(4) Describe the nature of inventory;

(5) Explain three major financial statements;

(6) Describe the control of bank account;

(7) Describe note receivables;

(8) Explain difference b/w general ledgers and subsidiary ledgers;

(9) Describe the types of assets;

(10) Describe the nature of fixed assets.

素质目标：

（1）具有诚实守信、客观公正的职业精神；

（2）具有服从管理、分工协作的团队意识；

（3）具有严谨细致、认真负责的工作态度；

（4）具有良好的心理素质、服务意识和责任担当；

（5）具有较强的英语语言表达、英语会计职业沟通与协调能力。

（二）育人要求

将课程思政元素融入知识点与技能点，培养具有诚实守信、客观公正的职业精神，服从管理、分工协作的团队意识，严谨细致、认真负责的工作态度，良好的心理素质、服务意识、责任担当和具有爱党爱国情怀的会计人才。

三、课程思政方案的整体设计

具体内容见表1。

表1 "财会专业英语"课程思政元素融入课程的整体设计

序号	教学内容	课程思政育人目标	教学方法
1	Unit 1 An Introduction to Accounting 本单元主要学习会计的历史和发展，会计的本质、会计职业等基础内容。	使学生理解世界上最早的会计定义的同时，同时也能从会计名人身上学习到勇于创新，求真务实的精神。对于会计职业，在讲解基础知识的同时，鼓励学生畅谈理想，可以引导同学树立正确的职业观和人生观，在未来的会计岗位上做到诚实守信、踏实肯干及遵守会计职业道德。	案例教学法 任务驱动法 行动导向法 直观教学法

续表

序号	教学内容	课程思政育人目标	教学方法
2	Unit 2 Recording Business Transactions 本单元主要通过会计等式、复式记账方法、会计分录的学习掌握记录经济交易事项的方法。	使学生通晓国际规则，熟悉中西方会计的相似点和不同点，潜移默化中提升同学的爱国情怀。同时，通过学习会计的基本原理以及做账规章，教导学生遵守会计准则的要求，做到诚实守信、不做假账，遵守会计职业道德。本单元习题较多，通过开展小组项目作业的形式，提升同学的合作创新、开拓进取、与人为善、实干高效的品质和能力。	案例教学法 任务驱动法 行动导向法 直观教学法
3	Unit 3 Accounting Cycle and Processes 本单元主要学习会计循环的内容。会计循环涵盖凭证来源、总分类账、日记账和财务报表等知识点。	在讲授会计凭证要求时，要求做到诚实守信，要以真实经济业务为基础，遵循真实性和客观性，不弄虚作假。做到认真仔细，实事求是，应熟悉会计法、具备扎实的会计理论知识、掌握现代科学技术、不断进行会计后续教育，才能持续胜任会计工作，同时会计记录应以真实经济业务为基础，遵循真实性和客观性，不弄虚作假，不高估利润，不低估负债，实事求是。	案例教学法 任务驱动法 行动导向法 直观教学法
4	Unit 4 Cash and Receivables 本单元主要学习涉及现金和应收款的常见业务处理方法。	使学生理解社会主义核心价值观中的诚信原则，通过因诚信缺失、可靠性受损导致的会计丑闻案例的导入，展开对现金管理制度相关知识点学习，对学生进行诚信教育，培养学生爱岗敬业的职业素养，遵守会计职业道德规范，不可违背社会主义核心价值观，忠诚于企业。	案例教学法 任务驱动法 行动导向法 情境教学法 直观教学法
5	Unit 5 Inventory 本单元主要学习存货的确认及计量方法。	使学生理解在存货的日常收、发、存过程中，应客观、公正、真实地记录，并不断健全存货管理制度，合理优化存货量配置，节约社会经济资源。如实反映存货的数量和金额，监督存货的安全完整，能维护国家、社会、集体利益，避免给资本市场的投资者、债权人造成损失。	案例教学法 任务驱动法 行动导向法 情境教学法 直观教学法
6	Unit 6 Long-Lived Assets 本单元主要学习固定资产和无形资产的确认及计量方法。	使学生理解固定资产折旧及减值、无形资产减值的目的和意义，通过导入资本市场中，商誉减值准备计提暴雷现象，让学生深刻认识滥用资产减值准备以操纵盈余会扰乱资本市场秩序，应树立"诚信为本"的理念，遵守会计准则的要求，在计提资产减值准备时，需结合外部经济环境和企业自身的管理实践。同时在讲解无形资产时可以结合儒家的中庸思想"致中和"的道理，来帮助学生理解研发支出费用化和资本化的适宜和适当。	案例教学法 任务驱动法 行动导向法 情境教学法 直观教学法

四、育人元素实施案例

以"2.1 Type of Business Entities（商业模式的种类）"内容为例，详细阐述课程思政环节的组织实施过程。

（一）思政教案设计

在教案设计中充分挖掘思政育人元素，在理解三种商业模式的定义、特征、区别等内容的同时，要求学生理解不同的商业模式的企业对会计人员素质的不同要求。通过案例导入的形式，引导学生思考如果自己是 Sole traders、Partnerships、Companies 的经营者应该遵守的职业道德。

（二）课堂组织

教师授课环节，在讲解三种商业模式的定义、特征、区别等内容的同时，告知学生作为 Sole traders 的经营者，应该诚信经营，提高产品质量，勤奋苦干，创造更多的价值；作为 Partnerships 的合伙人应该保持忠诚，合伙人之间应该坦诚、信任、团队协作，同时对待投资项目应该谨慎防范风险；作为 Companies 的投资者应该提升财务方面的专业能力，谨慎防范投资风险。在学生成果展示环节，通过小组分工汇报，提高学生口头表达能力和团队协作能力，同时，可以检测学生对知识点、技能点以及思政内容的掌握以及内化程度。

（三）课后作业

教师布置作业：要求学生浏览网站，收集资料，提升信息化水平以及信息资料的收集能力；同时要求通过小组分工形式完成报告，提高学生合作意识、团队精神，激发学习的热情。

五、特色及创新

（一）"理论知识 + 思政热点"的教学内容

"财会专业英语"课堂思政教育的引入是通过结合理论知识点，同时结合热点话题，在相关知识点后都点明其背后折射出的会计思政内涵。提高学生课堂参与度高，学习积极性高，使学生掌握知识的同时，领悟会计职业道德要求。

（二）"翻转课堂 + 课程思政"的教学模式

本课程教学的开展借助浙江省在线开放课程平台。学生在课前利用线上平台自主观看爱国主义教育题材、名人励志素材的视频，阅读融入思政元素的电子教材、课件等，完成理论知识学习和测试。在课堂上，通过蓝墨云平台开展讨论、提问、头脑风暴、抢答等环节，让同学参与进课堂，引导其思考问题。教师组织大量课堂活动来帮助学生消化、理解理论知识，进而达到理论指导实践的目的，实现有效的翻转课堂教学。

（三）"行动导向+课程思政"的教学方法

本课程在教学过程中充分发挥学生的主体作用和教师的主导作用，注重学生分析问题，解决问题能力的培养。教师下达"任务"，鼓励学生以小组为单位参与团队作业，并展示作业成果，通过引导学生完成"任务"，实现教学目标。最后教师通过效果评价，合理评估学生知识点掌握及思想政治表现情况。

六、实施效果与教学反思

本课程将思政内容融入课前、课中、课后全过程教学，润物细无声，思政内化体现在学生的作业成果中，在未来教学过程中，针对英语教材思政元素的结合点，仍需不断挖掘、商讨，要与时事相结合，与党的最新政策和方针相结合。同时，在讲解时要融入得自然、恰当，让学生体会到所传达的观念。

具体从以下几个方面进行改进：

（1）课前通过相关视频、书籍学习中国传统文化，比较中西方文化差异，培养学生爱党爱国情怀。

（2）课中通过案例导入，在知识点讲授过程中融入思政元素。

（3）课中通过让学生上台演讲的形式，培养学生勇于表达、敢于创新的精神。

（4）课后通过完成团队报告作业，培养学生团队协作能力、领导能力和服务意识。

财务管理类

"财务管理实务"课程思政教学案例

◎姚军胜

一、课程概况

（一）课程内容概述

"财务管理实务"是财会专业的核心课程之一，应用性和实践性极强，在企业管理中处于核心地位。财务管理是研究如何通过计划、决策、控制、考核、监督等管理活动对资金运动进行管理，以提高资金效益的一门经营管理科学，是企业管理的一个组成部分，是根据财经法规制度和财务管理原则，组织企业财务活动、处理财务关系的一项经济管理工作。"财务管理实务"课程在讲授财务管理基本理论知识（财务管理概念、财务管理目标、时间价值、风险报酬等）的基础上，依据企业财务管理业务和岗位技能，着重讲授筹资管理、投资管理、营运资金管理、企业利润分配管理和预算管理等方面的基本理论、实操方法（工具）及技能。

（二）在专业人才培养方案中的地位和作用

"财务管理实务"是基于企业财务管理职业及相应岗位业务内容和工作过程开发的专业课程，是培养会计学专业人才财务管理相关理论知识和专业技能的核心课程。"财务管理实务"属于财务管理专业人才培养方案中的专业必修大类课程，开设该门课程的目的是向那些即将跨入信息时代的学生讲解财务管理基本原理，使学生熟练掌握财务管理岗位工作所需财务管理学科知识和职业技能的同时，注重培养学生科学的财务管理理念和分析解决实际问题的能力。

（三）在人才培养中对育人环节的支撑作用

本课程是依据财务管理专业工作任务与职业能力分析表设置的。其思路为打破以知识传授为主要特征的传统学科课程模式，转变为以工作任务为中心组织课程内容，让学生在完成具体项目的过程中学会完成相应工作任务，并构建相关理论知识，发展职业能力。课程内容突出对学生职业能力的训练，理论知识的选取紧密围绕工作任务的需求，同时充分考虑了高职教育对理论知识学习的需要，并融合了相关职业资格证书对知识、技能和态度的要求。教学过程中，通过校企合作、校内实训基地建设等多种途径，采取工学结合、岗位实习等形式，充分开发学习资源，给学生提供丰富的实践机会。教学效果评价采取过程评价与结果评价相结合的方式，通过理论与实践相结合，重点评价学生的职业能力。

二、课程教学目标与思政育人要求

（一）教学目标

"财务管理实务"课程基于企业财务管理工作任务、过程及业务流程设计学习情境，整合、优化课程理论知识体系，对课程结构进行模块化设计，组织课程内容。该课程具体包括以下模块：财务管理基础理论知识模块、财务管理业务模块（具体包括筹资管理、投资管理、营运资金管理、企业利润分配管理和预算管理等 5 个子模块）。课程实施"课堂＋课外"教学模式，采用"理论讲授""案例教学""项目教学""任务驱动"等课内教学方法，并且结合企业财务专家专题报告、企业财务管理岗位见习等课外教学方法，让学生在完成财务管理具体业务学习的过程中构建财务管理的理论知识、岗位认知，提升实践应用技能和发展能力；倡导并践行社会主义核心价值观和爱国主义精神，提高学生思想道德素养，提高学生服务国家、服务人民的社会责任感；鼓励学生在专业知识学习之余，形成勤锻炼、有情趣、爱劳动的价值取向。

（二）育人要求

本课程课程思政教学要点可分解如下：
（1）思想政治素质：有正确的人生观、价值观、道德观和法制观。
（2）人文与科学素质：具有科学精神和科学思维习惯，有国际视野与跨文化理解能力，有较强的集体主义精神、鲜明的个性并学有所长。
（3）专业伦理与职业道德：符合诚实守信、操守为重等专业伦理要求和遵守准则、不做假账等职业道德要求，具有良好的职业态度、职业修养和终身学习能力。
（4）具备一定的大数据、物联网、人工智能等信息化理念。
（5）能自主学习、归纳和总结会计新知识、新技术和新方法。

三、课程思政方案的整体设计

具体内容见表 1。

表 1　"财务管理实务"课程思政元素融入课程的整体设计

序号	教学内容	课程思政育人目标	教学方法
1	项目一　财务管理总论	爱岗敬业、态度端正	通过介绍财务管理的发展史，使学生体会到财务工作的必要性和严谨性，以端正、敬业的态度去学习这门课程

续表

序号	教学内容	课程思政育人目标	教学方法
2	项目二 筹资管理	团队协作、诚实守信、遵纪守法	通过模拟企业的筹资程序和模拟财务部门人员分工，体会会计工作对于效益性、严谨细致、遵纪守法的要求
3	项目三 资本成本及其结构	认真细致、工匠精神、交流沟通、严谨合规	从个别资金成本的计算的学习中，体悟会计工作流程的严谨合规和工匠精神
4	项目四 项目投资管理	严谨合规、认真细致、工匠精神、交流沟通	通过学习项目营业期和终结期现金流的分析计算，感受会计工作的细致、严谨、合规
5	项目五 证券投资管理	认真细致、交流沟通、严谨合规	通过学习债券价值计算、持有期收益率计算和股票价值计算，体会会计工作的工匠精神及团队间交流沟通的重要性
6	项目六 现金管理	职业洞察、严谨合规	通过最佳现金管理的确定，体悟认真、严谨、细致、职业洞察力的重要性
7	项目七 应收款管理	工匠精神、团队合作、认真细致、诚实守信	通过学习应收账款信用政策的制定，感受会计工作中团队合作、认真细致与诚实守信品质的重要性
8	项目八 收益分配管理	遵纪守法、严谨合规	实训资料和结果的呈现必须严谨合规、遵纪守法
9	项目九 预算管理	热爱祖国、文化自信、广泛学习、传承国粹	引入《礼记·中庸》中与预算有关的名句，启迪学生广泛学习经典著作，积极弘扬和传承中华优秀传统文化

四、育人元素实施案例

具体内容见表2。

"财务管理实务"课程思政教学案例

表2 "财务管理实务"课程育人元素实施案例

课程开设二级学院	会计学院	授课教师	姚军胜
面向专业	大数据与信用管理	授课班级	信管21（1）、21（2）
课程类别	□公共类课程 ☑专业类课程 □社会实践类课程			
育人教学目标	德育目标：培养热爱祖国、广泛学习的思想态度，培养积极传承中华优秀传统文化的美德，树立文化自信自强的意识 知识目标：（1）掌握增量预算法的含义、主张、特点及适用情形；（2）掌握零基预算法的含义、主张、特点及适用情形			
课程思政教学重难点	如何将学习中华优秀文化典籍和弘扬中华优秀传统文化的要求有机融入课堂			

续表

教学方法和举措	引入《礼记·中庸》篇中的"凡事豫则立，不豫则废。言前定则不跲，事前定则不困，行前定则不疚，道前定则不穷"，说明事前制定预算、安排计划的重要性，一方面引出教学主题，另一方面使同学们能够将目光延伸至中华优秀文化典籍所凝练的古人的智慧，激发同学们广泛阅读中华优秀传统文化典籍的兴趣，培养其对中华文明的热爱，树立热爱祖国、文化自信、广泛学习、深度感知的思想态度，不断提高其思想境界，使其以积极向上的精神面貌投入学习、生活和实践活动当中去

五、特色及创新

本课程教学的开展借助浙江省高等学校在线开放课程共享平台和职教云两大平台。学生在课前利用浙江省高等学校在线开放课程共享平台自主观看教学视频，阅读电子教材、课件等，完成理论知识学习和测试。在课堂上，借助职教云平台课前设置好的问题，通过讨论、提问、头脑风暴等环节，让学生参与课堂，引导其思考问题。教师组织大量课堂活动来帮助学生消化、理解理论知识，进而达到理论指导实践的目的，实现有效的翻转课堂。

六、实施效果与教学反思

（一）实施效果

本课程作为大数据与信用管理专业的核心课程，是着重于实训的一门课程。从学到练，不再停留于纸上谈兵，而是活学活用，熟能生巧，为未来的职业生涯打下坚实的基础。同时，作为基础性学科，学生学好这门课程，可以为将来学习后续课程做铺垫。本课程思政教育的教学评价综合考虑学生自主性学习、过程性学习、体验性学习中对于思政教育的理解和吸收情况，较好地体现对学生的专业知识、业务技能、职业素养等多方面教学中思政教育的评价要求，综合评价课程思政的教学效果。

（二）教学反思

课程思政教学形式多样化是否流于形式，教学形式是点缀，思政内容和知识技能的传达和内化是核心和重点；课程思政教学理念、教学目标的是否实现；学生是否由于没有认识到学习财务管理的意义，从而出现上课不专心、学习不努力的现象；是否充分调动了学生对课程思政内容的热情和兴趣，是否能够促使学生由被动接收转化为主动学习；学生是否对于课程的学习仅限于对知识与技能的掌握，对于职业操守与理念缺乏认知。

"筹资管理"课程思政教学案例

◎ 许　辉

一、课程概况

"筹资管理"课程要求学生掌握与筹资有关的理论知识与实践技能，具体如下：筹资方式的利弊分析，资金成本的计算分析，筹资风险的度量与分析，资本结构决策。其中，筹资管理要解决的最核心问题是筹资的成本与风险的最优组合，在此基础上，能够结合这些理论分析现实生活中的具体实例，增强学生解决实际问题的操作能力，使筹资管理真正成为一门应用型学科。

"筹资管理"是会计学院会计优势专业课程建设中的一门专业核心课。该课程是在"会计基础""财务会计""管理会计""财务基础"等课程的基础上，对公司筹资活动所涉及的原理以及在实际经济生活中的典型案例进行系统讲授及分析的一门专门研究公司的筹资管理的学科，是筹资管理学科的专业课程。本课程对于提升学生的筹资管理综合素养具有重要的作用。

在人才培养方案中，本课程主要安排在大二第一学期，这个阶段学生已经基本掌握了筹资管理的基本理论知识和相关的职业技能，有了这些基础，通过本课程的学习，可以提升学生综合运用相关筹资管理理论解决实际问题的能力，同时能够培养学生的团队合作意识、文档撰写能力、PPT汇报能力等。本课程的思政教学要点包括：树立正确的世界观、人生观、价值观；富有创新精神；具有良好的职业道德；培养良好的个人品德；具备良好的法治素养。

二、课程教学目标与思政育人要求

本课程各部分的知识目标、技能目标、职业素养目标及育人要求见表1。

表1 "筹资管理"课程教学目标与育人要求

章（模块）	知识目标	技能目标	职业素养目标	育人要求
筹资方式利弊分析	熟悉各种筹资方式；了解各种筹资方式的优点；了解各种筹资方式的缺点	能够根据各种筹资方式特点帮助企业分析组合筹资	爱岗敬业；遵守法律；遵规守纪；遵守、履行道德准则和行为规范，具有社会责任感和社会参与意识；具有职业生涯规划意识和创新思维	正确的世界观、人生观、价值观；良好的职业道德；创新精神；法治意识
资本成本度量分析	个别资本成本计算；加权平均资本成本计算；边际资本成本计算	能够帮助企业分析比较资本成本大小	爱岗敬业；遵守法律；遵规守纪；遵守、履行道德准则和行为规范，具有社会责任感和社会参与意识；具有职业生涯规划意识和创新思维	正确的世界观、人生观、价值观；良好的职业道德；创新精神；法治意识
筹资风险度量与分析	经营杠杆的含义与计算；财务杠杆的含义与计算；总杠杆的含义与计算	能够帮助企业分析筹资过程中的经营风险、财务风险和总风险的大小，根据风险大小决定筹资方式	爱岗敬业；遵守法律；遵规守纪；遵守、履行道德准则和行为规范，具有社会责任感和社会参与意识；具有职业生涯规划意识和创新思维	正确的世界观、人生观、价值观；良好的职业道德；创新精神；法治意识
资本结构决策	了解资本结构的含义；掌握最佳资本结构的含义；掌握资本结构的决策方法	能够帮企业利用比较资本成本法、每股收益分析法和企业价值分析法确定最佳资本结构	爱岗敬业；遵守法律；遵规守纪；遵守、履行道德准则和行为规范，具有社会责任感和社会参与意识；具有职业生涯规划意识和创新思维	正确的世界观、人生观、价值观；良好的职业道德；创新精神；法治意识

三、课程思政方案的整体设计

本课程实施中思政元素的融入路径主要是将相关思政元素融入课程的各个教学环节见表2。

表2 "筹资管理"课程思政元素融入课程的整体设计

序号	教学内容	课程思政育人目标	教学方法	融入方式
1	筹资方式比较	良好的职业道德；正确的世界观、人生观、价值观；法治素养	筹资应该在充分了解各种筹资方式的优缺点的前提下进行，不能靠拍脑袋决策	通过案例分析将职业道德操守等目标融入教学当中

续表

序号	教学内容	课程思政育人目标	教学方法	融入方式
2	资本成本度量	良好的职业道德；创新精神；正确的世界观、人生观价值观；法治素养	能够通过计算、比较各种个别资本成本、加权资本成本和边际资本成本的高低，并做出选择	通过案例分析将创新精神、政治素养的思政目标融入教学当中
3	筹资风险度量	良好的职业道德；创新精神；正确的世界观、人生观价值观；法治素养	能够分析度量和比较筹资过程中的经营风险、财务风险和总风险大小，从风险的角度做出合理的筹资决策	通过案例分析将相关的思政目标融入教学当中
4	资本结构决策	良好的职业道德；创新精神；正确的世界观、人生观价值观；法治素养	能够运用比较资本成本法、每股收益分析法和企业价值分析法等进行资本结构决策	通过案例分析将思政目标融入教学当中

四、育人元素实施案例

（一）案例介绍

"校园贷"是大学生解决资金不足问题的常用手段。但因大学生缺乏对贷款（筹资）知识的了解，导致部分学生陷入高额利息和逾期还款的恶性循环状态，虽然2017年教育部曾在新闻发布会上表示任何网络贷款机构都不允许向在校大学生发放贷款，但"校园贷"仍不断出现。2020年10月，中消协发布了"校园贷"诈骗2020年上半年再现高发的警示，随后，教育部也发布了学生警惕不良"网络贷款"的提醒。"校园贷"实质就是大学生的筹资行为，将筹资管理和"校园贷"结合，可以帮助学生清晰地认识到"校园贷"的非法性，认识到披着"低息"外衣的"校园贷"是如何滚出巨额账单的，帮助在校大学生树立理性消费观和财富观，不盲目超前消费、过度消费，珍惜个人信用，时刻保持风险意识，选择合法、安全的筹资渠道，筹资前要明确资金的利息率、计息周期、相关筹资费用和用资费用，筹资后，恪守借款合同，履约还款。

（二）案例教学内容

本案例教学内容主要包括以下方面。

1. 介绍筹资的原则

筹资的原则包括筹措合法、取得及时、来源经济、结构合理、规模适当。其中第一点就是筹措合法，学生观看央视"校园贷"相关案件的剖析和教育部多次提醒，让学生对"校园贷"的"非法性"有明确的认知，提高学生明辨是非的能力。

2. 讲解资金成本的构成

资金成本包括为筹集和使用资本而付出的代价。同学们在面对打着"秒速放款""低息"旗号的"校园贷"时，往往忽视了那些名目繁多的筹资费用、用资费用和附加条款，通过剖析资金成本的构成，可以提高学生的风险意识，降低财务风险。

3. 讲解借款实际利率的计算（以银行贷款为例）

借款实际利率不一定等于借款的名义利率，引导同学们在筹资前要明确资金的利息率、计息周期、付息方式和其他借款附加条件，从而培养学生全面看待问题的能力。

4. 借款中的其他问题

引导大学生应在能力范围内消费，勿盲目超前消费、从众消费、过度消费，使学生树立正确的财富观和理性的消费观。

（三）思政教学融入点

具体内容见表3。

表3 "筹资管理"课程思政教学融入点

教学内容	思政融入点	教学方法
确定筹资的合法性原则	提高学生明辨是非的能力	学生通过观看央视新闻，明确"校园贷"的非法性；学生浏览教育部和中消协公众号相关推送，明确"校园贷"的非法性
认识资金成本的构成	让学生树立风险意识	学生通过课堂讨论——校园贷为何滚出巨额账单，识别校园贷中的常见陷阱；教师PPT讲解资金成本的构成
进行借款实际利率的计算	提高学生全局意识	教师PPT讲解银行实际借款利率的计算；学生通过锦绣人生教学平台训练银行借款实际利率的计算
明确与借款相关的其他问题	让学生树立正确的财富观和理性的消费观	开展课堂讨论：（1）如何理性看待提前消费？（2）在大学生需要资金时有哪些解决途径？教师总结

五、特色及创新

（1）教学过程引入学生自评，小组内部的自评可以防止小组内部成员"搭便车"现象。

（2）教学内容根据命题的重要性和实时性进行选取，可以有效激发学生的研究动力。

（3）采取翻转式课堂教学，可以有效激发学生的自主能动性。

（4）可以有效提升学生的资料搜集、整理、分析能力；能有效提升学生的表达能力、合作意识等。

六、实施效果与教学反思

（一）教学成效

成效1：学生表示这次课程普及了基本的信贷和金融常识，使他们形成明辨是非的能力，在需要资金时首先选择合法的筹资途径。

成效2：学生能识别筹资相关的所有的筹资费用和用资费用，促使学生全面地看待问题。

成效3：学生能进行银行借款资金成本的计算，帮助学生树立"风险"和"收益"共存的理念。

成效4：学生表示应在能力范围内消费，勿盲目超前消费、从众消费、过度消费（规模适度），如有资金需求，应首先考虑学校的奖勤助贷，然后考虑咨询商业银行针对大学生金融消费的小额信贷或者和家人商量。筹资后有契约精神，按时还款。

（二）筹资管理课程思政教学反思

筹资管理课程思政教育教学改革存在的问题如下。

1. 创新创业思想教育不足

党的十八大以来，我国经济社会发展进入新时代，以计算机和网络技术为核心的现代技术催生和孵化了以财务共享服务为主导的新时代会计人才需求，创新会计学专业人才培养模式，优化筹资管理课程体系设置和结构，优化教学资源和教学方式方法，建构筹资管理课程教学改革，加强实验实训内容教学，加强以实践教学体系为依托的团队合作教育，加强创新创业思想教育基地建设十分必要。

2. 筹资管理课程中的思政元素不全

筹资管理课程中涉及的思政元素很多，需要我们适应新时代人才市场需求，树立新时代人才培养理念，充分调动团队教师的积极性和主动性，通过深入学习研讨，完善和实施筹资管理课程思政体系，建构分工明确、责任清晰的课程思政组织实施系统，增强筹资管理课程思政的同向教育功能。

3. 课后思政内容延伸性差

目前本课程有课后作业，也有查阅相关文献的要求，但有学生参加初级会计师考试，只顾眼前的作业、考试等活动，缺少对未来的职业发展规划。

（三）筹资管理课程思政教育教学改革后续教学的改革措施

1. 加强创新创业思想教育

筹资管理课程是实践性很强的课程，今后要更加完善实践课程体系。具体措施如下：第一，借助"互联网+"时代下的现代化计算机技术、网络信息技术，搭建筹资管理实践教学管理平台、网络课堂、翻转课堂，提高学生实践管理的系统化、网络化和自动化，为学生提供自主学习的保证。第二，依靠实习实训基地，培养学生的实务操作能力，为未来的职业发展打下坚实的基础。第三，坚持以赛促学、以赛促教、以赛促研，鼓励学生参加各种专业技能竞赛，激发学生的进取心、学习动力和创新创业潜能，促使课程思政教学理念有效运用，在提升学生的专业技能的同时，训练学生刻苦钻研和团结合作，加强沟通能力和解决实际问题能力，增强社会责任感和使命感，增强自信心。

2. 进一步挖掘筹资管理课程中的思政元素

筹资管理课程要结合当今热点与现实问题，联系专业特点来深入细致地挖掘思政元素，把筹资管理相关知识点延伸到财务报表分析、管理会计等课程中去，继续在点滴事例的浸润中潜移默化地感染学生，持续推进筹资管理课程思政建设。我们团队要把平时积累的材料有机加工后构建完整的专业课程思政理论体系，融入身心健康和意志品质教育、人生规划教育、社会责任意识教育等，增强教学的吸引力和感染力，实现知识体系和价值体系构建的统一，培养新时代经济发展新阶段所需要的德才兼备的高级应用型会计人才。

3. 丰富第二课堂

今后要鼓励学生积极参加社会实践与企业顶岗实习的机会，积极参加创新创业活动，积极参加会计职称、管理会计、税务等相关的职称考试，以考促学。通过筹资管理课程学习，学生应学会个人理财的相关方法与策略，比如股票、债券投资等，学生应根据兴趣阅读，关注相关领域，综合了解大金融领域的知识，真正利用互联网学习，不断提高自己，丰富自己的阅历。此外，鼓励学生长期关注和分析不同行业上市公司的经营管理活动和财务状况，提升学生的自主学习和综合能力，积累知识，为人生职业发展奠定基础。

"投资管理"课程思政教学案例

◎黄道利

一、课程概况

"投资管理"是面向会计学院财务管理专业的专业课。本课程旨在使学生掌握投资管理的基本原理，熟练掌握证券市场的基本概念、功能和体制、投资组合理论和金融资产配置、投资分析和管理、金融衍生品和基金管理、投资业绩评估等专业知识。通过本课程的学习，使学生明确和掌握投资管理的基本理论、基本方法和基本技能、主要法规和职业道德规范，为学生的后续教育打下较好的理论基础，使学生成为适应性强、适应速度快的应用型人才。

二、课程教学目标与思政育人要求

（一）本课程教学目标

本课程基于"立德树人"教育目标，以学生为中心，帮助学生达成知识、能力和素质的全面提升，尤其是使学生通过课程思政在理想、信念、价值方面更加端正，提高家国情怀、人文素养、创新精神和合作能力。

（二）思政育人要求

确立"一个中心，四个维度"的课程思政教学目标（见图1），"一个中心"即塑造核心价值观，"四个维度"即坚信中国道路、培养职业素养、把握时代前沿、激发

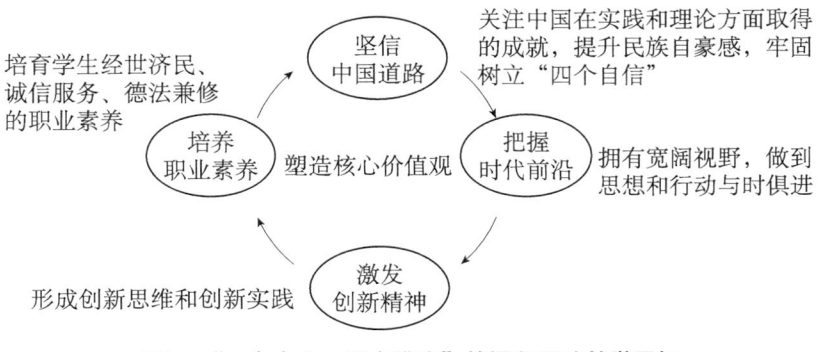

坚信中国道路：关注中国在实践和理论方面取得的成就，提升民族自豪感，牢固树立"四个自信"

培养职业素养：培育学生经世济民、诚信服务、德法兼修的职业素养

把握时代前沿：拥有宽阔视野，做到思想和行动与时俱进

激发创新精神：形成创新思维和创新实践

塑造核心价值观

图1 "一个中心，四个维度"的课程思政教学目标

创新精神。遵循贴近现实原则、古今融通原则、中外融通原则、正反对比原则四项思政育人原则。

三、课程思政方案的整体设计

基于以上原则，结合课程思政育人目标，体现社会主义核心价值观、中华优秀传统文化、科学探索精神、从业人员职业道德等方面的内生思政元素，并在授课内容中进行融入。"投资管理"课程思政元素融入课程的整体设计见表1。

表1 "投资管理"课程思政元素融入课程的整体设计

序号	教学内容	课程思政育人目标	教学方法
1	投资与投机的联系和区别	使学生树立正确的财富观念	复利价值
2	股票含义	提升学生民族自尊心和自豪感，牢固树立"四个自信"	邓小平赠送美国纽约证券交易所董事长凡尔霖"新中国第一股"上海飞乐音响股票的故事
3	股票红利分配	提升学生的社会责任感和使命感	A股上市公司现金分红榜单
4	债券种类	让学生懂得金融市场不是投机家的游乐园，而是真正服务于实体经济的发动机	国债投资案例
5	证券投资基金含义	培养职业素养	巴菲特、彼得·林奇等优秀基金经理故事
6	证券投资基金的主要类型	把握时代前沿，坚定"四个自信"	中外投资基金比较
7	金融期货的作用和主要交易制度	帮助学生树立正确的投资观念和金融从业人员的使命担当	以苹果期货为例介绍"保险+期货"模式在精准扶贫中发挥的作用
8	金融期权的基本功能	培养职业素养	巴菲特化险为"益"的案例
9	股票发行	把握时代前沿，坚定"四个自信"	新《证券法》颁布实施和注册制改革对证券市场的影响
10	证券交易的原则	帮助学生树立公正、严谨、诚信、客户利益至上的职业道德	典型财务造假案例

四、育人元素实施案例

案例1：遵循贴近现实原则。课程思政元素紧扣国际国内形势和社会主旋律，充分挖掘社会热点和学术前沿问题，将十九届六中全会精神、共同富裕、反垄断、双循环发展战略、"双碳"目标、房住不炒、中美贸易摩擦、注册制实施、北交所建立等主题有机融入授课内容中，开阔学生视野和思维，培养金融从业者服务实体经济的使命担当意识。

案例2：遵循古今融通原则。不仅要关注当下理论与实践取得的成就，也要充分挖掘中国古代和近现代的经济和金融思想，做好价值观与文化的传承，如讲解宏观经济分析中的货币政策部分时，不仅要介绍疫情下我国央行的相关举措和成果，也可以融入人类历史最早的宏观调控和经济战案例——管仲"轻重"理论及其如何助力齐桓公位列"春秋五霸"，增强学生对中华文化的自豪感和高度的认同感，亦可融入抗战时期北海银行应用经济学家薛暮桥"物资本位论"为革命斗争的胜利提供坚实物质基础的红色金融史，促进学生传承红色金融文化基因，通过古今融通，坚定"四个自信"，完善自我知识构建，经世济民。

案例3：遵循中外融通原则。西方证券市场已有200余年历史，形成了比较成熟的理论体系，但西方理论是建立在其自身投资实践基础之上的，需要与中国国情有机结合，目前投资学还是以西方理论为主，因此教师在授课中要多列举中国的理论成果和实践成就，在中国话语和中国叙事体系里发挥中国故事背后的思想力量和精神力量。比如教师可以对中美在抗疫中采用的货币政策进行对比：面对疫情，美国实行的是无限量化宽松货币政策，这个政策虽然造就了牛市，但引致了较高的通货膨胀，给经济发展带来隐患；中国政府没有跟风实行财政赤字货币化，即央行购买特别国债，不搞"大水漫灌"，而是稳字当头、以我为主、精准"滴灌"，这不仅有效控制了通货膨胀，还为未来的货币政策操作留下了一定空间。中国人完全有能力、有智慧解决自己的问题，走自己独立的道路，通过中外对比培养学生的批判思维，使学生自觉形成道路和制度认同，牢固树立"四个自信"。

案例4：遵循正反对比原则。树立良好的职业道德是课程思政的重要内容，在思政融入过程中，不仅要发挥反面案例的警示作用，更要注重正面案例的榜样力量，弘扬正气和正能量，比如在讲到财务分析等内容时，可以将优秀上市公司的财务报表与典型不良企业的造假财务报表进行对比。

五、特色及创新

"投资管理"课程增加了平时成绩比重，增加思政评价元素，丰富随堂考核形式；除以往采用的随堂考勤、随堂提问、分组讨论、课后作业外，还将在线测试作为检验学生课堂学习效果和学习能力的手段，实现对学习全过程、学生综合素质的全面考核，平时成绩会上传至公共平台，公平公开即时的考核结果不但能及时地反馈于教师教学和学生自学，而且使学生受到了诚信教育，提高了竞争意识。

通过线上线下立体混合式教学模式下（见图2）的课程思政融入，配以多样的教学方法，极大地调动了学生学习的积极性和参与性。在授课过程中，能注重突出学生的主体地位，强调学生独立思考、自主分析的能力，能锻炼学生的团队协作能力、语言表达能力、沟通能力、理论联系实际能力和创新意识，并将社会主义核心价值观、"四个自信"内化于心、外化于行。

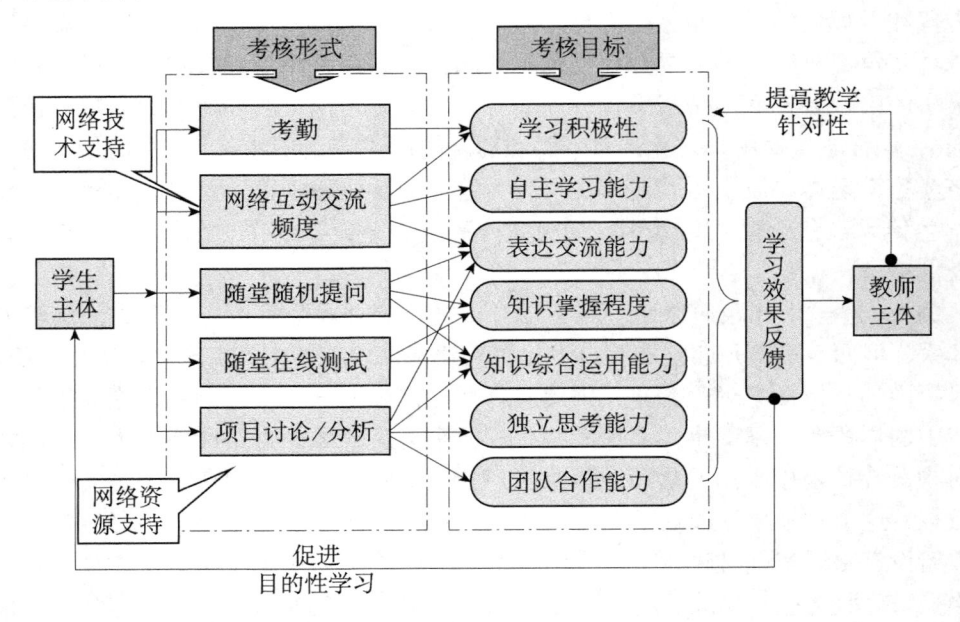

图2 线上线下立体混合式教学模式

六、实施效果与教学反思

在混合式教学模式应用方面，学生学习态度、学习基础的差异导致学习效果参差不齐，今后将加强线上学习过程管理，调动学生自主学习的积极性。在思政融入方面，教师思政目标是否清晰传递，思政元素在多大程度上入脑、入心是对教师的最大挑战。要提高课程思政的可获得性，教师首先要正言正行、做出表率，其次要扎实学识、提升业务，最后要改进方法、增加手段。今后将进一步以学生为中心，探索"教师讲授—学生输出—教师引导—学生升华"的模式，让课程思政落地有声，取得实效。

"全面预算管理"课程思政教学案例

◎ 彭　博

一、课程概况

"全面预算管理"是智慧财经专业群大数据与财务管理专业的专业核心课程，是理实一体化课程，是为进一步拓展学生预算管理的理论知识和应用能力而设置。课程内容选取综合考虑了大数据、人工智能、移动互联网、云计算、区块链等现代信息技术带来的企业内部管理的变化。课程共分为认知预算管理、预算编制方法、预算管理方法、全面预算的编制、预算报告及综合实训6个单元。

通过学习，可以培养学生充分认识预算管理的基本理论、基础知识和基本技能，能根据企业的战略发展目标并结合实际，运用预算管理的工具方法，进行各级、各类型、各环节的预算编制。本课程的先修课程是会计基础、企业财务会计、财务管理，后续课程是内部控制与风险管理等课程。

二、课程教学目标与思政育人要求

本课程按照"理实一体化"的设计要求，从生产流程入手，以以销定产的方式设置预算管理模式，并根据工作任务的特点组织实施课程教学。本课程将工作内容转化为工作任务，边教边练、学做合一，以训为主。工作任务设计遵循成果导向原则，以学生掌握知识技能为目标，以以销定产的数据模式为预算管理出发点，通过丰富的案例和财务数据，再现企业预算管理和绩效分析的工作过程，实现教学过程工作化。让学生在完成具体实训项目操作的过程中学习相关基础理论知识、岗位职业技能知识和职业技能岗位迁徙知识，培养预算管理不同职业技能等级的技术技能。

（一）知识目标

（1）了解预算、绩效管理岗位的特点、要求。
（2）掌握预算管理的基本流程。
（3）掌握预算管理的各种工具和方法。

（二）技能与能力目标

（1）能做出最优的预算管理判断，把控预算编制风险。
（2）能编制销售、生产、材料采购、人工费用、制造费用、期间费用等项目预算。
（3）能编制现金、预计资产负债表、预计利润表等综合性预算。

（三）态度与价值观

（1）培养学生爱国敬业精神，践行社会主义核心价值观。
（2）培养学生廉洁自律、合规守法，具有历史使命感、责任感。
（3）培养学生诚信为本、操守为重的良好会计品格。
（4）培养学生爱岗敬业、严谨细致、精益求精的工匠精神。
（5）培养学生团队协作精神、自我管理能力。
（6）培养学生以效率、和谐、持续为目标的绿色发展理念。

三、课程思政方案的整体设计

具体内容见表1。

表1 "全面预算管理"课程思政元素融入课程的整体设计

序号	教学内容	课程思政育人目标	教学方法
1	预算管理的概念、内容和职能	绿色发展、可持续发展、战略意识、责任感、使命感	（1）努力体现"绿水青山就是金山银山"的生态化发展思路，在持续发展的基础上通过有效地开展预算，节约企业的资源，系统性地掌握企业的资源利用效能；（2）强调可持续发展，一定要深刻认识到片面把利润看成主要目标的弊端，强调对企业资源的综合利用，强化预算管理与企业经营可持续增长这一绿色经营理念是相辅相成的，理解预算管理对企业资源的协调应用
2	预算编制的概念及特点	战略眼光、诚实守信、操守为重、遵纪守法、团队合作	（1）通过了解预算管理的内部运作机构，了解不同机构之间的权责关系，进一步使学生形成用企业相关制度规范行为的观念，有助于预算管理工作的有效开展；（2）在经济高速发展的过程中，企业时刻面临着危机，学生应当利用预算管理的知识，对企业进行有效的战略分析，善于抓住战略发展的时机；（3）在预算管理实训操作中，引导学生养成认真细致的工作作风

续表

序号	教学内容	课程思政育人目标	教学方法
3	（1）滚动预算和定期预算；（2）零基预算和增量预算；（3）弹性预算和固定预算	全局战略意识、诚实守信、尊重客观事实、认真细致、爱岗敬业	（1）通过企业预算管理方法的学习与差异比较分析等，引导学生树立预算管理应从全局出发，掌握指标内在联系，为预算报表的编制建立有效的知识储备；（2）通过滚动预算编制中的案例，引导学生要诚实守信、尊重客观事实，进行有效的指标测算，不做假账；（3）在预算管理实训操作中，引导学生养成认真细致的工作作风
4	经营预算和财务预算的编制	诚信经营理念、团队学习方式、互助学习、交流沟通、守法意识	（1）通过对全面预算编制内容的学习，把握企业经营底线，诚信交流、诚信生产、基于诚信机制进行企业资源的有效应用与具体实施，实现高效的企业内外部资源应用；（2）通过经营预算的编制过程，让学生能够在团队合作中学会取长补短，发现他人身上的优点，培养乐观积极的人生态度；（3）在预算管理实训操作中，引导学生养成认真细致的工作作风
5	（1）预算报告的概念；（2）预算目标的制定与分解；（3）预算执行差异分析	客观公正、积极乐观、认真、细致、分析、系统思维	（1）通过对于预算目标的制定与分解，让学生立足诚信，避免营私舞弊，不局限于眼前利益，做长远打算；（2）通过进行预算执行差异分析，使学生在失误中不断总结经验，进而能够有效地提升预算管理效率，实现战略分析、预算编制与实施以及预算反馈相统一的运作模式；（3）在预算管理实训操作中，引导学生养成认真细致的工作作风

四、育人元素实施案例

具体内容见表2。

"全面预算管理"课程思政教学案例

表2 "全面预算管理"课程育人元素实施案例

步骤	教学内容	教学方式	具体示例	备注
目标引入	全面预算管理体系的概念及具体包含的内容	引导式	预算管理的目标决定着企业发展的未来方向，只有进行有效分析，明确目标后，企业方可实现可持续发展	简单过渡
知识介绍	经营预算、投资预算与财务预算目标	启发式	经营预算、投资预算、财务预算相互之间的关系	学生提前预习，快速掌握

续表

步骤	教学内容	教学方式	具体示例	备注
全面预算管理目标引入	全面预算管理目标的设立	启发式	企业全面预算管理目标，是在资源稀缺情况下的最大化应用，同时要考虑企业所处的内外部环境，做出最优的判断	引入案例讲解演示过程
学生团队讨论	学生分组讨论，将成果以PPT形式进行呈现	小组团队学习	针对不同的行业进行细分，明确不同规模、类型企业预算管理决策目标的制定过程	各小组以汇报的形式呈现，要求不低于5分钟，其他小组进行探讨互动
总结	全面预算管理的概念及决策过程中考虑的相关因素；学生在演示与答辩过程中需要思考的问题	讲授式	根据具体学生的案例介绍与答辩问题；明确预算管理目标在决策时应该关注的领域	
课后作业	（1）学生做思维导图，分析全面预算管理体系的内容；（2）在预算管理目标确定之前，企业是如何做出相关的正确决策的？企业结合自身的情况如何进行宏观和微观分析？如何在资源有限的情况下，协调和利用资源使企业的绩效最大化？企业预算管理与业绩考核之间的衔接关系是怎样的？			

五、特色及创新

（一）课程特色

（1）以学生职业前沿发展为根本，充分对接大数据、智慧财经、财务共享等现代信息技术，结合预算管理与绩效分析相关政策的新内容，注重培养学生的综合素质和职业能力。

（2）积极创设工作情境，充分运用多媒体、微课、动画等多种教学资源，充分调动学生对本课程的学习兴趣，融入对学生职业道德和职业意识的培养，使学生掌握预算管理与绩效分析实务的操作能力。

（3）充分利用现代信息技术，以智慧职教平台为依托，将知识体系系统化、网络化，实现课堂教学与网络教育资源相融合，实施混合式教学，营造翻转课堂教学模式，提高学生自主学习能力和终身学习的思维习惯。

（4）在教学过程中，应从学生实际出发，以课程为依托，采用讲练结合法、任务驱动法、小组合作法、角色扮演法等教学方法，做、学、教合一，把培养学生职业技能的过程设计为边讲边练的过程，充分启发学生科学的思维能力，极大提高学生的操作技能。

（二）教学方法创新

1. 混合式教学法

结合预算管理与绩效管理的知识点，通过课程体系的架构，帮助学生形成逻辑性整理思维，授课时突出重点，边讲边练，互动教学。借助在线平台，对日常教学中的重点内容，进行课前的预习与重点知识点的讲解，使学生在授课前了解知识体系的内在逻辑，做到线上线下的有机结合，同时通过在线反馈的数据，对于难点内容有针对性地进行反馈，重点讲解；利用在线平台上的拓展资源，满足不同层次学生的需求，做到课堂教学的有效延伸。

2. 虚拟与现实结合法

以智慧职教等平台为依托，将真实工作情境引入实际教学中，以岗位技能为核心，分岗位对标预算管理与绩效管理的真实业务岗位，并进行专项模拟训练，通过视频、远程、微课等手段，突破时间、空间的限制，多渠道学习，提高教学效率与效果，有效地培养学生的工作能力。

3. 团队合作法

在教学过程中，在每一单元结束后，结合具体内容设置相关实践课，及时将教学内容与业务实践联系起来，通过学生分组讨论、训练互动、学生提问与教师解答和指导有机结合，让学生在"教"与"学"的过程中很好地培养团队合作精神。

4. 角色扮演法

在教学过程中采用角色扮演实训法，根据模拟情境确定学生的角色定位，采用理论引导、任务引领模式，通过模拟情景，对标企业预算管理、绩效分析岗位的实际工作任务，设计企业董事会、预算管理委员会、绩效管理委员会等具体职能部门，引导学生进入角色。让小组中的不同成员交替扮演不同的角色，完成不同的工作任务，这不仅有利于学生明确自己在小组中的角色，也有利于学生从不同角度得到技能的全面训练。

5. 案例教学法

在教学过程中突出案例教学。运用案例教学法的案例演示能够较好地引导课程内容的展开，激发学生的学习兴趣；通过对案例的分析，能够较好地促进学生的思考，加深学生对各项理论知识的理解；通过对不同内容案例的运用，能达到普通说教所无法做到的效果，将传授式、讨论式和案例式教学相结合，并突出案例教学，引导学生综合运用所学知识解决实际问题，从而培养学生分析问题和解决问题的能力。

六、实施效果与教学反思

本课程内容较为综合,学生在学习过程中普遍认为课程内容较为复杂,学习主动性不高。同时,传统的财务学将战略管理学中引入预算管理体系,内容上会比较突然且僵硬。授课教师团队精心打磨德融教学设计,在听课学生中收到了不错的效果。

首先,学生自主学习的积极性更高,课堂效果明显改善。通过将课程思政元素融入课堂教学之中,师生互动效果更加通畅,学生听课的积极性明显提升。在授课时,学生全神贯注,教师全情投入,对某一案例进行具体探讨,小组互动学习并且分享交流,效果更加显著。从实训作业的提交方面看,明显发现各个小组之间都从多个角度尝试用新思路、新方法来解决问题。

其次,加深了对课堂教学的认知,学生反馈更加正向。通过混合式教学的开展,教师更加自如地与学生进行交流。组织学生讨论生活中的具体案例,在学习专业知识的同时提升职业素养与职业能力,使学生受益匪浅。

最后,该课程是针对大三毕业生班级开设,可以将预算管理的专业知识应用到学生的未来职业生涯规划中,使学生深入思考自己的未来与发展。经过课程思政元素的融入,学生利用课程中的多种方法,结合当下的经济形势,能够明确自身的学业规划和人生发展方向,出现了一批在专业上精益求精的学生。总的来看,班级的学习氛围更加浓厚,同学之间相互帮助、团结一致、努力积极向上的班风已经形成。

"创新创业财务知识"课程思政教学案例

◎陈文菁

一、课程概况

"创新创业财务知识"是针对创新创业教育所开设的必修课程。对于创业者而言，为了能够顺利设立创业企业，为了能够有效地经营企业，为了能够准确分析和评价经营绩效，就必须了解相关的财务知识，因为企业经营的活动结果必然会通过会计数字反映出来。创业者和企业经营者要学会运用会计思维来经营企业，学会把企业经营过程数字化，及时了解经营变化，据此及时采取应对措施，从而创造出令人骄傲的、成功的创业企业。

本课程开设于我校非财会专业，主要包括电子商务、房地产管理、金融工程等专业。课程属于专业选修拓展课程中的创新创业方向。其前置课程主要有"会计基础""创新创业指导"等。

本课程按照"有效培养学生创新创业能力，充分体现创业企业发展规律，充分呈现必须够用的财务知识，有效激发学生学习兴趣"的设计思路，注重创业者识别与运用会计信息技能的培养。本课程遵循创业企业在设立、经营、评价等活动过程中涉及的财务知识这条逻辑主线，科学设计课程的内容体系，主要介绍设立企业必备的财务知识、经营企业必备的财务知识、评价企业必备的财务知识，具体包括以下七项内容：不得不知晓的企业那些事——企业的自画像，设立企业的程序——如何注册创业企业，不得不懂的会计那些事——经营企业必须要有会计思维，纵览企业财务的技巧——如何读懂财务报表，经营中不得不说的那些税——必备的税务知识，什么样的公司才算好公司——企业财务分析与评价，什么才是有效的财务管理——健全企业内部控制。

二、课程教学目标与思政育人要求

创新创业教育和思政教育的核心内容就是"以人为本"，思政教育是高校意识形态工作的重点，其主要内容就是对学生的价值观念、人生观念进行引导。创新创业教育的基本目标就是让学生适应社会发展，刺激学生的社会责任感、使命感，进而实现学生的创业和就业全面开展。

创新创业教育要求学生不仅仅考虑社会发展的基本需要，也要掌握适应社会、解决问题的基本能力。思政教育有机融入创新创业教育，要让学生能够在正确观念的引导下，更好地实现创新创业的课程教育内容。

三、课程思政方案的整体设计

运用商业复盘、企业沙盘以及产品迭代开发的思维和教学手段，帮助学生在课堂练习中探索和掌握商业规律，了解行业动态，明晰创业过程中必要的财务知识，更加清晰地建构起创业项目的商业壁垒和行业优势。聚焦高校立德树人、三全育人的价值本源，从合目的性、合规律性、合必然性的多个维度，打造大学生思想政治教育显性教育和隐性教育协同育人的课堂理念，使大学生的世界观、价值观和人生观培育达到全方位和全过程的高度。进一步在专题设计契合度、教师团队合作、实践教学、网络辅导以及课堂听课质量等方面有所改进和提高。

（一）教学大纲设计

首先是创新概览，可以从华为、小米的全球战略看中国科技崛起及中国制造 2025，分析 1999 — 2019 年 20 年间中国互联网发展的 4 次机遇，从移动互联网和人工智能看中国未来的弯道超车。其次是产品设计，从消费升级看产品设计的消费分层和小众机会，从小米生态链企业的产品布局看全球供应链的成本核算，从模仿、拼凑到创新看中国制造的进程。再次是渠道拓展，从盒马鲜生、F5 未来商店看新零售渠道的"互联网+"模式，从抖音、小红书、拼多多的崛起看渠道分层和电商体系；最后是融资计划，比较 ofo 与摩拜单车的不同结局看企业初期的股权设置和融资对赌，从行业视角透视和分析创业机会，写出完整的商业计划。

（二）教学实践设计

首先是运用在财务基础知识课上，将市场上的产品进行物理拆解、成本还原和供应链需求分析，通过商业复盘帮助学生更好地寻找商业蓝海，从大趋势上做好产品开发；其次是将营销思维运用在市场营销课上，将同类产品在微信系（微店、有赞、京东）和阿里系（淘宝、天猫、抖音、小红书、拼多多）及海外系（亚马逊、海淘、考拉）等做全网比对，帮助学生做好产品销售渠道的布局与规划，运用马克思主义政治经济学原理做好市场调查。最后是将精益创业思维运用在创业企业的发展战略上，通过沙盘演练模拟企业发展及同行竞争过程，帮助学生做好初创企业的股权架构，把握融资节奏，掌握精益创业的原理。

本课程思政元素融入课程的整体设计见表 1。

表1 "创新创业财务知识"课程思政元素融入课程的整体设计

序号	教学内容	课程思政育人目标	教学方法
1	企业自画像	培养学生诚实守信、爱岗敬业、坚持准则、服务他人的职业素养，增强学生爱党爱国的情怀	创新教学方法，采用启发式教学、参与式教学、案例讨论法、情境教学法、"互联网+创新创业大赛"等形式
2	设立企业的流程	培养学生诚实守信、爱岗敬业、坚持准则、服务他人的职业素养，增强学生爱党爱国的情怀	创新教学方法，采用启发式教学、参与式教学、案例讨论法、情境教学法、"互联网+创新创业大赛"等形式
3	会计思维	培养学生诚实守信、爱岗敬业、坚持准则、服务他人的职业素养，增强学生爱党爱国的情怀	创新教学方法，采用启发式教学、参与式教学、案例讨论法、情境教学法、"互联网+创新创业大赛"等形式
4	读懂财务报表	培养学生诚实守信、爱岗敬业、坚持准则、服务他人的职业素养，增强学生爱党爱国的情怀	创新教学方法，采用启发式教学、参与式教学、案例讨论法、情境教学法、"互联网+创新创业大赛"等形式
5	税务知识	爱国、法治、敬业、诚信	创新教学方法，采用启发式教学、参与式教学、案例讨论法、情境教学法、"互联网+创新创业大赛"等形式
6	财务分析与评价	培养学生诚实守信、爱岗敬业、坚持准则、服务他人的职业素养，增强学生爱党爱国的情怀	创新教学方法，采用启发式教学、参与式教学、案例讨论法、情境教学法、"互联网+创新创业大赛"等形式
7	企业内部控制	贯彻落实社会主义核心价值观	创新教学方法，采用启发式教学、参与式教学、案例讨论法、情境教学法、"互联网+创新创业大赛"等形式

四、育人元素实施案例

（一）案例一 不得不懂的会计那些事——经营企业必须要有会计思维

广东海马公司是一家国有企业，王某是该公司的出纳，仗着自己是会计机构负责人的侄子，在报销业务、招待费时对于同样是领导批准、主管会计审核无误的业务招待费、报销单，对和自己私人关系不错的人随来随报，对与自己有矛盾、私人关系较为疏远的人则以账面无款、库存无现金、整理账务等理由拖延。2022年底，会计科发现该年度业务招待费超过规定的开支标准，会计人员张某为讨好领导，找来一些假发票，将超支的业务招待费列入管理费用的其他项目。请根据现行的规定回答下列问题：

（1）该公司的会计工作岗位分工是否有违反法律法规规定之处？

（2）出纳王某在报销业务招待费时是否遵守了会计人员职业道德规范，如果你是出纳员，对类似问题如何处理？

（3）会计人员张某使用假发票的行为是否违反了会计职业道德规范？

问题解析：王某负责出纳工作不符合规定，根据《会计基础工作规范》的规定，国家机关、国有企业事业单位在任用会计人员时应该适用回避制度，会计机构负责人、会计主管人员的直系亲属不得在本单位会计机构中担任出纳职务。

出纳员王某没有遵守会计人员职业道德规范，违背了客观公正的会计职业道德要求。客观公正要求会计人员态度端正，依法办事，实事求是，不偏不倚，保持应有的独立性。如果我是出纳人员，将会对所有前来报销的人员一视同仁，不因私人关系的远近而有所不同。

会计人员张某使用假发票的行为违背了坚持准则的职业要求，坚持准则要求会计人员熟悉国家法律法规和国家统一的会计制度，坚持按法律法规和国家统一的会计制度要求进行会计核算，实施会计监督，而会计人员张某无视国家法律法规和国家统一的会计制度，为讨好领导实施了会计舞弊。

（二）案例二　纵览企业财务的技巧——如何读懂财务报表

财务报告是进行财务分析的基本资料，如果财务报告不真实，财务分析的结论就不可靠，甚至会误导财务信息的使用者。我国财务报告常见的问题有以下几个方面。

1. 账表不符

根据有关会计制度的规定，在单位对外提供的一些报表之间，必须存在一定的钩稽关系，例如资产负债表中的未分配利润应等于利润分配表中的未分配利润，利润分配表中的净利润应与利润表中的净利润保持一致，而审计人员在审计中发现账表不符的现象屡见不鲜。

2. 虚报盈亏

一些单位为了达到某些不法目的，随意调整报表的金额，人为地加大资产、调整利润，或为了逃税和避免检查而加大成本费用，减少利润，报表的本意是要使一些使用人提供最真实的会计信息，为使用者的决策行为提供一个真实的参考，但虚假的会计报表传递了虚假的会计信息，误导与欺骗了报表使用者，使报表使用者做出错误的决策。

3. 表账不符

会计报表是根据会计账簿分析填列的，其数据直接或间接来源于会计账簿所记录的数据，因此表账必须相符，但审计人员在审计中发现，表账不相符的情况比比皆是，例如某单位为了增大管理费用，直接在利润表中多计管理费用，同时在资产负债表中增大应收账款和坏账准备金额，从而造成了表账不符。

问题：企业提供不真实的财务报告可能带来的后果是什么？

分析提示：财务报告是企业向外部投资者提供企业财务信息的最主要的工具，投资者通过对企业财务报告进行分析，为自己的投资决策提供可靠的依据，企业提供的不真实的财务报告会误导投资者的决策。

诚信是个人的立身之本，是企业长盛不衰之道，企业特别是上市公司是一个公众利益实体，上市公司有责任如实地报出自身的财务报告，如实地反映自己的财务状况、经营成果和现金流量，但是在历史上，我们发现还有很多不法商人为了自身的利益或者其他原因欺骗广大的信息使用者，骗取信息使用者的信任，在财务报告中弄虚作假、虚构收入、虚增利润，极大地损害投资者利益。

五、特色及创新

优化创新创业教学设计，构建情感目标。进行课程思政融入大学生创新创业教学时，除知识目标外，还要能确立好情感目标。情感目标是关系塑造人灵魂方面的教学目标，宗旨是以人为本、立德树人。课程思政融入大学生创新创业的教学须确立好情感目标。情感目标包括道德感、美感、理智感、学习情感、人生价值感，具体内容如爱国主义情感、对课程思政的认同感、对课程思政的强烈兴趣、对课程思政精神的积极探索与追求、形成正确的"三观"。通过情感教育去引导学生学习课程思政的教学内容，让学生明确课程思政的价值，要强调课程思政与创新创业的关联，为学生阐明什么是实现中华民族伟大复兴的历史使命，要突出课程思政的先进性、政治性、人民性与实践性。创新创业课程一定意义上体现了党的初心与使命，其与社会主义核心价值观、民族精神与时代精神密切相关，加强了大学生创新创业的使命性、创新性与时代性。

（一）创新创业教学要深入挖掘课程思政的时代价值

中国的课程思政内涵十分丰富，承载的形式也多种多样。每一处或每一种课程思政资源都有其具体的历史背景、故事情节、人物角色、时空范围、精神内涵和当代价值。创新创业教师要从正面挖掘具体的课程思政资源的精神内涵，全面、深入理解其蕴含的文化内涵，恰当地总结其中的精神价值。将课程思政融入大学生创新创业课程，既要继承又要发展。在新的历史起点，根据课程思政的创新特质赋予课程新的时代内涵。中国特色社会主义先进文化旨在弘扬以改革创新为核心的时代精神，实质是课程思政在新时代的延续。

（二）重视学生主体性，引导大学生践行中国梦

广大青年既是追梦者，也是圆梦者。创新创业课堂教学是做好思想政治教育的重要途径，在讲授课程时，不能让大学生成为被动的"听众"，要让大学生认识到新时代是和自己紧密相连的。新思想融入创新创业课程教学要重视学生的主体性地位，这不仅仅是一种知识性教育，同时也是一种思想性教育。要考虑大学生的内在需求，通过新思想加以启

发、引导，使大学生从被动转变为主动，主动去追求自己的梦想。通过优化育人环境，开辟创新创业教学的重要阵地。在创新创业教育中要加大对相关历史知识的宣传普及力度。要利用精神文化的隐性环境，开展润物细无声的课程思政教育。在显性教育与隐性教育相结合的基础上，结合学生各个方面的诸多特点，开展课程思政与创新创业融合为主题的校园文化活动。

（三）强化创新创业课程实践性，增强大学生社会责任感

创新创业实践是思想政治教育的重要环节，对于促进大学生了解社会、了解国情，增长才干、奉献社会，锻炼毅力、培养品格，增强社会责任感具有不可替代的作用。我们应改变将学生局限在教室里的教学方式，适当开展社会调查、参观调研、志愿服务等各种校外实践教学，不断提高创新创业教学的效果。组织学生去革命老区、革命历史纪念馆了解革命先辈为中华民族伟大复兴而付出的努力；到社区、农村去调查，帮助大学生加深对中国梦的理解和认识，引导大学生将创新创业梦想融入中国梦实现过程中，激发青春正能量。开展创新创业实践教学要和课程教学内容有机结合，把握好实践教学的时、度、效。一方面，要紧密结合创新创业课程教学，有计划地开展实践教学。另一方面，要采取化整为零的方式有机发挥思政课程的作用，可以结合学生的专业学习实践开展，增强实践教学的效果。要注重创新创业实践教学效果，必须使思政理论与创新创业现实情况相贯通，使思政"贴近实际、贴近生活、贴近学生"。要统一设计好创新创业实践教学的评价指标，要让学生认知到位、实践到位。让学生认识生活、感知创新创业的机会。要注重将思政教育与大学生所处的社会生活紧密联系起来，与大学生的成才成长紧密结合起来，以提高创新创业教育的实效性。挖掘现实生活中关于创新创业的典型案例，并将其渗入教学过程中，将创新创业教学内容置于现实生活中，让学生在生活中感悟思政教育，形成育人的集成效应。

六、实施效果与教学反思

（一）学生创新思维能力通过思政教育被激发

思政教育在学生解决实际问题方面提出了很多理论方案，处理不同的问题时能够从不同的角度进行分析或思考。思政教育从其基础内容来看，尽管不能专门培养创新创业的精神，但是这种思维塑造和提升的全过程，在针对性和前瞻性的基础上，该课程本身就具备改革创新的特点。一方面，在教育理念方面，致力于学生的意志力、自控力和独立思考能力等人格培养。另一方面，要求学生具备与时俱进、劳动创新等基本品质，这些方面都是学生创新思维能力形成的重要方面。

（二）大学生风险意识因思政教育得以有效提升

现阶段，我校学生集中于"00后"，思维和想法都比较活跃，并且具有勇于挑战的基

本精神，思政教育工作的开展，对学生的勇气的增加和自信心的培养作用很大。在社会发展迅速的今天，教师引导学生进行创新创业，促使学生适应市场经济的竞争及优胜劣汰的自然法则，让学生具备风险意识。思政教育通过潜移默化的指导和培养工作，能够对学生思想进行端正，从而提升学生防范风险的基本能力。

（三）思政教育提升了大学生的创新创业意识

我校的人才培养体系当中，以就业为基本导向。思政教育在学生的择业、从业观点建立上具有积极的作用。通过课程思政的有机融入，学生的创新创业意识与基本专业素养等得到了提升。

会计实操类

"基础会计综合模拟实训"课程思政教学案例

◎张 薇

一、课程概况

"基础会计综合模拟实训"是大数据与会计、大数据与财务管理、大数据与审计等财经类专业学生职业能力培养的技能训练核心课程,其先修课程为基础会计。基础会计是实务性非常强的一门课程,不仅需要掌握好会计的基本原理、复式记账的规则,更需要通过技能训练,使学生系统掌握会计实务及企业财务大数据采集、挖掘所必不可少的基础知识与技能。

在"大、智、移、云、物、区"等信息技术被引入会计领域后,会计实务面临着巨大变革,财务数据的口径更加细化,业务、财务数据的采集、挖掘成为企业财务工作的重要组成部分。在这一背景下,加强基础会计综合模拟实训教学的意义如下:第一,让学生夯实基础会计理论,建立起业务与会计循环的完整逻辑;第二,强化学生对企业业务、财务数据的敏感性,让学生掌握初始业务、财务数据的采集源;第三,通过综合实训,让学生掌握经济业务的判断、账务处理、分类记账、报表编制等系列方法与技能,为后续财务会计、智能财务、大数据财务分析、管理会计、业财一体化、财务共享中心实务、云财务等课程打下坚实的基础。

二、课程教学目标与思政育人要求

(一)课程教学目标

基础会计综合模拟实训的课程旨在通过课程内容的学习和专业技能的实训,让学生掌握以下知识和技能:

(1)建账。

(2)填制和审核原始凭证、记账凭证。

(3)登记明细账。

(4)编制科目汇总表并登记总账。

（5）进行试算平衡。

（6）编制会计报表，从而能够胜任会计岗位、出纳岗位、总账岗位的基础业务处理（见图1）。

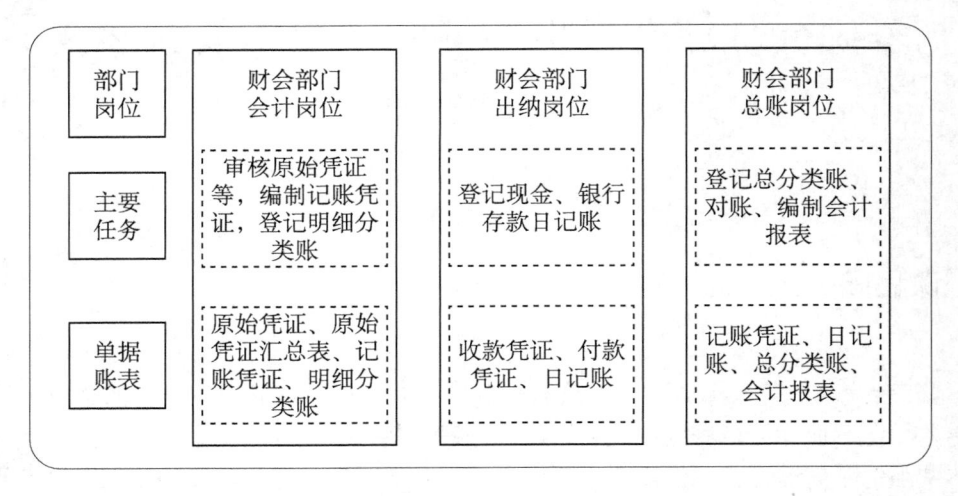

部门岗位	财会部门会计岗位	财会部门出纳岗位	财会部门总账岗位
主要任务	审核原始凭证等，编制记账凭证，登记明细分类账	登记现金、银行存款日记账	登记总分类账、对账、编制会计报表
单据账表	原始凭证、原始凭证汇总表、记账凭证、明细分类账	收款凭证、付款凭证、日记账	记账凭证、日记账、总分类账、会计报表

图1 "基础会计综合模拟实训"中涉及的岗位及其工作任务

除此之外，学生还能强化对以下企业业务、财务数据的认知：

（1）筹资业务与财务数据。

（2）投资业务与财务数据。

（3）采购业务与财务数据。

（4）生产业务与财务数据。

（5）销售业务与财务数据。

（6）利润与利润分配数据。

（二）课程思政育人要求

为了让学生具备会计、出纳、总账等岗位所需的素养，通过课程思政所具有的育人功能，着重培养学生的以下职业素养：

（1）对待会计工作具有正确的态度，能形成态度端正、爱岗敬业的职业认知。

（2）对待业务处理工作能具备踏实认真、严谨细致、精益求精的工匠精神。

（3）具备诚实守信、遵纪守法的道德与法律素养。

（4）在实务中具备团队协作精神，具备正确开展沟通与交流的能力和技巧。

三、课程思政方案的整体设计

（一）"基础会计综合模拟实训"课程思政元素的整体设计

"基础会计综合模拟实训"课程思政元素融入课程的整体设计见表1。

表1 "基础会计综合模拟实训"课程思政元素融入课程的整体设计

序号	教学内容	课程思政育人目标	教学方法
项目一：实训准备	了解实训目的和意义；了解实训的流程与要求；了解成绩的评定标准	爱岗敬业 态度端正	视频动画观摩 现场演练讲解
项目二：了解模拟实训企业	了解模拟实训企业的基本情况；熟悉模拟实训企业的会计核算制度；熟悉模拟实训企业财务部门岗位设置及人员分工	团队协作 严谨细致 诚实守信 遵纪守法	案例情境引入 视频动画观摩 角色分工
项目三：建账	了解建账流程；熟悉账簿的类别；掌握总账的建账方法；掌握库存现金日记账、银行存款日记账的建账方法；掌握明细账的建账方法	认真细致 工匠精神 交流沟通 严谨合规	项目任务驱动 视频动画观摩 现场演练讲解 角色分工扮演
项目四：填制和审核凭证	熟悉凭证的类别；掌握原始凭证的要素与审核的方法；掌握自制原始凭证的填制；掌握账务处理与记账凭证的填制	认真细致 工匠精神 交流沟通 严谨合规	项目任务驱动 视频动画观摩 现场演练讲解 小组分头操练
项目五：登记账簿	了解账簿登记的规则；掌握库存现金和银行存款日记账的登记；掌握主要明细账的登记；掌握科目汇总表的编制和总账的登记	认真细致 工匠精神 交流沟通 严谨合规	项目任务驱动 视频动画观摩 现场实操演示 小组团队协作
项目六：试算平衡	了解试算平衡的基本原理；掌握余额与发生额试算平衡的方法	认真细致 工匠精神 职业洞察 严谨合规	项目任务驱动 视频动画观摩 现场实操演示 小组团队协作
项目七：编制会计报表	了解会计报表编制的原理；掌握利润表的编制；掌握资产负债表的编制	工匠精神 团队合作 认真细致 诚实守信	视频动画观摩 角色分工扮演 小组团队协作
项目八：完成实训	进行实训资料的归档；按要求提交实训成果；撰写并提交实训报告	遵纪守法 严谨合规	项目任务驱动 实操视频观摩

（二）"基础会计综合模拟实训"课程思政元素的融入路径

1.通过教学资源融入

在《基础会计综合模拟实训》教材的编写、课程教学视频的制作、课堂案例的设计中，即可将爱岗敬业、端正态度、工匠精神、诚实守信、严谨合规、遵纪守法等在不同的实训环节和场景中进行融入。

2. 通过课堂组织融入

作为未来的财务人员，财经类学生既需要有技能、懂技术、会思考、能分析，也要擅沟通、长交流、融团队，这些主要通过课堂组织形式的创新来实现。角色扮演、小组讨论、团队协作、现场展示等，都可通过课堂组织的灵活变动来进行思政融入。

3. 通过言传身教融入

"基础会计综合模拟实训"的课程思政也可邀请优秀毕业生开展面对面对话，通过学长们的经验回顾、技能演示，让学生从言传身教中获得职业素养的滋养。

4. 通过技能竞赛融入

"基础会计综合模拟实训"课程也是会计技能、智能财税、财会信息化等技能竞赛的基础，课程思政亦可以延展到技能竞赛和考证中，通过课堂学习奠定基础，通过技能竞赛和考证进行深度训练，从而让学生的技能得以有效提升。

四、育人元素实施案例："填制和审核凭证"课程思政"四步"实施法

（一）项目任务驱动

首先，通过分发任务卡片，让学生明确该项目的 4 项任务，明确各自承担的任务及完成的时间。在此处设置好完成时间，有利于学生建立起时间观念，对会计信息进行及时处理和传递也是工匠精神培养的重要内容见表 2。

表 2 填制和审核凭证任务卡

任务清单	完成时间
熟悉凭证的类别	5 分钟
掌握原始凭证的要素与审核的方法	20 分钟
掌握原始凭证的填制	5 分钟
掌握账务处理与记账凭证的填制	40 分钟

（二）动画视频观摩

视频动画以二维码的形式内嵌于教材中，方便学生将其用于课前预习、课中学习、课后复习。动画的制作采用了场景式，通过师生互

填制和审核凭证

动的场景逐步推进，厘清实训的具体步骤，让学生清楚地知道需要做什么、该怎么做。这一过程主要培养学生认真细致的职业精神。

（三）现场演练演示

环节1：辨识原始凭证。

这一环节主要是做简单的辨识，通过指导老师讲解后，让学生判断所附的10笔业务的原始凭证是来自外部还是企业内部产生的、是一次性的还是累计或汇总凭证、是通用凭证还是专用凭证。

环节2：判断经济业务。

指导老师针对第1笔业务进行讲解，根据实务发生的实际场景，以逆向思维的方式，通过票据来判断发生了什么业务，是否还有其他凭证未传递过来。比如第1笔业务的凭证有"销售通知单""销售发票""银行进账单""出库单"，联系全部原始凭证，再确认业务类型，可知是销售了货物，取得了银行进账，且商品已发出。由此可在表3中填写业务内容。这一过程锻炼学生认真细致的工匠精神。

表3　经济业务内容判断

业务序号	业务内容	业务序号	业务内容
1		3	
2		4	

环节3：审核原始凭证。

由指导老师开展"审核原始凭证"的讲解和演示。指导老师出示各种类型的原始凭证，教学生去识别原始凭证的真实性、合法性、合理性、完整性、正确性和及时性。上述审核项目及审核要点见表4。

表4　原始凭证的审核项目和要点

审核项目	审核要点	审核项目	审核要点
真实性	日期、业务、数据的真伪	完整性	凭证要素是否齐全
合法性	法规法律、权限	正确性	书写、计算、填写
合理性	符合需要、计划、预算	及时性	及时填制传递（时限）

下面以图2为例说明辨识发票需要关注的事项：（1）从整体判断这是一张采购发票，主要看购买方和销售方信息，如果购买方是本公司，说明是采购业务，如果销售方是本公司，说明是销售业务。（2）判断抬头是否准确无误，纳税人识别码、地址、电话、开户行信息是否正确。（3）货物或应税劳务、服务名称是否符合实际交易活动的标的。（4）单价、金额、税率信息是否准确无误。（5）金额大小写是否一致、规范。（6）销售方客户的信息是否准确。（7）盖章是否无误，是否与收款方名称一致。这一过程，主要锻炼学生严谨合规的职业精神，初步培养其工匠精神。像第1笔业务中的进账单（见图3和图4），进账单2就存在没有盖章的问题，通过辨识可知进账单1才是合格的原始凭证。

会计专业群课程思政案例

江苏增值税专用发票

3200134140　　　　　　　　　　　　　　　　　　　　№ 13653422　3200134140
　　　　　　　　　　　　　　　　　　　　　　　　　　　　　　　　　13653422
　　　　　　　　　　　　　　　　　　　　　　　　　　　开票日期：2021年12月01日

购买方	名　称：	杭州市永兴公司	密码区	4</73**8-/+7+358/3*1761*6448 241<38*91<457<66812003+0/651 8/863<*55>*+4752*32/48<11*4/ 9++4/<*311<+*227-1398689495-
	纳税人识别号：	91330103203149653 89A		
	地　址、电　话：	杭州市滨江区江南大道1066号0571-86730345		
	开户行及账号：	中国工商银行杭州市支行9558800036578980236		

货物或应税劳务、服务名称	规格型号	单位	数量	单价	金额	税率	税额
*运输服务*运输服务费			1	1000.00	1000.00	9%	90.00
合　　计					¥1000.00		¥90.00

价税合计（大写）　　○ 壹仟零玖拾圆整　　　　　　　　　　（小写）¥1090.00

销售方	名　称：	江苏百世物流公司
	纳税人识别号：	91321200MA1XF4U53K
	地　址、电　话：	泰州市高港高新区永丰路北侧0523-86233315
	开户行及账号：	中国工商银行泰州市支行9558874323964432774

收款人：安心　　　　复核：　　　　开票人：宁然　　　　销售方：（章）

图2　原始凭证——发票的辨识

中国工商银行进账单（收账通知）　　3
2021 年 12 月 01 日

出票人	全　称	嘉兴市运达贸易公司	收款人	全　称	杭州市永兴公司
	账　号	9558 8230 4532 7690 734		账　号	9558 8000 3657 8980 236
	开户银行	中国工商银行嘉兴市支行		开户银行	中国工商银行杭州市支行

金额　人民币（大写）　贰佰叁拾柒万叁仟元整　　　千百十万千百十元角分
　　　　　　　　　　　　　　　　　　　　　　　　¥　　2 3 7 3 0 0 0 0

票据种类　转账支票　　票据张数　1
票据号码　15026524

复核　　　记账　　　收款人开户银行盖章

图3　进账单1

中国工商银行进账单（收账通知）　　3
2021 年 12 月 01 日

出票人	全　称	嘉兴市运达贸易公司	收款人	全　称	杭州市永兴公司
	账　号	9558 8230 4532 7690 734		账　号	9558 8000 3657 8980 236
	开户银行	中国工商银行嘉兴市支行		开户银行	中国工商银行杭州市支行

金额　人民币（大写）　贰佰叁拾柒万叁仟元整　　　千百十万千百十元角分
　　　　　　　　　　　　　　　　　　　　　　　　¥　　2 3 7 3 0 0 0 0

票据种类　转账支票　　票据张数　1
票据号码

复核　　　记账　　　收款人开户银行盖章

图4　进账单2

· 106 ·

（四）小组分头操练

当学生已基本掌握原始凭证辨识、审核的要领，并且能对产生原始凭证的经济业务进行判断、识别时，即可开展小组分头操练，完成原始凭证的辨识、筛选和经济业务内容的强化实训。本步骤是对学生认真细致、严谨合规工作态度、交流沟通能力、工匠精神的综合培养。

五、特色及创新

（一）通过"干中学"强化职业精神的感性认识

本课程采用项目任务驱动方式组织学习，每项任务以"任务卡"列明清单，注明时间，并具体分配到人。由此让学生树立"业务处理应及时"的职业观念，使学生刚入行便能树立合规意识。通过小组分头操练，自己动手开展实训，能使学生体会到这一职业所需要的认真、严谨、合规的工作态度，一旦出现不细心，就很可能出差错，不严谨、不合规的处理往往会造成高法律风险。

（二）通过动画视频趣化实训操练中的课程思政

动画视频是学生喜闻乐见的形式，通过动画视频、场景式教学，可激发学生对实训操练的兴趣，也可使学生加深对实务工作的认识。会计实务需要一步一步来做，每一步都有需要注意的风险点，处理业务需要严谨、认真，要以一丝不苟、吃苦耐劳的工匠精神去对待。

（三）通过立体化、渐进式的教学设计实现思政教育润物无声

实训教学设计采用了立体化、由浅入深的设计理念。立体化，即既有新形态教材，也有视频，还有课堂的导师引导，"一课一任务一视频"，学生可以随时随地开展学习、做好预习和学习内容查阅。由浅入深，即在内容上，从实务出发，结合学情，采用由易到难、由简单到复杂的模式开展实训。如对原始凭证的了解，遵循了从简单的类型辨识，到经济业务的辨别，再到审核原始凭证的要点的步骤，实际是步步加深的设计逻辑，从而实现思政教育润物无声。

六、实施效果与教学反思

（一）实施效果

"基础会计综合模拟实训"课程思政的实施取得了显著的效果，在认真细致的习惯、

严谨的态度、合规意识、工匠精神、沟通能力五个维度的评价上,可以看到参加实训前和参加实训后,学生的评分有了十分显著的增长(见图5和图6),学生原来的"合规意识"相对薄弱,经过实训,对法规强化了认知,补齐了短板。

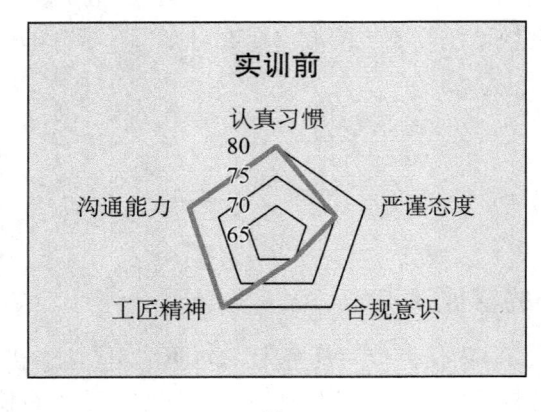

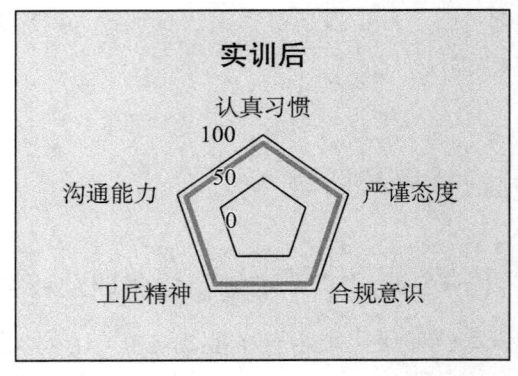

图5

图6

(二)教学反思

在实训任务的分配上,有时会出现分工不均衡的情况,需要更精确地去衡量实训的工作量,优化实训任务分配方案,避免出现工作强度不均的现象。同时,也需要引导小组成员具备担当精神。在任务分配后,每个组员都能够与其他组员同甘共苦;可以进行任务的组内调剂;可以进一步优化组内成员间的评分,避免出现"南郭先生"。

"会计综合技能"课程思政教学案例

◎倪丽丽

一、课程概况

"会计综合技能"是会计专业的一门核心实践课程，是对会计专业课程学习的应用和操作。该课程通过仿真模拟多个行业的企业经济业务数据，并以分岗协作的方式进行演练，其功能在于：通过学习和上机操作，使学生能将会计理论和方法熟练运用于企业实务，具备处理各种会计业务的专业技能，使学生岗位适应能力与操作技能达到上岗标准。该课程要以基础会计、财务会计、成本会计等课程的学习为基础，是对会计综合知识的系统实践和应用。

二、课程教学目标与思政育人要求

（一）课程教学目标

通过对"会计综合技能"这门课程的学习，要达到以下教学目标：能执行《会计基础工作规范》和《会计法》的规定，能执行《企业会计准则》和《企业会计制度》的规定；能熟练识别、确认核算单位经济业务的基本情况，以及正确识别原始凭证，能够根据原始发票判断具体的经济业务；能正确填制各种原始凭证，能根据原始凭证准确编制记账凭证；能期初建账，包括明细账、日记账、总账，能够根据原始凭证和记账凭证填制明细账、总账、日记账；能正确编制科目汇总表，能够根据科目汇总表填制总账；能够正确编制资产负债表、利润表和现金流量表；能熟练装订会计凭证，了解会计档案的保管要求；熟悉不同会计岗位职责，并能够胜任各种会计岗位工作。

（二）思政育人要求

（1）引导学生树立社会主义核心价值观，激发学生的爱国情怀。
（2）培养学生独立公正、坚持原则和准则的品格，严谨工作作风，严守工作纪律。
（3）拓宽学生专业视野，引导学生关注社会发展和注重社会实践，提高自身业务水平，传承会计精神。

三、课程思政方案的整体设计

"会计综合技能"课程思政元素融入课程的整体设计见表1。

表1 "会计综合技能"课程思政元素融入课程的整体设计

序号	教学内容	课程思政育人目标	教学方法
1	实训软件操作说明及实训企业会计核算制度讲解	将课程思政内容与会计职业道德相结合，突出会计职业道德中的"爱岗敬业"	以社会上涌现出来的先进事迹来形象地讲述爱岗敬业；通过讲述、播放视频等方式激发学生爱岗敬业的精神；开放性讨论：如何在以后的工作中做到爱岗敬业？
2	出纳岗位实训	将课程思政内容与会计职业道德相结合，突出会计职业道德中的"诚实守信"	通过讲述、播放视频等方式激发学生诚实守信的职业精神；开放性讨论：（1）如何在以后的工作中做到诚实守信？（2）诚实守信会为你的职业生涯带来哪些好处？
3	采购会计岗位实训	将课程思政内容与会计职业道德相结合，突出会计职业道德中的"廉洁自律"	通过讲述、播放视频等方式让学生了解廉洁自律的职业道德对人生和职业生涯的重大意义；开放性讨论：如何在以后的工作中避免各种诱惑，做到廉洁自律？
4	销售会计岗位实训	将课程思政内容与会计职业道德相结合，突出会计职业道德中的"坚持准则"	通过讲述、播放视频等方式让学生理解"坚持准则"这一职业道德；开放性讨论：在以后的工作中在哪些方面需要坚持准则？
5	往来款项会计岗位实训	将课程思政内容与会计职业道德相结合，突出会计职业道德中的"提高技能"	通过讲述、播放视频等方式让学生了解"提高技能"在职场中的重要性；开放性讨论：如何在现在的学习和以后的工作中提高技能，从而更好地提升自己、服务国家？
6	薪酬会计岗位实训	将课程思政内容与会计职业道德相结合，突出会计职业道德中的"客观公正"	通过讲述、播放视频等方式让学生理解"客观公正"这一会计职业道德的重要性；开放性讨论：你认为什么是客观公正，如何在以后的工作中做到客观公正？

续表

序号	教学内容	课程思政育人目标	教学方法
7	投资会计岗位实训	将课程思政内容与会计职业道德相结合，突出会计职业道德中的"强化服务"	以社会上涌现出来的先进事迹来形象地讲述各行各业的服务精神；通过讲述、播放视频等方式让学生理解会计为什么要强化服务；开放性讨论：如何在以后的工作中做到服务好公司、服务好客户、服务好社会
8	融资会计岗位实训	结合融资业务管理流程和授权审批流程，要求学生熟悉融资操作规范，严守工作纪律，培养学生良好的职业品质和严谨的工作作风	将课程思政内容穿插在教学案例中，利用实际案例告诫学生在未来的职业生涯中谨遵会计职业道德、保持职业操守的重要性；通过讲述、播放视频等方式帮助学生树立正确的世界观、人生观、价值观，自觉约束言行，不违反公序良俗；丰富教学内容，充分利用互联网信息技术构建完善线上平台课程思政资源，实现网络互动和线下课程教学育人相结合
9	费用报销业务岗位实训	结合费用报销业务流程及要求、费用报销业务控制要点、费用报销岗位职责等知识点的讲解，要求学生熟悉费用报销操作规范，严守工作纪律，依法办事，树立自己的职业形象，自觉维护自己的职业人格尊严，敢于抵制歪风邪气，同一切违法乱纪的行为做斗争	将课程思政内容穿插在教学案例中，利用实务案例告诫学生在未来的职业生涯中谨遵会计职业道德、保持职业操守的重要性；通过讲述、播放视频等方式帮助学生树立正确的世界观、人生观、价值观，自觉约束言行，不违反公序良俗；丰富教学内容，充分利用互联网信息技术构建完善线上平台课程思政资源，实现网络互动和线下课程教学育人相结合
10	成本会计岗位实训	结合企业成本费用内容，要求学生掌握与成本费用有关的各种凭证的填制，保证所提供的会计信息合法、真实、准确、及时、完整。融入爱国、敬业、诚信、友善的社会主义核心价值观，为改善企业的内部管理、提高经济效益服务	将课程思政内容穿插在教学案例中，利用实务案例告诫学生在未来的职业生涯中谨遵会计职业道德、保持职业操守的重要性；通过讲述、播放视频等方式帮助学生树立正确的世界观、人生观、价值观，自觉约束言行，不违反公序良俗；丰富教学内容，充分利用互联网信息技术构建完善线上平台课程思政资源，实现网络互动和线下课程教学育人相结合
11	税务会计岗位实训	引导学生理解国家制定税收政策的背景和初衷，使学生认识到企业纳税是为国家的繁荣稳定做贡献，是爱国表现；培养学生诚实守信的品质，不偷税漏税；培养学生爱岗敬业、认真仔细的工匠精神，不错算、不漏算、不多算相关税额；与时俱进，不断学习最新的税法知识	教师将自己的税务会计知识的学习经验和方法传授给学生，列举税务会计发展史上有代表性的人物事迹，为学生树立榜样；设计企业所得税的教学案例，引导学生思考税收优惠政策及税额的计算方式；选取真实的偷税漏税案例让学生分组讨论

四、育人元素实施案例

（一）销售会计岗位实训举例

1. 设计该次课程思政育人目标

（1）要求掌握销售业务流程及相关内部控制要点，严守工作纪律，依法办事。
（2）要求熟悉销售业务操作规范，正确掌握与销售有关的原始凭证的填制要求。
（3）坚持会计准则，正确处理销售业务相关的账务处理流程。
（4）树立自己的职业形象，自觉维护自己的职业人格的尊严，敢于抵制歪风邪气，同一切违法乱纪的行为做斗争。

2. 思政案例导入

据统计，2021年1月1日至12月31日，共有32家上市公司因财务造假被证监会/证监局实施行政处罚。其中有24家上市公司通过虚增业务收入的方式进行财务数据造假，财务造假概况见表2。利用实务案例告诫学生在未来的职业生涯中谨遵会计职业道德、保持职业操守的重要性。

表2 2021年上市公司财务造假一览

序号	企业	财务造假概况
1	乐视网	2007年至2016年累计虚增收入18.72亿元，虚增利润17.37亿元
2	金正大	2015年至2018年上半年累计虚增收入230.73亿元，虚增利润19.9亿元
3	科迪乳业	2016年至2018年累计虚增收入8.43亿元，虚增利润3亿元
4	宜华生活	2016年至2019年虚增收入70.92亿元，虚增利润27.79亿元
5	同济堂	2016年至2019年累计虚增收入211.21亿元，虚增利润28.16亿元
6	康得新	2015年至2018年虚增利润115.31亿元
7	广州浪奇	2018年至2019年虚增营业收入128.86亿元，虚增利润4.12亿元
8	宁波东力	2015年至2018年3月虚增收入34.82亿元，虚增利润4.36亿元
9	中信国安	2009年至2014年累计虚增收入5.06亿元，虚增利润10.13亿元
10	龙力生物	2015年至2017年上半年虚增利润6.7亿元
11	粤传媒	2011年至2015年累计虚增收入5.99亿元，虚增利润5.61亿元
12	天夏智慧	2016年4月至2019年6月累计虚增收入不少于30.86亿元，虚增利润不少于11.48亿元
13	北京文化	2018年虚增收入4.6亿元，虚增利润1.91亿元
14	德豪润达	2018年虚增利润34.59亿元
15	聚力文化	2016年至2018年累计虚增收入8.97亿元，虚增利润5.08亿元

续表

序号	企业	财务造假概况
16	亚太药业	2016 年至 2018 年虚增收入 4.54 亿元，虚增利润 1.74 亿元
17	德威新材	2018 年至 2019 年虚增 17.55 亿元银行承兑汇票（商业承兑汇票），2020 年上半年虚增 11.04 亿元应收票据
18	富控互动	2013 年至 2016 年虚增利润 5.15 亿元
19	昊华能源	2015 年至 2018 年虚增资产 28.25 亿元
20	康尼机电	2015 年至 2017 年累计虚增收入 9.97 亿元，虚增利润 3.72 亿元

数据来源：证监会及各地证监局。

3. 开放性讨论

首先，提出问题：在进行销售业务处理时应该如何做到坚持准则、不做假账，严守工作纪律、依法办事？其次，分析虚增收入的主要手段及操作方法，讨论如何避免和杜绝这些违法现象的发生。最后，让学生认识到问题的严重性，从而提升自身业务水平和职业素养。

（二）税务会计岗位实训举例

1. 设计课程思政育人目标

（1）引导学生理解国家制定税收政策的背景和初衷，使学生认识到企业纳税是为国家的繁荣稳定做贡献，是爱国的表现。
（2）培养学生诚实守信的品质，不偷税漏税。
（3）培养学生爱岗敬业、认真仔细的工匠精神，不错算、不漏算、不多算相关税额。
（4）与时俱进，不断学习最新的税法知识。

2. 思政案例导入

据统计，2021 年以来，国家税务总局先后公布了 24 起涉税违法违规典型案例，涉案金额超过了 644 亿元。这些典型案例主要暴露了纳税人在发票管理、出口退税和享受税费优惠这三个方面的税务风险。在公布的 24 起典型案例中，涉及虚开发票的案例有 22 起，涉案金额超过了 640 亿元，涉及汽车销售、软件产品生产、出口商贸、煤炭等行业。涉及出口骗税的案件共 6 起，涉案金额超过了 20 亿元。涉及利用税收优惠政策开展违法违规活动的案件共 6 起，涉案金额超过了 86 亿元。这些违法违规行为一旦被发现，税务机关会对企业追缴相应税款，并征收滞纳金。此外，还会根据具体情节，判断是否属于虚开行为或偷税、骗税行为，并进行相应处理。如果情节比较恶劣，或者金额达到一定标准，企业相关人员还将被移送公安机关立案稽查，面临刑事处罚。

开放性讨论：如何提高防范意识，有效应对纳税检查，减少不必要的税务风险？通过讨论，让学生意识到千万不能弄虚作假，务必从日常工作做起，加强企业自身的合规管理。做好事前监控风险，实时掌握企业税务风险，了解税务机关不断强化的税收征管手段，积极适应税务稽查新生态。

五、特色及创新

"会计综合技能"课程在课程思政实施过程中，主要有以下几点特色及创新：

（1）将核心价值观贯穿于整个教学过程，会计实践、相关宏观政策、重大新闻事件的讲解与会计专业知识传授相融，充分发挥专业课程的思想教育功能，让专业课程也能真正实现育人价值。

（2）深挖会计职业道德内涵，将课程思政内容与会计职业道德相结合，利用实务案例告诫学生在未来的职业生涯中谨遵会计职业道德、保持职业操守的重要性。

（3）丰富教学内容，实现产教思政融合，把企业的管理规范、企业文化、岗位标准、经营活动、竞争意识引入教学，培养学生爱岗敬业、责任担当、人际交流、团队合作、应用与创新等综合素养。

六、实施效果与教学反思

（一）实施效果

在"课程思政"理念指引下，"会计综合技能"课程的教学理念、教学内容、教学模式将会有相应变化。"课程思政"理念将于会计专业教学中逐渐形成，教师将主动提高课程思政的教学能力，在教学过程中挖掘会计专业课程思政。在教学内容上会更加注重课程素材的选择，将社会主义核心价值观内容融入案例分析、课堂活动安排中。在教学方法上尝试运用启发式、体验式、互动式的，以学生为主体的教学模式，营造课程思政氛围，激发学生的兴趣，引导学生思考和探究。

（二）教学反思

如何充分发挥专业课程的思想教育功能，将专业教育和思政教育结合，达到"随风潜入夜，润物细无声"的效果，是会计专业课程思政的重点和难点。这就需要从以下几方面着手提升：

首先，在课程素材选择上、在案例选择上、在活动安排上做到巧妙、自然地融入思政内容，以理服人，以情动人，将专业知识与情感教育合而为一。

其次，在专业课程思政视域下，在课堂理论教学中，让学生形成健康的世界观、人生观、价值观、法治观和道德观，养成良好的会计职业素养，具备会计职业道德，符合会计职业行为标准，在日常工作中践行核心价值观，做到"遵循准则，不做假账"。

最后，要综合运用微课视频、在线平台等新技术手段，线下线上相结合，使专业课活泼起来。在混合式教学中，将依托职业判断的知识点和会计职业道德放在课堂上，让教师与学生面对面交流，防止线上教育导致的道德情感缺失问题与知识点遗漏问题，有利于学生世界观、人生观、价值观的塑造。

"财务管理综合实训"课程思政教学案例

◎雷 舰

一、课程概况

"财务管理综合实训"课程要求学生在掌握有关资本定价理论、资本预算的基本方法、风险和收益的相关知识、资本结构和股利政策、财务分析与预测等相关理论的基础上,能够结合这些理论分析工作与生活中的具体实例,增强学生解决实际问题的操作能力。课程后期会依托财务决策平台,围绕财务管理和核算两个核心环节,模拟企业经营内外部环境,设计运营模块、电算化模块、纳税申报模块、所得税汇算清缴模块、自动稽查模块、全面预算模块,六大模块相互关联,形成企业经营决策闭环。要求学员以团队形式,通过人机对话方式,分角色虚拟运营一家工业企业。培养学生运用企业管理、财务管理、会计、税法、市场营销等理论知识实际运作企业的能力。

"财务管理综合实训"是会计学院专业课程建设中的一门专业核心课,该课程是在"财务管理实务"课程的基础上,对公司理财活动所涉及的原理以及在实际经济生活中的典型案例进行系统讲授及分析的一门专门研究公司投资、融资和营运资金管理的学科,是财务管理学科的专业课程,对于提升学生的财务管理综合素养具有重要的作用。

在人才培养方案中,该课程主要安排在学生大三第一学期,这个阶段学生已经掌握了财务管理的基本知识理论和相关的职业技能,通过该课程的学习,可以提升学生综合运用相关财务管理理论解决实际问题的能力,同时能够培养学生的团队合作意识、文档撰写能力、汇报能力等。

本课程的思政教学要点主要包括:树立正确的世界观、人生观、价值观;富有创新精神;具有良好的职业道德;培养良好的个人品德;具备良好的法治素养。

二、课程教学目标与思政育人要求

"财务管理综合实训"课程教学目标与育人要求见表1。

表1 "财务管理综合实训"课程教学目标与育人要求

章（模块）	知识目标	能力目标	职业素养目标	育人要求
财务管理目标决策	财务管理目标观点选择；财务管理矛盾协调；财务管理环境。	能够帮助企业制定正确的财务管理目标。	爱岗敬业；遵守法律，遵规守纪；遵守、履行道德准则和行为规范，具有社会责任感和社会参与意识；具有职业生涯规划意识和创新思维。	正确的世界观、人生观、价值观；良好的职业道德；创新精神；法治意识。
企业融资决策	融资路径、优缺点评价。	能够帮助企业制定好的融资策略。	爱岗敬业；遵守法律，遵规守纪；遵守、履行道德准则和行为规范，具有社会责任感和社会参与意识；具有职业生涯规划意识和创新思维。	正确的世界观、人生观、价值观；良好的职业道德；创新精神；法治意识。
投资决策	项目现金流量估计；项目投资决策指标及应用；项目可行性评价。	能够帮助企业进行正确的投资决策。	爱岗敬业；遵守法律，遵规守纪；遵守、履行道德准则和行为规范，具有社会责任感和社会参与意识；具有职业生涯规划意识和创新思维。	正确的世界观、人生观、价值观；良好的职业道德；创新精神；法治意识。
股权结构分析决策	AB股权结构的特点；优缺点。	能够帮助企业设计良好的股权结构。	爱岗敬业；遵守法律，遵规守纪；遵守、履行道德准则和行为规范，具有社会责任感和社会参与意识；具有职业生涯规划意识和创新思维。	正确的世界观、人生观、价值观；良好的职业道德；创新精神；法治意识。
存货采购决策	存货决策相关成本识别；存货经济批量模型。	能够帮助企业进行确定经济的采购批量。	爱岗敬业；遵守法律，遵规守纪；遵守、履行道德准则和行为规范，具有社会责任感和社会参与意识；具有职业生涯规划意识和创新思维。	正确的世界观、人生观、价值观；良好的职业道德；创新精神；法治意识。
应收款管理决策	信用标准；信用期限决策；现金折扣条件决策。	能够为企业制定信用条件。	爱岗敬业；遵守法律，遵规守纪；遵守、履行道德准则和行为规范，具有社会责任感和社会参与意识；具有职业生涯规划意识和创新思维。	正确的世界观、人生观、价值观；良好的职业道德；创新精神；法治意识。
财务决策平台	企业运营、电算化会计、纳税申报、所得税汇算清缴、全面预算。	能够运用企业管理、财务管理、会计、税法、市场营销等理论知识实际运作企业的能力。	爱岗敬业；遵守法律，遵规守纪；遵守、履行道德准则和行为规范，具有社会责任感和社会参与意识；具有职业生涯规划意识和创新思维。	正确的世界观、人生观、价值观；良好的职业道德；创新精神；法治意识。

三、课程思政方案的整体设计

本课程实施中课程思政元素的融入路径,主要是将相关思政元素融入课程的各个教学环节见表2。

表2 "财务管理综合实训"课程思政元素融入课程的整体设计

序号	教学内容	课程思政育人目标	教学方法	融入方式
1	财务管理目标决策	良好的职业道德;正确的世界观、人生观、价值观;法治素养。	目标选择需要考虑员工的利益。	通过青鸟天桥财务管理目标决策案例分析,将职业道德操守等目标融入教学中。
2	企业融资决策	良好的职业道德;创新精神;正确的世界观、人生观、价值观;法治素养。	融资手段需要有创新意识;融资手段彰显价值观和法治素养。	通过华为融资模式案例分析,将创新精神、政治素养的思政目标融入教学中。
3	投资决策	良好的职业道德;创新精神;正确的世界观、人生观、价值观;法治素养。	项目选择彰显世界观、人生观、价值观和职业操守;项目评价体现职业道德和创新精神。	通过共享单车投资决策案例分析,将相关的思政目标融入教学中。
4	股权结构分析决策	良好的职业道德;创新精神;正确的世界观、人生观、价值观;法治素养。	股权结构设计体现设计者的职业道德、职业操守、法治意识等。	通过京东、阿里巴巴、腾讯股权设计案例分析,将思政目标融入教学中。
5	存货采购决策	良好的职业道德;创新精神;正确的世界观、人生观、价值观;法治素养。	存货采购决策的供应商选择体现决策者的职业道德、价值观和法治意识。	通过上海东方公司套装门采购案例分析,将相关思政目标融入教学中。
6	应收款管理决策	良好的职业道德;创新精神;正确的世界观、人生观、价值观;法治素养。	信用标准制定、信用条件决策体现决策者的职业道德、价值观和法治意识。	通过ABC公司应收账款案例分析,将相关思政目标融入教学中。
7	财务造假分析与舞弊识别	良好的职业道德;创新精神;正确的世界观、人生观、价值观;法治素养。	报表分析与舞弊识别。	通过康美药业、康得新材案例分析,将相关思政目标融入教学中。

四、育人元素实施案例

具体内容见表3。

"财务管理综合实训"课程思政教学案例

表 3 "财务管理综合实训"课程育人元素实施案例

实施步骤	教学内容	教学方式	具体示例	备注
目标引入	财务管理目标是什么，有哪些方面。	启发式	目标决定方向，企业财务管理也要确定目标，方可实现企业的长久发展。	简单过渡
知识介绍	利润最大化、股东财富最大化与企业价值最大化的含义。	问答式	利润最大化、股东财富最大化、企业价值最大化的内容，如何衡量？	学生提前预习快速掌握
企业社会责任引入	企业社会责任与财务管理目标关系。	启发式	企业社会责任是否会增加成本，减少企业利润或价值，案例企业情况如何，存在的问题，如何处理。	引入学生演示过程
学生演示与答辩	四组学生分别展示PPT，其他学生旁听、提问。	答辩	案例企业确定的目标是什么，企业社会责任是否融入了目标或战略，对企业的绩效有无影响，企业履行社会责任时出现了什么问题，如何解决的，你的观点是什么。	每组学生介绍控制在 5~7 分钟，其他组学生提问，该组学生回答
总结	企业社会责任与财务管理目标关系的理解，学生在演示与答辩过程需要思考问题。	讲授式	根据具体学生的案例介绍与答辩，有针对性地进行总结，提出问题引发学生思考。	
课后作业	（1）做思维导图，分析三种财务目标的优缺点； （2）除了书中三种目标的提法，案例企业目标带给你的思考是什么，企业是否需要承担社会责任，是否影响了企业绩效；作为大学生，你的社会责任又是什么，下次课讨论。			

五、特色及创新

（1）教学过程引入学生自评，小组内部的自评可以防止出现小组内部成员搭便车的现象。

（2）教学内容根据命题的重要性和实时性进行选取，可以有效激发学生的研究动力。

（3）采取翻转式课堂教学，有效激发学生的自主能动性。

（4）可以有效提升学生资料搜集、整理分析的能力；能有效提升学生的表达能力、合作意识等。

（5）在本平台的操作中，系统设置了运营、财务总监、财务经理、会计、出纳五个角色。各个角色在独立操作之余，还需与其他角色密切配合、沟通，树立全局观念，并对关乎企业生产运营的各个方面进行关注。

六、实施效果与教学反思

（1）思政目标的实现难以有效明确到具体的知识点，只能采取定性方式予以评判。今后需要在这方面进一步加强挖掘思政元素，尽量实现思政目标具体到相关知识点。

（2）命题的选取比较灵活，难以形成一套在线资源，辐射面较窄。今后需要认真梳理相关命题，争取命题能够形成一条主线，围绕主线建设相应的在线教学资源。

财会信息化类

"会计信息化"课程思政教学案例

◎ 张　亮

一、课程概况

"会计信息化"是会计专业的一门专业核心课程，课程基于企业财务工作信息化管理，注重对企业业务实践的讲授与训练，通过各个项目和任务的学习，让学生明确企业业务与财务的内在有机联系，通过不断强化业务实践，培养和提高学生实际应用信息化财务软件的业务技能，提升运用计算机处理财务和业务的水平和能力，毕业后能够从事企业的会计核算、业务部门信息化操作等岗位工作。

本课程的先修课程有"基础会计"和"初级会计实务"，与本课程相关的后续课程有"成本会计""会计信息系统应用"等，在学生具备手工会计各岗位核心能力基础上，再通过本课程的学习，学生将对职业岗位有更深入的认识。

二、课程教学目标与思政育人要求

（一）课程教学目标

通过本课程的教学，使学生掌握会计信息化的基本理论和基本方法，能使用会计软件完成创建账套、对财务软件进行初始设置、日常业务处理、期末业务处理、编制会计报表等，并通过对一种财务软件的学习、操作形成对其他财务软件使用的类化经验，利用所学习的知识、技能操作其他财务软件，甚至可以帮助企业进行会计信息化建设。

1. 知识教学目标

（1）熟悉会计信息化信息系统的结构及有关概念，了解会计信息化信息系统的发展趋势。

（2）熟悉我国财政部门对单位使用的会计核算软件、软件生成的会计资料、采用计算机替代手工记账、信息化会计档案保管等会计信息化工作做出的具体规范。

（3）掌握会计核算软件的基本知识和典型会计核算软件各主要功能模块的操作要求。

2. 能力教学目标

（1）能根据单位性质、规模、经营特点、内部控制规范要求、业务核算流程等，熟练设计会计信息化初始化方案，科学组织会计工作，具备会计主管岗位的基本能力。

（2）能根据单位实际发生的业务正确判断经济业务性质和内容，在财务软件中正确录入凭证，具备会计核算岗位的基本能力。

（3）能根据会计准则和会计制度的基本要求，正确审核凭证，及时记账，具备审核记账岗位的基本能力。

（4）能根据单位核算与管理的需要，熟练编制与输出各类会计报表，具备会计报表编制岗位的基本能力。

（5）能对软件中出现的一般故障进行维护，具备财务信息维护岗位的基本能力。

3. 素质教育目标

（1）具有严格执行会计等相关法律法规的工作态度和良好的职业道德。

（2）初步具有会计信息化的观念和思维方式，具有会计内部控制意识。

（3）具有团队协作精神，共同完成会计核算的基本业务处理工作。

（4）具有不断获取知识、开发自身潜能、适应会计信息化岗位变更的能力。

（二）课程思政育人要求

以立德树人作为教育的根本任务，培养德智体美劳全面发展的社会主义建设者和接班人。强化职业道德、岗位核心能力和核心技能素养培养，塑造具有较强创新创业能力、具有较强可持续发展能力的高素质技术技能型专门人才。

1. 遵循教育规律

遵循思想政治工作规律、学生身心发展规律和教育教学基本规律，精心设计专业课程思政内容，认真组织教学，促进课程思政建设的科学性、系统性、高效性。

2. 发挥专业教师主体作用

加强专业教师"课程思政"意识培养，提高专业教师将思想政治教育融入本专业课程的教学能力，充分发挥专业教师课程育人的主体作用，保障专业有效开展"课程思政"建设工作。

3. 注重改革创新

引导教师充分利用现代教育技术在课程教学过程及教学资源建设中的应用，改革教学方法，创新教学手段，拓展思政教育与专业教育的融入渠道。

三、课程思政方案的整体设计

在整体设计课程思政方案的过程中,需要根据课程的特点,分解、细化课程思政目标,形成与专业课程定位相对应的具体课程思政目标。整体课程思政目标确立后,进一步梳理专业课程思政具体目标,以家国情怀与职业素养为导向,认真挖掘和梳理各类专业课程中的思政元素,提炼出本专业课程的二级目标,通过教学起点、教学内容、教学时间和教学方法等方面的设计,将思政元素通过课程教学设计融入专业课程教学的各环节中,以专业知识为载体进行德育工作,达到价值观念教育与知识教授同频共振的教学目的。整体设计具体情况见表1。

表1 "会计信息化"课程思政元素融入课程的整体设计

序号	教学内容	课程思政育人目标	教学方法
1	系统管理	会计发展简史、信息化发展方向	案例教学、视频教学、任务驱动
2	基础档案设置	会计职务的不相容原则	案例教学、任务驱动
3	总账系统	电子凭证规范管理	案例教学、任务驱动
4	会计报表管理系统	财务报表的作用、企业诚信、信息的真实性	案例教学、任务驱动
5	薪资管理系统	个人所得税法知识	案例教学、任务驱动、角色扮演
6	固定资产管理系统	企业财产的安全性、资产流失	案例教学、任务驱动
7	应收款管理系统	企业信用、商誉	案例教学、任务驱动、角色扮演

四、育人元素实施案例

在具体教学过程中,专业教师须注重创新与课程思政理念相融合,综合运用情景模拟教学和案例教学等多种教学方法。下面以课程"薪资管理"章节中"工资核算"项目下个人所得税核算知识点为例进行说明。专业教师讲授代扣税知识点时,选用个人所得税代扣代缴问题的相关案例,让学生结合实习或兼职工作背景,加深对知识点的理解,积极引导学生深入思考,通过学生在讨论区的回答,反映出学生遵纪守法、以社会利益为己任的良好思想风貌,将情感和价值观念教育融入多样化的课程教学之中,实现思政教育目标。

再如,"会计报表管理系统"章节,在"报表编制"知识点教学中,专业教师结合诚信为本、操守为重、坚持准则、不做假账的原则,引导学生树立正确的世界观、人生观、价值观,积极践行科学精神,严格把控会计数据的真实性和有效性,保证企业财务信息的正确性,保护广大信息使用者的权益。

五、特色及创新

（一）课程教学内容特色与创新

本课程以家国情怀与职业素养为导向，提炼出"责任担当""科学精神""实践创新"等具体的二级思政目标，为课程思政聚焦育人方向，合理设计相应教学环节，将课程思政元素融入学生的学习内容中，能够将会计职业精神与实践创新有机结合。同时，本课程重视学生的实务操作能力，为未来的职业发展打下坚实的基础。

（二）课程教学方法特色与创新

本课程注重教学方法和手段的创新，充分利用互联网和新媒体技术与平台，促进网络信息技术、专业教学、思政元素的深度融合，构建和完善线上平台课程思政资源，实现线上网络互动和线下课程教学育人相结合，将思政教育融入多样化的课程教学之中，让学生在专业知识的学习过程中深入思考作为一个财务人的使命和责任，潜移默化地实现知识教授与价值引领相统一的教育目标。

六、实施效果与教学反思

（一）实施效果

努力建设课程思政特色品牌，把课程思政融入人才培养全过程，开展课程思政建设进专业课建设，培育优秀课程思政教学团队，创建课程思政案例库，全面推进课程思政建设。深入挖掘课程思政元素，探索创新课程思政建设方式方法，构建全面覆盖、类型丰富、相互支撑的课程思政内容体系，落实立德树人根本任务，全面提升学生的政治认同、家国情怀、文化素质、法治意识、道德修养。

（二）教学反思

首先，必须重视课程思政建设工作，全面落实立德树人根本任务，结合本专业课程的特色及内容，深入实施课程思政教育教学改革。由课程负责人牵头课程组制定"会计信息化"课程思政建设工作方案，以全面提高人才培养能力为核心，在专业教育中全面、系统地推进课程思政建设，使专业课程与思政课程形成同心同向的育人格局。

其次，课程思政要立足于学生、以第一视角充分检验人才培养的效果，在"三全育人"的总体工作格局中直接反馈专业课程思政建设的有效性。发挥课程思政教育评价的指导作用，必须掌握学生的价值观现状、学生的发展需求以及学生的学习问题，有效结合和全面把握理性维度与实践维度这两个维度的评价内容，全员、全过程、全要素及更长时段、更加全面地评价课程思政的有效性，进而改进课程思政的课程设计。

"业财一体化综合实训"课程思政教学案例

◎陈美丽

一、课程概况

"业财一体化综合实训"是大数据与会计专业、大数据与财务管理专业新设的一门专业必修课，分班级类别开设于大二的第二个学期和大三的第一个学期。业财一体化是企业管理追求的最终目标，而业财融合是个过程，业财融合如何实现业财一体化的最终目标需要不断探索。本课程为增强学生业财融合和业财一体化的意识，引导学生适应业财融合和业财一体化发展趋势，要求学生完成对企业经营业务数据进行确认、核算、加工管理，运用大数据工具对数据进行深入分析，为企业经营决策提供支持。本课程具体内容包括：通过指导学生完成企业1个月的账务处理，提升学生根据业务数据进行综合财税账务处理能力，通过指导学生利用商业智能工具进行财务数据采集、清理、分析和可视化呈现，提升学生财务大数据分析能力。本课程在培养学生的职业能力和促进职业素养方面具有重要地位。同时，本课程也是体现"岗、课、赛"相结合特点的一门实训课程，课程从岗位工作流程、工作内容、工作职责出发，结合高职院校"会计技能"大赛最新赛程要求，依托财务会计与大数据分析竞赛平台这一实训载体，开展实训项目设计和开发。

本课程的前导课程有"基础会计""财务会计""税收基础""成本核算与管理""出纳实务"等，在这些专业知识学习基础上进行企业1个月的财务业务处理的综合实训，为后续课程"税收筹划""财务报表分析""毕业顶岗实习"提供仿真模拟训练，以加深学生对业财一体化实践的深入认识，掌握具体操作流程。

二、课程教学目标与思政育人要求

本课程从业财融合实训的逻辑出发，结合"岗、课、赛"融合要求将实训内容划分为资金管理岗位、成本管理岗位、审核主管岗位和会计主管岗位等四大岗位实训。专业教师针对每个实训模块，探索相应的课程思政元素，将其自然融入日常课程教学实训中，实现课程立德树人的育人目标，具体情况见表1。

表1 "业财一体化综合实训"课程教学目标与思政育人要求

课程模块		教学目标	思政育人要求
业财一体化综合实训	资金管理岗位实训	知识目标： （1）掌握银行结算业务相关账务处理。 （2）理解资金收付的业务逻辑和相关单据。 （3）掌握网银转账流程。 （4）掌握商业智能工具的数据采集、数据存储、数据清洗、数据连接、数据加工、数据建模分析及可视化呈现原理。 技能目标： （1）能正确填写银行结算业务相关的单据并进行传递。 （2）能整理出与任务描述对应的业务单据。 （3）能正确进行网银转账填制与授权。 （4）能进行正确的出纳签字。 （5）能正确使用和保管相应专用章。 （6）能利用商业智能工具进行资金大数据分析和可视化呈现。 素养目标： （1）培养严谨、细致的工作态度和团队分工协作意识。 （2）树立资金管理规范规则意识、内控意识。 （3）培养遵守财经纪律和廉洁自律的岗位职责意识。	（1）融入爱国、敬业、诚信、友善的社会主义核心价值观。社会主义核心价值观是培养社会主义经济建设人才的思想保障，为专业课程思政改革提供价值指引，为培养学生正确的世界观、人生观、价值观提供方向。 （2）融入工匠精神。工匠精神能激励学生不断提升专业知识和技能水平，不断追求卓越的财务服务，追求卓越的创造精神和精益求精的品质精神。 （3）融入成本费用管控和节约意识。成本费用管控事关企业经营利润，财务人员要强化费用管控意识，节约企业资源。 （4）融入会计职业素养教育。爱岗敬业、诚实守信、廉洁自律、客观公正是会计人员做人的准则，坚持准则、提高技能、参与管理、强化服务是会计人员做事的要求，要切实贯彻落实到工作实践中。 （5）融入规范管理、规则意识、岗位职责意识。财务工作特别强调规范管理和规则意识，要树立责任意识和落实各岗位职责，才能确保工作顺利开展。 （6）融入严谨细致的工作态度和团队合作精神。财务工作烦琐，特别容易出错，特别需要耐心、严谨细致的工作态度；业财融合需要充分发挥工作团队的协同合作精神。
	成本管理岗位实训	知识目标： （1）掌握各种生产费用的归集与分配。 （2）掌握多种成本核算方法和产品成本计算流程。 （3）掌握产品成本分析的相关方法。 （4）掌握商业智能工具的数据采集、数据存储、数据清洗、数据连接、数据加工、数据建模分析及可视化呈现原理。 技能目标： （1）能正确归集和分配各项生产费用并填制会计凭证。 （2）能正确进行产品成本核算。 （3）能编制成本报表和进行成本分析。 （4）能利用商业智能工具进行成本、费用大数据分析及可视化呈现。 素养目标： （1）培养严谨、细致的工作态度和团队分工协作精神。 （2）培养人生成本意识、费用管控意识、资源节约意识。 （3）增强数据意识、岗位职责意识、参与管理的会计职业道德。	

续表

课程模块	教学目标	思政育人要求
业财一体化综合实训	审核主管岗位实训 知识目标： （1）掌握各项企业会计准则的核算内容和账务处理。 （2）掌握期末业务处理流程。 （3）掌握涉税事项的税款计算和账务处理。 （4）掌握现金流量表填制的直接法。 （5）掌握业财共享平台的账务处理。 （6）掌握商业智能工具的数据采集、数据存储、数据清洗、数据连接、数据加工、数据建模分析及可视化呈现原理。 技能目标： （1）能编制除成本核算外的原始凭证、记账凭证。 （2）能正确进行票据审核和凭证审核。 （3）能进行期末业务处理、损益结转和月末对账。 （4）能正确使用和保管相应专用章。 （5）能利用商业智能工具进行企业经营数据及企业税负情况分析及可视化呈现。 素养目标： （1）深化对坚持准则、参与管理的会计职业道德的认识。 （2）培养严谨细致的工作态度、团队协作精神、工匠精神。 （3）增强数据思维和岗位职责意识。 财务主管岗位实训 知识目标： （1）掌握各项企业会计准则的核算内容和账务处理。 （2）掌握增值税及附加税的计算和填报逻辑。 （3）掌握年度企业所得税税会差异相关知识及填报逻辑。 （4）掌握财务报表项目公式设置。 （5）掌握税收筹划相关知识。 （6）掌握业财一体化账务处理和业务流程、内控设计逻辑。 （7）掌握商业智能工具的数据采集、数据存储、数据清洗、数据连接、数据加工、数据建模分析及可视化呈现原理。 技能目标： （1）能建立账套，进行网银支付审核授权、凭证审核、过账及结账。 （2）能正确填制增值税及附加税申报表。 （3）能正确填制年度企业所得税汇算清缴申报表。 （4）能编制三大财务报表。 （5）能进行税收筹划方案的计算与选择。 （6）能利用商业智能工具进行财务报表分析及可视化呈现。 素养目标： （1）深化对提升技能、参与管理、诚实守信的会计职业道德的认识。 （2）增强数据思维和岗位职责意识。 （3）培养严谨细致的工作态度、团队协作精神。	（7）融入坚持学习的意识。财务工作需要财务人员持续不断地更新迭代自己的知识系统和学习新技术、新技能，必须要始终保持持续学习的意识。 （8）融入数据思维。大数据时代，我们面临海量的数据信息，必须要培养数据思维，意识到数据的价值和重要性，不断学习新技术，学会处理和分析这些海量数据，挖掘和发挥海量数据的价值，为管理科学决策提供数据依据。 （9）融入风险意识。财务工作处理的是企业信用数据，一旦数据存在舞弊行为，将严重损害企业利益，必须建立严格和完善的内部控制制度，加强事前、事中、事后的防范措施，增强风险意识。

三、课程思政方案的整体设计

本课程以高素质技能人才培养目标为出发点,以工作过程为主线,以能力培养为本位,以岗位需求为导向,按照"注重能力培养、突出实践技能、讲求真才实学、对接企业需求"的思路,整体设计课程思政方案。具体分为四大内容模块进行课程思政育人目标和教学方法设计(见表2)。

表2 "业财一体化综合实训"课程思政元素融入课程的整体设计

序号	教学内容	课程思政育人目标	教学方法
1	资金管理岗位实训	培养廉洁自律、参与管理的会计职业道德,诚实守信的价值观,严谨细致的工作态度和团队协作精神,增强风险意识、岗位职责意识和数据思维	案例视频、角色扮演、小组竞赛、团队讨论
2	成本管理岗位实训	引导学生增强费控意识、资源节约意识、数据思维、岗位职责意识,培养严谨细致的工作态度、工匠精神、参与管理的会计职业道德	视频案例、角色扮演、小组竞赛、团队讨论
3	审核主管岗位实训	深化会计准则、参与管理的会计职业道德要求的认识,培养严谨细致的工作态度、团队协作精神、工匠精神,增强数据思维和岗位职责意识	案例分析、角色扮演、岗位模拟实训、团队讨论
4	财务主管岗位实训	深化对提升技能、参与管理、诚实守信的会计职业道德要求的认识,增强数据思维和岗位职责意识	案例分析、角色扮演、岗位模拟实训、团队讨论

四、育人元素实施案例

课程思政中育人元素有机融入整个专业教学过程,根据知识点实时切入课程思政内容,做到自然而有成效。下面分别以资金管理岗位和成本管理岗位课程思政教学单元设计和课堂组织展示教学实施过程。

(一)资金管理岗位课程思政教学实施过程

1. 课程单元设计(见表3)

表3 课程单元设计

学习内容		资金管理岗位实训	时间:40分钟
教学目标	知识目标	(1)掌握资金管理岗位职责内容。 (2)了解资金管理岗位工作任务。 (3)掌握银行结算单据填制要点。	
	思政目标	培养岗位职责意识、廉洁自律的会计职业道德、严谨细致的工作态度	
教学环节	教师授课		

· 130 ·

续表

讲授新课	（1）引导学生认识资金管理岗位的岗位职责内容。 （2）为加强岗位职责意识和会计职业道德水平，引入典型案例"疯狂的出纳"。 （3）组织学生讨论案例存在的根本问题及如何防范，并进行总结。 （4）演示银行结算单据填制过程，提出严谨细致的工作态度要求。
反馈结果	（1）对资金管理岗位职责内容和廉洁自律有了更深刻的认识。 （2）通过单据填制细节具体体会了严谨细致的工作态度对财务工作的重要性。

2.课程组织

（1）课程引入。

请学生介绍自己理解的资金管理岗位的工作内容和职责，教师概括总结出纳工作的内容和职责：1）负责保管库存现金、有价证券，负责空白票据及支票的管理，并保管法人章；2）按规定办理货币资金收付手续、网银转账、银行结算，填写银行结算凭证、收款单和付款单；负责登记银行结算票据备查簿、有价证券、借款的备查簿；3）负责收款凭证和付款凭证的出纳签字；4）负责登记库存现金、银行存款日记账；5）负责业务票据整理。

资金管理岗位由于主要负责货币资金的收付处理，特别容易出现资金管理的舞弊风险，因此出纳人员的选择对企业而言是慎之又慎。一般小企业选择自己的亲戚朋友，大企业选人时也特别注重个人道德品质和诚信记录，因此，出纳人员要具有更强的岗位职责意识和会计职业道德水平。

（2）思政案例讲述。

为了增强出纳岗位职责意识和会计职业道德水平，引入典型视频案例《"95后"公职人员贪污7千万元　带女友住10万元一晚酒店　买顶级游戏装备》，案例讲述了安徽省滁州市住房公积金中心工作人员张某在收取买房托管资金、填写托管协议、开具银行存款凭证和资金托管凭证的工作过程中，利用职务便利，在2016年至2019年3年多时间里，采取收款不入账、伪造收款事实等方式，陆续侵吞公款达6 900多万元。将一个以游戏通关作为人生价值的人，放在这样一个直接接触大额资金的岗位，不出问题才怪。张某心中没有资金管理岗位的工作职责意识，也没有基本的廉洁自律的职业道德，为了满足一己私欲，损害国家和广大购房者的利益，犯罪金额巨大，社会影响极其恶劣。

（3）组织学生讨论案例存在的根本问题及如何防范

此贪污案件最根本的问题出在哪里？张某是如何得逞的？同学们分别从个人职业道德、制度和内控设计等角度进行了探讨，教师进行总结如下：个人职业道德低下只是一方面，最根本的问题在于单位资金管理监督制度和内控制度设计不到位，整个资金监管过程都是张某一人操作到底，监督管理层层失守，工作人员失职失责、渎职问题严重，才让张某有了可乘之机。这个漏洞其实很好堵，只要把出账和入账的资金进行核对就可以了，可是该单位却没有这样的内控制度设计。企业资金的管理应该受到高度重视，资金管理无小事，管理主要应靠制度。好的制度、完善的制度可以约束坏人，坏的制度也可能让好人变坏。同时，资金管理岗位工作存在舞弊风险高发的情况，其工作人员的岗位职责意识和廉洁自律的职业道德要求也相对要高一些。希望同学们以这个案例为警示，加强自身岗位职责意识，提高廉洁自律的道德修养。

（4）演示银行结算单据填制过程，提出严谨细致的工作态度要求。

首先向学生具体演示票据贴现业务下"贴现凭证""正送和倒送支票"的填制过程（相关票据见图1），说明填制的要点和注意事项，针对学生容易出现的要素填写不全、贴现息计算错误、盖章出错等具体问题，提出了资金管理岗位严谨细致的工作态度要求。为让学生真实感受系列单据填制严谨细致的特别要求，我们开展了各组资金管理岗位填制准确率比赛，以得分决胜负，得分低的小组要接受惩罚。通过这种角色扮演和小组比赛方式将严谨细致的工作态度要求落实到学生的心中和行动上。

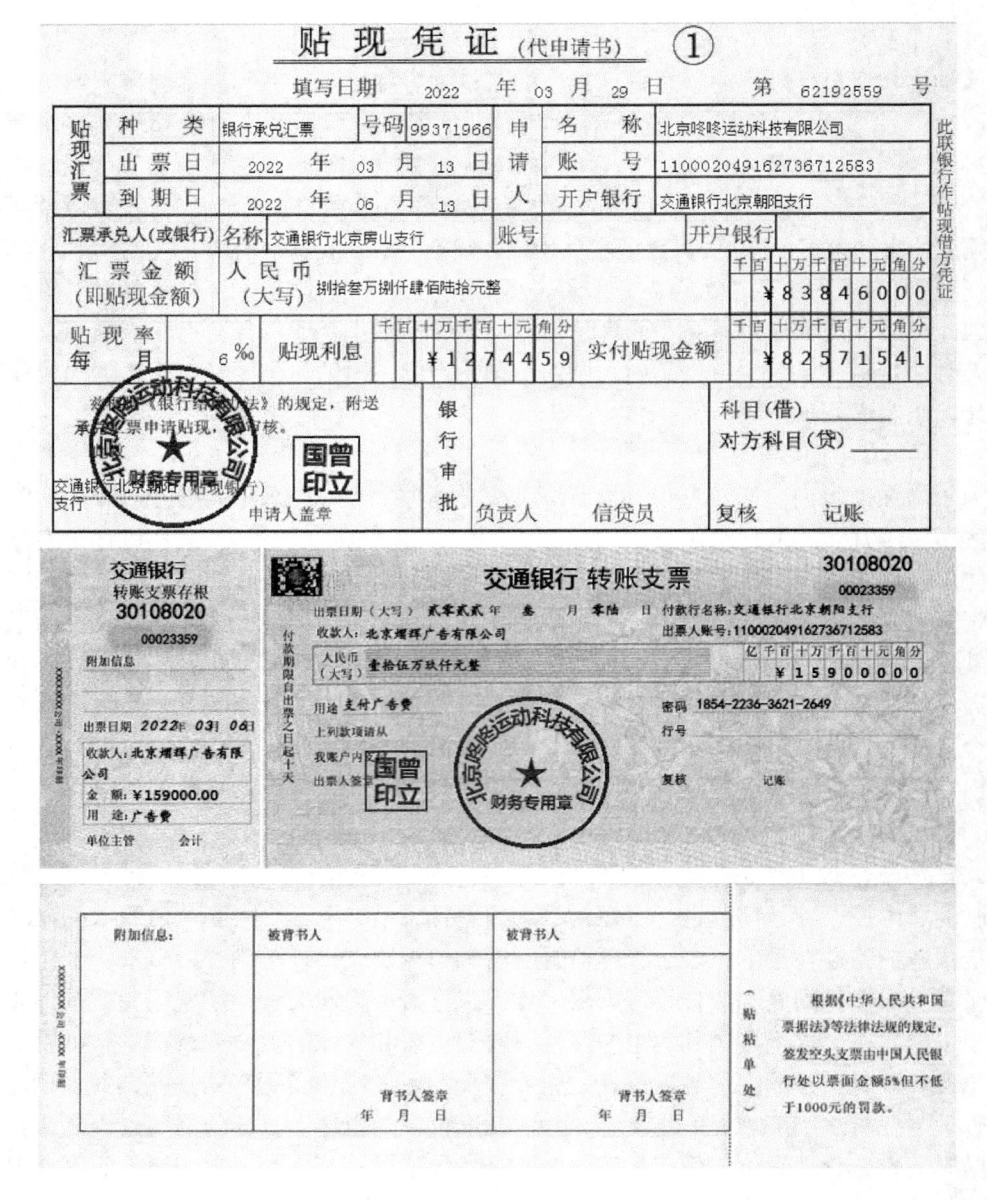

图1 相关票据

3. 课程小结

本课程虽然是实操课程，除了实操内容讲授外，学生要更多地从角色扮演和实训模拟操作中体会岗位职责、职业道德要求。资金管理岗位是舞弊多发岗位，要有风险意识，多吸取一些经验教训，避免给自己的职业生涯带来灾难。同时，资金管理岗位需要涉及各种资金结算单据填制，需要扎实的职业技能，更需要严谨细致的工作态度，一定要更有耐心、更加细心地做好本职工作。

（二）成本管理岗位课程思政教学实施过程

1. 课程单元设计

本课程单元设计见表4。

表4 课程单元设计

学习内容	成本管理岗位实训		时间：40分钟
教学目标	知识目标	（1）阐述成本核算的意义。 （2）掌握成本核算的内容与核算流程。	
	思政目标	培养学生人生成本意识、费控意识、资源节约意识	
教学环节	教师授课		
讲授新课	（1）阐述成本核算的意义。 （2）引导学生思考自己在校学习的成本及人生成本，并组织讨论。 （3）讲授成本核算的内容与核算流程。 （4）引入典型成本失控案例，并结合个人消费"月光族"的经历，引导学生加强企业和个人费控意识和资源节约意识。		
反馈结果	（1）增强了学生的人生成本意识。学生纷纷表示没想到成本除了生存成本、教育成本，还要考虑机会成本、沉没成本等，在校学习和人生的成本原来那么高，刷新了其成本意识。 （2）加强了学生的费控意识和资源节约意识。以案例形式展示企业成本失控所带来的风险和危害，让学生真实感受了企业加强费控意识和节约企业资源的重要性。		

2. 课程组织

（1）课程引入。

让学生核算自己在校学习的成本，分组进行汇报。在此基础上引出成本核算的概念。成本核算是成本管理工作的重要组成部分，它是将企业在生产经营过程中发生的各种耗费按照一定的对象进行分配和归集，以计算总成本和单位成本。成本核算正确与否，会直接影响企业的成本预测、计划、分析、考核和改进等工作，同时对企业的成本决策和经营决策正确与否产生重大影响。成本核算对企业成本计划的实施、成本控制和目标成本的实现起着至关重要的作用。

（2）引导学生思考自己在校学习的成本及人生成本，并组织讨论。

由各组派代表谈谈对在校学习和自己人生成本构成的看法，教师做总结：同学们都谈到了生活费、学习费用等生存成本和教育成本，但较少同学提到机会成本、沉没成本和边际成本，我们选择在校学习而不是打工所放弃的工作收益就是机会成本，我们在多次考证未通过，在此期间所投入的时间、考证费就是沉没成本，边际成本就是我们再做一件事情而增加的成本，我们在决策时需要权衡增加的成本是否大于增加的收益，再决定事情是否可行。同学们纷纷表示想不到还有这些成本构成，增强了学生的成本意识。这次讨论使学生认识到人生的成本除了生存成本、教育成本等外，还有机会成本、沉没成本和边际成本，而这些成本是人生选择的条件和结果；在校学习的成本除了学费、生活费外，还有美好青春的时间成本，要倍加珍惜。

（3）讲授成本核算的内容与核算流程。

我们发现，在校学习成本和人生成本中，有些成本是可以量化的，有些成本却无法量化，请同学们思考一下制造业企业产品成本的构成。教师总结了制造业成本核算的内容：1）各项费用要素的归集与分配；2）生产费用在完工产品和月末在产品之间的分配；3）各种产品成本的核算。在此基础上，向学生展示了制造业企业产品成本核算流程（见图2），厘清学生成本核算流程的思路。

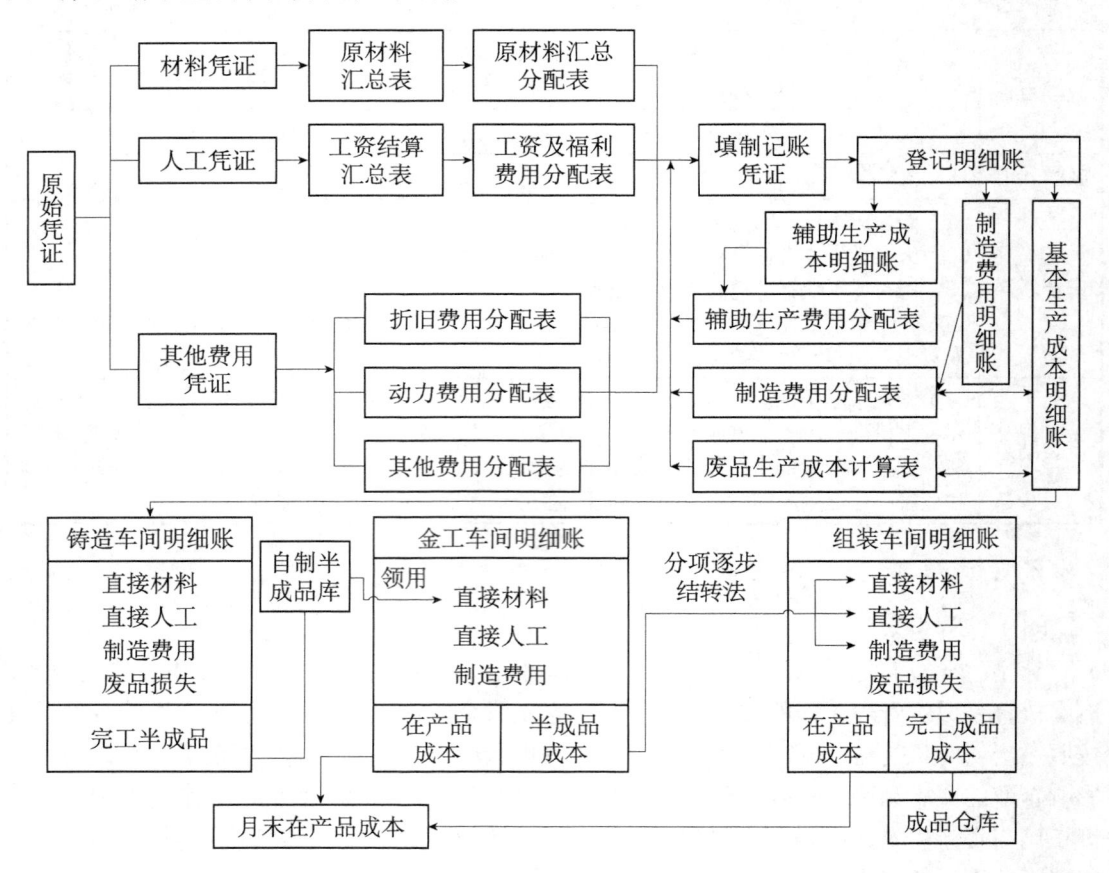

图2 制造业企业产品成本核算流程

（4）引入典型企业成本失控案例，并结合个人消费"月光族"的经历，引导学生加强企业和个人费控意识和资源节约意识。

从成本失控案例我们可以看出，成本是一个永恒的主题，企业成本费用的节约与降低直接就等于增加收入、利润甚至现金，其效益不言而喻。然而，很多企业尤其是制造业企业却每天都在眼睁睁地看着成本费用超标、失控无动于衷。结合学生个人，我们做了一个学生每月消费情况现场调查，结果超过 2/3 的学生表示自己是"月光族"，每月总是有各种各样的花费难以控制，部分学生也一定程度上理解父母辛苦，但费用控制意识和节俭意识不强。教师做总结：企业和个人的成本费用控制原理在一定程度上是相通的，企业和个人都要梳理自己的成本费用项目，增强成本费用项目的控制意识和节约意识，特别是在当前国际国内经济形势严峻的情况下，更需要加强成本费用控制意识和资源节约意识，优化自己的现金流质量，以保障自己的生存安全。

3. 课程小结

成本核算是成本管理岗位的重要工作内容，同学们务必要先厘清制造业生产流程，了解企业的成本费用构成以及分配标准，选择合适的成本核算方法进行产品成本核算，在此基础上按成本核算流程开展具体的核算工作，总之，成本管理岗位要重点把握成本核算内容和成本核算流程。与此同时，成本管理岗位还要明确成本核算是成本管理工作的基础，但不是目的，成本管理岗位要强化成本意识、成本费用管控意识和资源节约意识，发现和避免企业成本费用失控，为企业把牢成本关。

五、特色及创新

（一）课程思政内容更突出岗位特点

课程思政元素有机融入实训工作流程和工作岗位，能根据实训四大岗位特点挖掘思政元素，比如针对资金管理岗位融入廉洁自律会计职业道德要求、诚实守信的价值观、资金管理的风险意识、岗位职责意识，针对成本管理岗位融入费控意识、资源节约意识、参与管理的职业道德要求等，更贴合岗位需要和人才培养德育要求，更具有针对性和有效性。

（二）课程思政形式更突出岗位模拟实训和角色扮演

四大岗位主要采取角色扮演和岗位仿真模拟形式开展实训，诸如会计职业道德、严谨细致的工作态度、工匠精神、团队协作意识、数据思维、岗位职责意识等思政元素与岗位内容结合更密切，因此更适合采用角色扮演和岗位模拟实训方式将思政元素融入其中，让学生在不同角色中深刻体会这些思政元素，做到自然而有成效。

（三）课程思政突出新技术、新知识的学习，注重培养自我学习能力

业财一体化实训过程中涉及大数据技术在财务方面的运用，教学过程中注重引导学生对新技术、新知识的学习，从而培养学生的自我学习能力。

六、实施效果与教学反思

（一）实施效果

1. 极大提升了学生严谨细致的工作态度和团队协作意识

学生在开展第一实训项目时，工作不严谨不细致，简单的单据填制往往会出现各种常识性错误，更没有团队协作的意识，各个岗位只根据自己的进度操作，完全不顾及别人的工作进度。但经过多个项目实训后，学生逐步严谨细致，常识性错误不再出现，也懂得了各岗位在工作时间、工作内容上的相互配合，还会相互督促进度安排，有效地实现了严谨细致的工作态度和团队协作意识的培养目标。

2. 强化了学生岗位职责意识、风险意识和内控意识，重申了廉洁自律的职业道德要求

在分岗位实训过程中，在明确岗位职责中，通过案例和视频播放等方式增强岗位职责意识，比如在资金管理岗位，通过观看《零容忍》纪录教育片向学生传达了财务人员面临的岗位职责意识薄弱和挪用公款风险，增强了学生的岗位风险意识和内控意识，也使学生认识到资金管理岗位需要更高的廉洁自律的职业道德要求。

3. 强化了学生的人生成本意识、费用管控和节约资源的意识

从学生自身接受的大学教育的成本入手，使学生认识到人生除了直接成本外还有机会成本、沉没成本和边际成本等，需要加强成本意识，珍惜在校学习时光，使学生明白，同样的道理也适用于企业，企业成本费用直接关系到利润大小，是需要加强管控的，避免陷入成本费用管控的误区。同时，也使学生明白个人和企业的资源都是有限的，都需要有节约意识。

4. 较好地培养了学生的数据思维

四大岗位都分别有不同内容的大数据分析工作任务，以角色扮演和岗位模拟实训方式融入，让学生更深刻地认识和体会到大数据分析的真实性和有效性，更深刻地体会到新技术在大数据分析中的各种运用，从而驱动学生不断学习新技术。

（二）教学反思

1. 不断挖掘更多课程思政要素

由于对本课程思政要素内容的挖掘不够，课程要素设计的点数量不够，思政内容不容易引发学生兴趣，育人效果大打折扣。下一步，课程思政要素挖掘要进一步以学生为中心，符合学生的认知规律，思政目标贴近于学生思想实际，以所需、所能、所乐为标准，隐含在学习内容中，在重、难点内容学习活动中及时进行价值引领，促使学生形成正确的世界观、人生观、价值观,增强学生的责任感、使命感。

2. 不断创新课程思政教学方法

案例分析、理论讲授是常见的课程思政教学方法,除了这些传统方法外,本课程也采用了小组讨论、小组竞赛、角色模拟、岗位模拟实训等实训课特有的教学方法,但仍显不够,还需要不断创新课程思政教学方法,立足思政要素挖掘点,以学生更喜闻乐见的方式融入思政元素。

"Excel财务应用"课程思政教学案例

◎费含笑

一、课程概况

本课程是大数据与会计、大数据与财务管理专业的一门重要实践课程,通过本实践教学,使学生熟练掌握 Excel 各项功能,并在财务管理中进行应用,加深对财务管理理论知识的理解。本课程详细介绍了如何利用 Excel 解决企业财务管理的问题,内容涵盖 Excel 在函数应用、图表绘制、数据分析工具等方面的应用。通过本课程学习,不仅能够使学生掌握现代财务管理的基础知识与基本方法,了解大数据+背景下如何借助现代工具处理繁杂的数据,还能培养学生独立思考的能力、团队协作分析问题解决问题的能力、自我学习的能力及其他通用能力。

(一)本课程在专业人才培养方案中的地位和作用

"Excel 财务应用"是财务会计类专业本科学生的专业必修课。学生掌握 Excel 的操作技能后,能够运用 Excel 工具来提升财务会计工作效率,从而帮助学生应对日后烦琐而复杂的财务工作。另外,本课程采用翻转课堂的教学模式,培养了学生自信、自律、自学的习惯,诚信、勤奋的品质,极大地锻炼了学生的团队合作能力、时间管理能力、知识获取能力和知识应用能力,这也是学生学习其他专业课程所必需的能力。

(二)本课程在人才培养中对育人环节的支撑作用

本课程是一门实践操作课程,根据课程性质,结合"立德树人"原则,本课程在人才培养中对育人环节的支撑作用主要体现在以下两方面:一是培养良好的政治素养,包括厚植胸怀祖国、无私奉献等爱国情怀,树立社会主义核心价值观等;二是培养会计职业道德素养,包括爱岗敬业、诚实守信、自律、开拓创新、有责任心等基本职业操守。

二、课程教学目标与思政育人要求

本课程教学目标与思政育人要求如下:

（1）通过单利终值、现值的计算，帮助学生树立严谨的专业精神和科学的研究态度，养成学生遵纪守法、自律、开拓创新的素养。

（2）通过复利终值、现值的计算，锻炼学生的团队协作能力、学习能力、解决问题的能力，并促进学生胸怀祖国、无私奉献、开拓创新。

（3）通过利率和期限的计算，帮助学生树立严谨的专业精神和科学的研究态度，提升无私奉献、开拓创新等素养。

（4）通过净现值和内部收益率的计算，锻炼学生的团队协作能力、学习能力、解决问题的能力，并促进学生胸怀祖国、无私奉献。

（5）通过财务报表的分析、财务预算的编制，锻炼学生的团队协作能力、沟通交流能力，及规则意识、开拓创新意识、会计职业道德的养成。

（6）通过掌握 Excel 基础操作，培养学生的独立思考能力，诚实守信、遵守规则的个人素养及正确的世界观、人生观和价值观。

三、课程思政方案的整体设计

本课程思政元素融入课程的整体设计见表1。

表1 "Excel 财务应用"课程思政元素融入课程的整体设计

序号	教学内容	课程思政育人目标	教学方法
1	Excel 基础操作模块	正确的世界观、人生观和价值观、诚实守信、规则意识	案例分析
2	单利终值、现值计算模块	遵纪守法、自律、开拓创新	小组讨论
3	复利终值、现值计算模块	胸怀祖国、无私奉献、开拓创新、规则意识	案例分析
4	利率、期限计算模块	无私奉献、责任与担当、开拓创新	案例分析
5	净现值和内部收益率计算模块	胸怀祖国、无私奉献	案例分析
6	财务报表分析、财务预算编制模块	规则意识、开拓创新、会计职业道德	案例分析
7	Excel 基础操作模块	正确的世界观、人生观和价值观，诚实守信、规则意识	案例分析

四、育人元素实施案例

（一）育人教学目标

本课程是会计学专业的一门综合实践课，以专业人才培养为出发点，遵循"立德树人"原则，重置教学目标，挖掘项目单元教学思政元素，构建课程思政德育目标。

本项目单元通过单利终值、现值的计算，帮助学生树立严谨的专业精神和科学的研究态度，养成学生遵纪守法、自律、开拓创新的素养。

（二）课程思政教学内容

1. 案例导入环节：商业承兑票据诈骗的典型案例

通过导入环节，引入课程思政内容，引发学生思考：作为一名财务人员应当如何养成良好的职业素养来鉴别商业承兑票据的真伪？同时，鼓励学生珍惜大学生涯，提升自己的专业素养。

2. ACCRINTM、ACCRINT 函数的辨析与应用

通过本环节，引入课程思政内容，引导学生举一反三地学习与运用函数，培养学生开拓创新的精神，同时还要让学生脚踏实地地多做训练。

3. 限制录入内容的设置

我们可以利用数据有效性功能对录入内容进行限制，如果有录入不符合要求的内容，系统会提示出错并阻止录入。系统可以设置自查功能，我们人也要如此，特别是对于会计人员而言，一定要有自己的"底线"，要保持应有的会计职业素养。

（三）教学方法和举措

1. 要从显性教育和隐性教育两方面去考虑设计教学活动

"Excel 财务应用"是一门实践类课程，如何将思政教育融入课堂中需要仔细斟酌，除了从日常的知识点中提炼总结思政元素外，还应该从细微处着手，如学生之间的操作配合、上下课的规则等。

2. 多运用"互联网+"教学手段进行课堂思政融合

我们可以运用浙江省高等学校在线开放课程共享平台或者蓝墨云班课 App 针对上述商业票据造假事件进行点评、评述，让学生自发地去思考。

五、特色及创新

学生的综合素质并不是通过一两节课就能提升的，而是需要长期、全程的强化教育。我们要培养学生诚实守信的品质，就要从强化课堂管理做起，坚决杜绝学生抄袭作业的行为，充分培养学生独立思考的习惯。此外，团结互助、善于沟通也是学生走向社会必备的品质，我们可以利用小组活动不断强化学生的团结互助意识，通过改善教学方法，以情景

演练等方式在课堂上增加学生沟通交流专业知识的机会。用好课堂主渠道，让思政工作渗透到教学各环节。

六、实施效果与教学反思

本课程实施效果及教学反思如下：

（1）对课程"线上+线下"学习模式进行讲解，并将教学理念告知学生，同时，对"线上"学习的要求进行明确，保证学生线上学习质量，鼓励高质量发帖，避免讨论区灌水，真正把线上教学落到实处。

（2）学生课后根据要求自主完成超星学习中心平台视频观看和同步练习，在讨论区进行问题讨论和解答，在教师的引导下互助学习。

（3）课程思政元素融入课堂教学，培养学生树立正确的人生观和价值观，诚信做人、不做假账、坚持准则、品德为先。

"财务机器人应用"课程思政教学案例

◎ 薛叶佳

一、课程概况

"财务机器人应用"课程是大数据与会计专业的专业核心课程。通过本课程的学习，学生能掌握用财务机器人处理发票到报销、采购到付款、销售到收款、职工薪酬、纳税申报、会计报表、管理会计、财务分析等业务的工作流程和数据规则，具备业财分析、流程规划、项目组织、跨部门沟通的能力以及IT思维，适应企业数字化转型大背景下的职业能力要求，成为初步具有跨财经和IT领域综合技能的复合型财经数字化职业人才。本课程以"基础会计""企业财务会计""会计信息系统应用"课程的学习为基础，后续学生将以通过考取企业财务与会计机器人职业技能证书的形式进行拓展学习。

二、课程教学目标与思政育人要求

（一）课程教学目标

（1）掌握各类业务的财务机器人的工作原理及实施应用；
（2）掌握财务机器人的数据采集及业务活动的对应关系，并能实事求是地反映业务活动；
（3）掌握财务机器人的需求分析和流程设计，并使流程设计符合国家会计相关法律制度；
（4）熟悉机器人开发软件的功能组件及开发方法；
（5）能在企业实施应用财务机器人，并根据企业实际情况设计财务机器人；
（6）能通过团队协作的方式使用开发软件，并创新开发各类机器人。

（二）思政育人要求

基于全员、全过程、全方位的"三全育人"理念，在新时代会计专业人才培养方向上应进行两点考虑：其一是丰富会计专业课程，创新"互联网＋会计"的培养模式，以改变会计理论知识为主、简单课程实践为辅的传统教学模式。在面对智能财务机器人的挑战时，在教学中模拟全真工作环境，融合金融、法律、税收等工作场景，强化工学结合，建设理实基地，在实践中提高分析问题和解决问题的能力。其二在会计人才培养方向上，应当努力寻求专业课程与思政教育的契合，探索会计专业课程思政建设的具体实施思路和改革路径，考虑会计专业课程思政能否融入新兴技术环境下的教学场景中，从而把立德树人目标润物细无声般地嵌入会计理实教学全过程中。

三、课程思政方案的整体设计

"财务机器人应用"课程思政元素融入课程的整体设计见表1。

表1 "财务机器人应用"课程思政元素融入课程的整体设计

序号	教学内容	课程思政育人目标	教学方法
1	RPA（机器人流程自动化）认知	培养学生的创新意识和学习意识：能紧跟时代发展，结合企业生产经营的需要，主动学习与财务数智化有关的新技术。	讲授
2	税务机器人	（1）培养学生的合作意识：1）开展各小组之间的沟通协调，解决小组之间存在的矛盾和协作问题；2）具有积极协助同时完成流程图设计任务的意识。 （2）培养学生的学习意识：能不断提升自身业务能力，及时发现并更正流程中的差错和遗漏，不断优化业务流程。	讲授与实操
3	采购业务机器人	（1）培养学生的合作意识：1）开展各小组之间的沟通协调，解决小组之间存在的矛盾和协作问题；2）具有积极协助同时完成流程图设计任务的意识。 （2）培养学生的规范意识：1）能仔细地审核原始凭证，检查原始凭证是否合规、记录是否准确无误、签字是否齐全；2）能小心谨慎地进行数据采集，避免数据采集过程中存在异常数据、遗漏数据。 （3）培养学生的学习意识：能不断提升自身业务能力，及时发现并更正流程中的差错和遗漏，不断优化业务流程。	讲授与实操
4	销售业务机器人	（1）培养学生的合作意识：1）开展各小组之间的沟通协调，解决小组之间存在的矛盾和协作问题；2）具有积极协助同时完成流程图设计任务的意识。 （2）培养学生的规范意识：1）能仔细地审核原始凭证，检查原始凭证是否合规、记录是否准确无误、签字是否齐全；2）能小心谨慎地进行数据采集，避免数据采集过程中存在异常数据、遗漏数据。 （3）培养学生的学习意识：能不断提升自身业务能力，及时发现并更正流程中的差错和遗漏，不断优化业务流程。	讲授与实操

续表

序号	教学内容	课程思政育人目标	教学方法
5	存货业务机器人	（1）培养学生的合作意识：1）开展各小组之间的沟通协调，解决小组之间存在的矛盾和协作问题；2）具有积极协助同时完成流程图设计任务的意识。 （2）培养学生的规范意识：1）能仔细地审核原始凭证，检查原始凭证是否合规、记录是否准确无误、签字是否齐全；2）能小心谨慎地进行数据采集，避免数据采集过程中存在异常数据、遗漏数据。 （3）培养学生的学习意识：能不断提升自身业务能力，及时发现并更正流程中的差错和遗漏，不断优化业务流程。	讲授与实操
6	银行业务机器人	（1）培养学生的合作意识：1）开展各小组之间的沟通协调，解决小组之间存在的矛盾和协作问题；2）具有积极协助同时完成流程图设计任务的意识。 （2）培养学生的规范意识：能小心谨慎地进行数据采集，避免数据采集过程中存在异常数据、遗漏数据。 （3）培养学生的风险意识：能提前对财务机器人数据进行加密存储和传输，防止因财务机器人平台存在信息安全漏洞而导致财务数据泄露。 （4）培养学生的学习意识：能不断提升自身业务能力，及时发现并更正流程中的差错和遗漏，不断优化业务流程。	讲授与实操
7	报销业务机器人	（1）培养学生的合作意识：1）开展各小组之间的沟通协调，解决小组之间存在的矛盾和协作问题；2）具有积极协助同时完成流程图设计任务的意识。 （2）培养学生的规范意识：1）能仔细地审核原始凭证，检查原始凭证是否合规、记录是否准确无误、签字是否齐全；2）能小心谨慎地进行数据采集，避免数据采集过程中存在异常数据、遗漏数据。 （3）培养学生的学习意识：1）能不断提升自身业务能力，及时发现并更正流程中的差错和遗漏，不断优化业务流程；2）能从已有的事故案例中汲取经验教训，应对突发情况。	讲授与实操
8	薪酬业务机器人	（1）培养学生的合作意识：1）开展各小组之间的沟通协调，解决小组之间存在的矛盾和协作问题；2）具有积极协助同时完成流程图设计任务的意识。 （2）培养学生的规范意识：1）能仔细地审核原始凭证，检查原始凭证是否合规、记录是否准确无误、签字是否齐全；2）能小心谨慎地进行数据采集，避免数据采集过程中存在异常数据、遗漏数据。 （3）培养学生的学习意识：能不断提升自身业务能力，及时发现并更正流程中的差错和遗漏，不断优化业务流程。	讲授与实操

续表

序号	教学内容	课程思政育人目标	教学方法
9	报表业务机器人	（1）培养学生的规范意识：能实事求是地反映经济业务，准确地运用会计科目，养成严谨的工作态度。 （2）培养学生的学习意识：能不断提升自身业务能力，及时发现并更正流程中的差错和遗漏，不断优化业务流程。 （3）培养学生的风险意识：能制定好各项风险的应急预案，提前调试财务机器人，以应对财务机器人因外部环境不稳定（电脑加载缓慢、系统性能问题等）影响系统正常作业。	讲授与实操

四、育人元素实施案例

（一）教学内容

以"财务机器人应用"课程中"报销业务机器人"为案例。"报销业务机器人"的应用部分涉及"费用报销机器人"和"费用付款机器人"两个独立存在且相互关联的财务机器人。"报销业务机器人"的开发模块是根据开发案例，通过"读取数据""U8 登录""编制记账凭证""U8 退出"四个模块来进行自动化流程设计的。

（二）教学目标

1. 知识目标

学生能够了解"报销业务机器人"业务场景的相关知识，并且能够熟悉"费用报销机器人"和"费用付款机器人"的操作流程。

2. 能力目标

学生能够熟练掌握报销业务的账务处理。另外，根据开发案例的要求，熟悉财务机器人读取表格数据、赋值与调用变量的技巧并灵活运用 RPA 设计器（IS-RPA studio）中的各个组件进行财务机器人设计。

3. 素质目标

通过传统的报销业务流程与"报销业务机器人"在报销业务中操作的比较，引导会计专业学生养成严谨的工作态度和坚持准则的职业道德。并通过"报销业务机器人"的开发设计，锻炼会计专业学生与时俱进、开拓创新的思维模式。

（三）教学设计与实施

1. 仿真案例导入与讨论

利用"职教云"教学平台，在课前导入仿真企业的报销业务场景视频。

案例一：20××年12月1日，销售部小王外出培训回来，到财务部报销差旅费1 000元，按照公司规定在原始凭证粘贴单上贴好发票并填写报销审批单。会计人员小红在审核发票时，发现其中一张发票是假票。经查证，小红发现小王丢失一张车票，重新买了一张假票来充数。小红严肃指出其错误，不予受理报销业务。小王认识到错误后，重新填写差旅费报销单，并办理相关手续。出纳人员小明通过网上银行完成款项支付。

案例二：20××年12月11日，一车间小东到财务部报销办公用品费200元，他按照公司规定在原始凭证粘贴单上贴好发票并填写报销审批单。会计人员小红审核并查验发票无误。12月12日出纳人员小明通过网上银行完成报销款支付。

课前要求学生进行案例视频学习，并进行分组讨论完成以下问题。
问题一：企业中报销业务流程具体分为哪几步？
问题二：案例一中会计人员小红的做法正确吗？

2. 仿真案例解析

在企业实际工作中，首先会计人员会根据发生费用的用途，依照会计准则的要求选择会计科目，根据费用种类设计相应的明细核算科目，并根据财务管理要求，设置辅助账进行核算，由此结合"会计人员应当遵守法律法规的相关规定，根据国家统一的会计制度进行会计核算"的"课程思政"内容进行讲授。其次企业员工因公发生费用后，经办人依照企业内部管理流程及公司报销流程，向部门、财务、管理层提交报销审批单进行审批。审核审批通过后，财务部支付报销款，根据费用发生的目的、内容等进行账务处理。从上述案例中可以肯定小红作为会计人员工作认真负责，由此结合"会计人员应当拥有严谨的工作态度，履行会计监督职能并依法办事"的"课程思政"内容进行讲授。

3. "报销业务机器人"的应用与操作

首先，分析案例，在学习"报销业务机器人"的应用与操作前，需要让学生了解仿真案例的报销业务流程，通过小组讨论的形式，分析案例中哪些活动内容可以让机器人进行操作。

其次，要求学生对仿真案例中的业务数据和凭证信息进行分析与提炼，通过提问的方式，让学生思考在传统的记账模式下，会计人员是如何进行会计账务处理的。在此过程中贯穿"会计专业学生应当具有善于思考的精神品质"的"课程思政"内容，培养学生分析问题与解决问题的能力。

再次，采集信息，学生根据提炼出来的业务数据和凭证信息在财务机器人应用平台中填入对应业务信息。在采集信息步骤中，有些数据能够自动生成，如部门负责人及其审批时间、单位负责人及其审批时间；有些数据可以选择填写，比如款项用途、结算方式、支付类型、审批部门等；有些数据则需要学生进行手动直接填写或者通过 Excel 模板录入，例如收款人名称、金额、开户报销行、报销账号、申请日期等。这些直接填写或录入的数据一旦出现错误，会导致财务机器人编制的记账凭证不准确。因此，在学生采集信息的过程中，需要全过程强调"作为会计专业学生，应当具有认真严谨的工作态度，真实可靠地进行会计核算"等"课程思政"要素。

最后，运行财务机器人，"费用报销机器人"和"费用付款机器人"会自动根据采集到的信息运行各自流程。学生可以直观地看到"费用报销机器人"和"费用付款机器人"在报销业务中的具体操作过程。"费用报销机器人"能够根据费用报销信息对发票进行查验、自动编制记账凭证并审核记账凭证。"费用付款机器人"能根据费用付款信息，在网上银行完成相应的付款业务，并从网上银行下载银行付款回单作为会计原始凭证，自动填制、审核付款记账凭证。在"费用报销机器人"和"费用付款机器人"的业务活动分解中，涉及财务机器人自动审核信息的准确性，符合"作为会计从业人员，在账务处理中应符合会计规章制度，规范业务操作流程，提供真实会计信息"的"课程思政"内涵。

4. "报销业务机器人"的设计与开发

"报销业务机器人"的设计与开发选取了报销业务中的编制记账凭证业务活动。其主要分为"读取数据"、"U8 登录"、"编制记账凭证"和"U8 退出"四个模块。首先读懂设计流程图，开发流程图的设计应当与"报销业务机器人"应用操作流程紧密结合并符合相关的会计准则要求。其次开发流程模块，学生根据给定的设计流程图，观看微课视频，结合微课视频的讲解，用给定的组件进行四个模块的开发。最后小组讨论，学生根据已有的设计开发流程图结合自己开发的过程进行小组讨论，讨论内容为该流程图设计的合理性与不足之处，并将讨论结果发到"职教云"平台，培养学生"为适应时代要求，会计人才应具有刻苦钻研的精神"的"课程思政"精神。

5. 课后"课程思政"拓展

为了更好地将"课程思政"融入"财务机器人应用"课程中，引导学生成为新时代创新型会计人才，通过期末考核加分的激励制度，课后鼓励学生利用不同的组件、不同的逻辑顺序，设计出具有相同效果的财务机器人流程，从而培养学生在财务机器人设计开发流程的过程中勤于思考的优良品质，以及分析问题与解决问题的能力。

五、特色及创新

本课程的课程思政特色主要体现在通过创新教学方法、创新教学手段和创新教学评价的方式将课程思政融入于课堂教学与考核当中。

（一）教学方法创新

本课程作为一门技术性和实践性都很强的课程，运用了案例教学法、模拟教学法、角色扮演法等教学方法。

1. 案例教学法

以真实企业的背景业务资料为载体实施教学，要求学生单独和合作完成具体工作任务，注重任务引领，提高学生学习兴趣，让学生从理论知识、实践技能、职场素质等方面得到锻炼和提高。

2. 模拟教学法

仿真化的实训室布局和职业岗位设置、新技术工具的应用，让学生犹如置身现代企业的云财务作业场景。为学生模拟出真实的企业工作环境及氛围，有效地保证了学生在学校实践的即为其在实际工作中所将面对的，缩小了学校教学与企业实际工作之间的差距。

3. 角色扮演法

通过让学生扮演不同的角色来体验、掌握相关的知识和操作方法。通过相互间的业务往来模拟训练，让学生掌握社会化财务工作中的分工及衔接，财务部门和公司全员、产业伙伴、社会机构等的沟通与协调。这既激发了学生浓厚的学习兴趣，又让学生通过角色体验加深了对未来所从事岗位的发展方向和所需掌握的能力的认识。

（二）教学手段创新

本课程尽可能充分使用现代化教学手段，比如多媒体技术、智能实践教学平台和可连线企业现场的"双师课堂"。

1. 多媒体技术

充分使用多媒体技术，比如电子课件、投影、视频、音频等，为学生提供智能财务核算的操作过程演示，使学生对课程建立全面的认识，并能按照操作演示的指引完成模拟操作。

2. 智能实践教学平台

可选择使用智能实践教学平台，平台不仅有可供随时随处访问的数字化教学资源，还具备智能助教功能、行为监控与评价功能、自动甄别功能等，可进行教学全过程评价，并对教学结果进行横向和纵向的数据分析。

3. 交互式双师课堂

可使用互联网直播、录播、多方实时协作的"双师课堂"，连线企业专家、业界名师，开展远程教学、协同教学、线上与线下互动教学，实现优质资源共享，缩短校企之间的距离。

（三）教学评价创新

本课程的考核及评价，分为知识、技能和素质三部分（见表2）。主要考核评价学生的能力以及职业素养，可借助智能学习平台或系统，自动记录学习过程，加强过程考核和素质考核。教师上课前可自由选择评价维度及考核权重。学习结束后，系统将自动生成每一位学生的学习报告，包含学生成绩、知识及素养的水平报告等。

课程总评成绩＝知识×考核占比＋技能×考核占比＋素养×考核占比

表2　课程总评成绩

项目	平时成绩	期末考试
知识	老师根据学生平时作业、课堂抽查情况进行的评价，占10%	在试题库中进行组卷，闭卷笔试，占25%
技能	主要对实务操作、案例分析完成情况进行评价，可以由老师主观评价，也可以使用智能学习系统中的自动甄别功能，占20%	从技能测试库中选题，在系统中作答，占25%
素质	主要对素质素养进行评价，占20%，详见表3	—
合计	50%	50%

素质测评考核项目见表3。

表3　素质测评考核项目

项目	分数	分数
学习态度和课堂表现	课堂考勤，按时上课，不迟到早退	20
	根据布置的讨论议题进行讨论并给出合理的分数	
发现问题、解决问题能力	项目报告或课程报告，根据学生自己的观点，给出合理的分数	20
团队合作能力	根据团队作业报告，给出合理的分数	20
创新能力	根据项目实训报告的创新性，给出合理的分数	20
演讲沟通能力	根据课程汇报、项目汇报的演讲效果，观众反应等给出合理的分数	20
合计		100

六、实施效果与教学反思

大数据时代背景下财务机器人应用课程思政的实施需满足大数据与会计专业人才培养的思政要求，同时先进的教学手段和教学理念，在思政元素和知识内容的有机融合过程中也必不可少。另外，教师有责任和义务将"思政育人"的理念持续贯穿整个"财务机器人应用"课程教学过程中，围绕教学大纲及教学目标，将蕴含于专业知识的德育元素精准融合，弘扬社会主义核心价值观，传播新时代正能量，培养大数据与会计专业学生精湛的技术及爱岗敬业、团队协作、服务社会的情操和健全的人格，从而高质量完成立德树人任务，有效提高学生的专业竞争力、胜任力与自豪感，为国家培养德才兼备的复合型卓越财会人才奠定坚实基础。

"财务共享中心实训"课程思政教学案例

◎ 顾元超

一、课程概况

"财务共享中心实训"是专业实训环节中的重要一环，可作为集中性实践教学课程，也可作为集中性综合实践教学课程。该课程要求学生完成共享服务派单、共享服务作业、智能共享运营绩效服务、共享服务稽核、仿真商旅服务等实训项目。学生同时可以完成财务共享中心业务操作综合实训，以及教育部财务共享服务初、中、高三级"1+X"证书训练和考核。本课程实施中会使用用友新道生产性实训基地中为企业提供的按照统一流程、统一标准进行集中处理的真实业务场景的相关平台。

二、课程教学目标与思政育人要求

（一）人才培养地位

专业必修课。

（二）人才培养目标

培养理想信念坚定，德、智、体、美、劳全面发展，具有一定的科学文化水平，良好的人文素养、职业道德和创新意识，精益求精的工匠精神，较强的就业能力和可持续发展能力的人才。培养适应大数据、人工智能、云计算、区块链等现代信息技术快速发展需要，掌握会计、财务、审计、税务等知识和技能，面向制造业，租赁和商务服务业，金融业，居民服务、修理和其他服务业等领域，能够从事出纳、会计核算、融资、投资、风险控制、税务、管理、智能财务、共享财务、数据运营等工作岗位的复合型、创新型人才。

（三）在人才培养中对育人环节的支撑作用

通过本课程的学习，掌握财务共享的含义、类型及创建财务中心的过程，以及财务共享服务的规划与设计、费用共享、采购管理——应付共享、销售管理——应收共享、资金结算共享、财资管理、总账共享、财务共享——作业绩效、财务共享——作业稽核等内容，发挥课程教学过程中对育人环节的支撑作用。

1. 乐学善学

能正确认识和理解学习的价值，具有积极的学习态度和浓厚的学习兴趣；能养成良好的学习习惯，掌握适合自身的学习方法；能自主学习，具有终身学习的意识和能力。

2. 勤于反思

具有对自己的学习状态进行审视的意识和习惯，善于总结经验；能够根据不同情境和自身实际，选择或调整学习策略和方法。

3. 信息意识

能自觉、有效地获取、评估、鉴别、使用信息；具有数字化生存能力，主动适应"互联网+"等社会信息化发展趋势；具有网络伦理道德与信息安全意识。

4. 创新意识

对企业经营环境具有全面认识、评估和把握的能力；对于财务共享中心的管理有较好的理解和正确的认知；具备财务理念；具有解决问题的能力。

5. 劳动意识

尊重劳动，具有积极的劳动态度和良好的劳动习惯；具有动手操作能力，掌握一定的劳动技能；主动参加家务劳动、生产劳动、公益活动和社会实践，具有改进和创新劳动方式、提高劳动效率的意识；具有通过诚实合法劳动创造成功生活的意识和行动。

6. 问题解决

善于发现和提出问题，有解决问题的兴趣和热情；能依据特定情境和具体条件，选择制定合理的解决方案；具有在复杂环境中行动的能力。

7. 技术运用

理解技术与人类文明的有机联系，具有学习并掌握技术的兴趣和意愿；具有工程思维，能将创意和方案转化为有形物品，或对已有物品进行改进与优化等。

（四）本课程的课程思政教学的要点分解

通过掌握财务共享相关知识，能根据主客观条件因地制宜，准确规划企业财务共享的发展方向、目标、战略以及制定具体实施方案。

在内容育人方面，结合企业资金管理、费用报销、应收应付、总账、企业经营中绩效看板管理等内容，培养学生认真细致的工作作风，能够将会计职业精神与社会核心价值观有效结合。

在方法育人方面，通过项目教学法、情境教学法、角色扮演法等，将典型工作任务、实务经典案例融入课堂教学，帮助学生正确分工操作财务共享中心。

在实践育人方面，通过虚拟仿真实训、仿真工作环境等实践教学环节，帮助学生认知财务共享中心不同岗位的工作任务，培养学生服务企业管理、勇于创新的职业精神。

三、课程思政方案的整体设计

（一）教学内容

"财务共享中心实训"课程思政元素融入课程的整体设计见表1。

表1 "财务共享中心实训"课程思政元素融入课程的整体设计

章（模块）	知识目标	能力目标	思政目标	思政目标在本章节中的具体体现点和结合点	思政教育呈现内容	呈现形式	学习评价
财务共享服务的规划与设计	能够阐述财务共享服务的基本概念和理论。	培养团队合作精神，打好团队组织与协作基础。	财务共享联结了各方利益相关者，社会主体将关注人员技能的提升和效率的提高，对于企业而言，提高业绩和管理效能是一方面，促进数值化改革更是任重而道远。	财务共享联结了各方利益相关者，社会主体将关注人员技能的提升和效率的提高，对于企业而言，提高业绩和管理效能是一方面，促进数值化改革更是任重而道远。	与企业案例紧密结合，润物细无声，结合具体工作任务和工作场景，做到边做边学、边学边悟。	案例探究、互动、讲解、小组合作。	实训平台地址192.168.63.104:8080/rt
费用共享	了解费用共享基本流程。	设计优化差旅费用共享后流程；在NCC系统中进行构建测试。	费用报销审核需合理合法，杜绝侵占企业财产用于娱乐消费等情况的发生。	费用报销审核需合理合法，杜绝侵占企业财产用于娱乐消费等情况的发生。	与企业案例紧密结合，润物细无声，结合具体工作任务和工作场景，做到边做边学、边学边悟。	案例探究、互动、讲解、小组合作。	实训平台地址192.168.63.104:8080/rt

续表

章（模块）	知识目标	能力目标	思政目标	思政目标在本章节中的具体体现点和结合点	思政教育呈现内容	呈现形式	学习评价
采购管理——应付共享	了解采购管理——应付共享基本流程。	设计优化备品备件采购共享后流程；在NCC系统中进行构建测试。	分享案例，进行案例讨论；财务思维和经营思维一定要建立在爱国守法的基础之上。	分享案例，进行案例讨论；财务思维和经营思维一定要建立在爱国守法的基础之上。	与企业案例紧密结合，润物细无声，结合具体工作任务和工作场景，做到边做边学、边学边悟。	案例探究、互动、讲解、小组合作。	实训平台地址 192.168.63.104:8080/rt
销售管理——应收共享	了解销售管理——应收共享基本流程。	设计优化产成品共享后流程；在NCC系统中进行构建测试。	销售业务需遵从财务职业道德。作为管理层，不可将个人意志强加于财务人员。	销售业务需遵从财务职业道德。作为管理层，不可将个人意志强加于财务人员。	与企业案例紧密结合，润物细无声，结合具体工作任务和工作场景，做到边做边学、边学边悟。	案例探究、互动、讲解、小组合作。	实训平台地址 192.168.63.104:8080/rt
资金结算与财资管理	了解资金结算与财资管理共享流程。	设计共享后资金结算流程图；在用友NCC系统中将小组所设计的共享后资金结算流程进行配置及测试。	合理使用资金，不可未经审批使用资金，资金使用需严格按预算使用，涉及企业"三重一大"时更需把控关口。	合理使用资金，不可未经审批使用资金，资金使用需严格按预算使用，涉及企业"三重一大"时更需把控关口。	与企业案例紧密结合，润物细无声，结合具体工作任务和工作场景，做到边做边学、边学边悟。	案例探究、互动、讲解、小组合作。	实训平台地址 192.168.63.104:8080/rt
总账共享与共享绩效	了解总账共享与共享绩效基本业务流程。	实训报表编制与上报；在用友NCC系统中将小组所设计的共享后总账RPA应用业务流程进行配置及测试。	公平公正地依据数据进行评价和考核，不暗箱操作，依事实说话，提倡劳动教育和敬业精神，多做多得，少做少得，不做不得。	公平公正地依据数据进行评价和考核，不暗箱操作，依事实说话，提倡劳动教育和敬业精神，多做多得，少做少得，不做不得。	与企业案例紧密结合，润物细无声，结合具体工作任务和工作场景，做到边做边学、边学边悟。	案例探究、互动、讲解、小组合作。	实训平台地址 192.168.63.104:8080/rt

（二）考核方式

"财务共享中心实训"课程思政元素考核设计见表2。

表2 "财务共享中心实训"课程思政元素考核设计

序号	考核项目	分值比例	评分标准		过程性材料
			考核项目	分值（分）	
1	学习行为考核	20%	课堂签到	33.3	课堂表现成绩表
			平台学习次数	33.3	
			平台学习时间	33.3	
2	作业成果考核	30%	教师评价	50	实训材料
			小组互评	50	
3	平台测评考核	20%	阶段性测评考核	100	成绩统计表
4	实训成果考核	30%	实训报告	100	实训报告
	合计	100%	——		——

（三）课程思政评分标准

"五位一体"课程思政评分标准如下。

平台测评分：20%；

劳动合作分：30%；

课堂表现分：20%；

实训分析分：30%。

四、育人元素实施案例

育人元素实施案例见表3。

"财务共享中心实训"
课程思政教学案例

表3 "财务共享中心实训"课程育人元素实施案例

课程开设二级学院	会计学院	授课教师	顾元超
面向专业	会计专业	授课班级	财管20（1）
课程类别	□公共类课程　√专业类课程　□社会实践类课程			
育人教学目标	企业的财务共享环节环环相扣，作为审核人员当中的其中一环，自身工作的好坏与效率将影响整个团队的表现，需要小组成员之间通力合作，培养团队意识、服务意识，打好团队组织与协作的基础。			

续表

课程思政 教学重难点	学生普遍缺乏团队意识，对自身的工作使命和意义理解不到位。
教学方法	项目教学法、情境教学法、角色扮演法。
教学评价	（1）课程思政与学生的认知还需更加紧密； （2）课程思政内容可更加丰富； （3）结合日常生活案例进行教学； （4）小组合作、探讨、辩论使效果更上一层楼。
教学反思	（1）学生普遍缺乏团队意识，对自身的工作使命和意义理解不到位，应增加课前自学和课上引导； （2）增加学生调研环节，让他们更深入地理解企业的经营工作。

五、特色及创新

（1）团队协作，培养团队协作能力和团队责任感。团队协作打分图见图1。

图1 团队协作打分图

（2）团队分数和个人分数实时更新（见图2），团队成员能及时了解自己的薄弱项并改进。

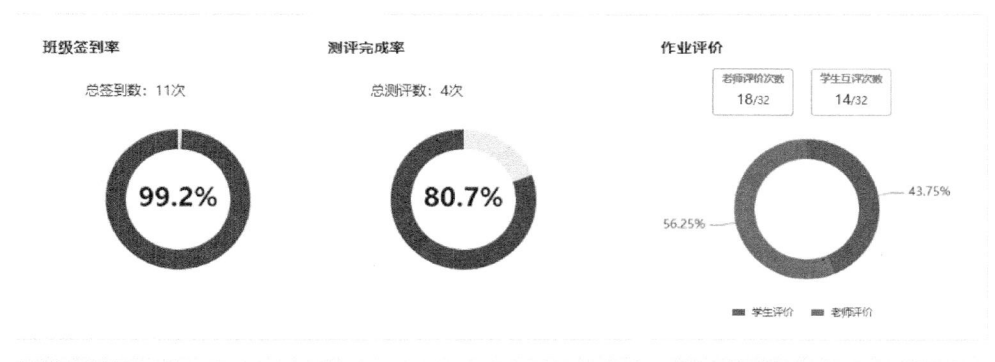

图2　团队后台分数面板

"财务大数据分析"课程思政教学案例

◎郭梦婷

一、课程概况

"财务大数据分析"是智慧财经专业群大数据与会计、大数据与财务管理、大数据与审计、财税大数据应用等专业的核心课程。本课程以智慧云平台为依托,以大数据分析通用流程为基础,以职业技能等级新标准为依据,以企业财务分析应用技术新变化为驱动,以理论和实际操作相结合,聚焦于财务大数据分析工具方法,根据企业实际工作任务和业务场景设计教学内容。其先修课程是"会计基础""财务会计""财务分析""财经大数据生产实训"等,后续课程有"智能财税综合实训""企业岗位实习"等课程。

本课程落实立德树人根本任务,满足大数据时代财经领域发展趋势对人才培养的要求,紧紧围绕高等职业教育财经类相关专业核心素养,按照大数据处理流程将数据采集、加工、分析与挖掘、数据可视化等最新技术和行业最新应用融入课程中。在教学内容设计中穿插财务案例与编程练习,通过将大数据技术工具与企业的财务分析理论相互融合,培养学生财务数据采集、数据预处理、数据可视化分析和数据洞察等能力,提升学生的数据素养、逻辑思维、创新意识和团队合作能力,为学生满足大数据财务分析岗位新技能要求提供有力支撑。

二、课程教学目标与思政育人要求

"财务大数据分析"课程教学目标与思政育人要求见表1。

表1 "财务大数据分析"课程教学目标与思政育人要求

教学模块	知识目标	技能目标	职业素养目标	思政育人要求
Python基础	(1)了解财务大数据的概念和发展趋势; (2)认识Python不同数据类型; (3)了解各类流程控制语句的定义和用法; (4)掌握Python各类函数的运用方法。	(1)掌握jupter notebook的基本使用方法; (2)学会Python各数据类型的常规操作; (3)掌握流程控制语句的应用; (4)能够利用Python常用内置函数编写简单程序。	(1)激发乐于接受新知识、迎接新挑战的创新意识; (2)培养学习新技术的兴趣和意愿,具有数字化生存能力,能主动适应"互联网+"等社会信息化发展趋势。	(1)向学生传递保持学习专业前沿知识的必要性,以及保持一定的职业敏感度的重要性; (2)在介绍课程导入时向学生讲解技术与人类文明的有机联系,引导学生正确把握专业发展前景,做好个人职业规划。

续表

教学模块	知识目标	技能目标	职业素养目标	思政育人要求
数据获取（爬虫）	（1）熟悉爬虫的含义、工作原理及流程；（2）了解 HTTP 协议及 URL；（3）掌握 Requests 库基本使用方法；（4）熟悉 Response 对象的重要属性。	（1）掌握 requests.get 方法的应用；（2）掌握数据保存的方法；（3）掌握 try expect 语句的应用；（4）能够采用网络爬虫技术获取外部网站上市公司财务数据和业务数据。	（1）塑造不畏艰难、迎难而上的进取精神；（2）培养爱岗敬业、严谨踏实的工作作风；（3）养成善于思考、主动提问、刻苦钻研的良好学习习惯。	（1）在讲解技能难点时向学生强调努力拼搏、积极进取的重要性，并教导学生养成耐心细致、刻苦钻研的科学精神；（2）面对复杂的爬虫知识，培养学生养成不耻下问的优秀传统美德。
数据处理（Pandas）	（1）认识 Pandas 起源——Numpy；（2）掌握直接筛选、条件筛选及 loc 索引器筛选等数据筛选方法及应用；（3）掌握各类数据清洗函数的应用；（4）掌握各类数据特征分析函数的应用；（5）熟悉 Pandas 各类其他函数的定义和原理。	（1）掌握 Numpy、Pandas 数据类型及常用函数；（2）能够利用各类数据筛选方法获得目标数据；（3）能够对数据重复值、缺失值等异常进行处理；（4）能够对数据进行排序、统计及描述性统计分析；（5）能够理解 Pandas 各类其他函数的应用方法。	（1）培养爱国主义情怀，树立文化自信，激发民族自豪感；（2）具备科学严谨的学术精神；（3）坚守学术道德和科研伦理，践行学术规范。	（1）介绍我国历史上关于数字逻辑理论的研究历程和文明成果，激发学生的民族自豪感；（2）讲述数据处理基本原理时，引导学生从中提取出科学的逻辑思维方式，并鼓励学生将其应用于生活和学习中；（3）通过数据不当处理的反面案例，向学生传达遵守职业操守，坚守学术诚信和道德的重要性。
数据可视化（Matplotlib & Pyecharts）	（1）认识 Matplotlib 及 Pandas 作图函数——plot；（2）了解 Pyecharts 初、高级应用方法；（3）掌握 Pyecharts 初级应用方法。	（1）掌握 Matplotlib.pyplot 库；（2）能够利用 Matplotlib 进行简单的数据可视化绘图；（3）能够掌握 Pyecharts 初级应用进行简单绘图的方法。	（1）具备开拓进取、敢为人先的创新意识；（2）培育探索新知、挑战权威的批判精神；（3）培养爱岗敬业、精益求精、专注的工匠精神。	（1）在数据可视化绘图教学时，鼓励学生不因循守旧，大胆按照自己的想法进行创作；（2）要求学生纠正已有绘图示例的不当之处，以培养其批判精神；（3）要求每位学生竭尽所能动手绘图，以培养敬业、精益、专注的工匠精神。

续表

教学模块	知识目标	技能目标	职业素养目标	思政育人要求
实际案例演练	掌握运用实践平台对大数据财务分析实际案例进行操作演练的方法。	能够在实际案例背景下，完成企业数据采集、企业财务报表分析、行业竞争力分析、竞争数据分析和数据可视化的各项任务要求。	（1）具备团队合作意识，发扬和谐、友好、互助的团队合作精神；（2）具备责任担当意识，能明辨是非，具有规则与法治意识，积极履行公民义务，理性行使公民权利。	（1）通过分组演练，强化学生的团队合作意识，培养学生的领导组织能力，提升其沟通技能；（2）在分配任务时，引导学生强化责任担当意识，勇于承担起时代所赋予的历史使命和责任。

三、课程思政方案的整体设计

"财务大数据分析"课程思政元素融入课程的整体设计见表2。

表2 "财务大数据分析"课程思政元素融入课程的整体设计

序号	教学内容		课程思政育人目标	教学方法
1	Python基础	财务大数据分析环境准备	引导学生正确认识专业发展前景，树立远大理想和明确目标，做好个人职业规划。	讨论启发法：在介绍课程时和学生共同讨论备受关注的财会类专业的发展前景和就业趋势，教育和引导学生树立远大理想，积极做好个人职业生涯规划，并为之努力奋斗。
		Python数据类型及高级数据类型	培养学生主动学习新技术、新知识，接受新事物，迎接新挑战的兴趣和意愿。	举例阐释法：在讲解Python新知识时，通过举例和引用名人成功的案例，让学生明白学习新知识、新技术的重要性，激发其主动接受新事物的意愿。
		Python流程控制语句	培养学生善于思考、主动提问的良好学习习惯，培养学生刻苦钻研、艰苦奋斗的学习精神。	行为示范法：教学中引入难题，教师以身示范，和学生共同探讨进行解决，培养学生善于思考、主动提问的学习习惯，激发学生刻苦钻研、艰苦奋斗的学习精神。
		Python函数及高级函数	帮助学生理解技术与人类文明的有机联系，培养学生的大数据思维意识，能正确认识自身学习的意义。	理论讲授法：向学生讲述Python技术的发展和应用，帮助学生对大数据的特征和结构作进一步了解，帮助其树立大数据思维，帮助其正确理解学习的目的和意义。

续表

序号	教学内容		课程思政育人目标	教学方法
2	数据获取（爬虫）	了解爬虫	培养学生不畏艰难、迎难而上的进取精神，激发岗位热情，培养爱岗敬业、严谨踏实的工作作风。	头脑风暴法：介绍数据获取工具爬虫时，引入开放式的问题，让学生自由联想和讨论，培养学生不畏艰难、迎难而上的进取精神；激发学生对爬虫的学习兴趣，培养其爱岗敬业、严谨踏实的工作作风。
		运用爬虫工具获取数据	让学生明白熟能生巧、勤能补拙的重要性，养成勤加练习、刻苦钻研的良好学习习惯。	实操演练法：在讲解运用爬虫工具获取数据时，设立实操环节来巩固理论学习，通过反复的练习让学生体会熟能生巧的重要性，引导其养成勤加练习、刻苦钻研的学习习惯。
3	数据处理（Pandas）	数据筛选查询	培养学生的爱国主义情怀，树立文化自信，激发民族自豪感。	理论讲授法：在讲述数据处理时，介绍我国信息技术和大数据发展的历程和先进成果，激发学生的爱国主义情怀及民族自豪感。
		数据清洗	培养学生理性思考问题方式，以及科学的逻辑思考习惯。	理论讲授法：讲述数据清洗基本原理时，引导学生从中提取出科学的逻辑思维方式，并鼓励其应用于生活和学习中。
		数据特征分析	培养学生科学严谨的学术精神，告诫学生务必诚实守信，坚守学术道德和科研伦理，践行学术规范。	案例教学法：在讲解数据透视业务时，适当引入学术不端、科研道德败坏的真实反面案例，引导学生树立诚实守信的学术品质，坚守科研伦理，践行学术规范。
		数据分组聚合		
		数据透视		
4	数据可视化	Matplotlib	激发学生开拓进取、敢为人先的创新意识；培育学生探索新知、挑战权威的批判精神。	游戏教学法：通过创设教师做题、学生纠错的课堂小游戏，使学生敢于探索新知，激发其挑战权威的批判精神。
		Pyecharts	引导学生重视动手能力的锻炼，培养学生敬业、精益、专注的工匠精神。	情景教学法：通过设立模拟工作场景，让学生利用所学内容自己动手进行财务大数据可视化绘图，强调动手能力的重要性，培养其精益、专注的工匠精神。
5	实战演练	实际案例演练	强化学生的团队合作意识，培养学生的领导组织能力，提升其沟通技能；强化责任担当意识，鼓励学生勇于承担起时代所赋予的历史使命和责任，继承"以民为本""天下为公"的优秀传统。	任务驱动法：通过分组合作实操演练任务，强化学生的团队合作意识，培养学生的领导组织能力，提升其沟通技能；将任务完成难度调整为阶梯式上升，引导学生强化责任担当意识，勇于承担起时代所赋予的历史使命和责任，继承"以民为本""天下为公"的优秀传统。

四、育人元素实施案例

（一）互动式教学示例

1. 思政教学设计

在讲解数据获取（爬虫）的教学内容时，运用师生互动的教学方法。首先，向学生展示我国信息技术和大数据发展的历程和先进成果，并让学生展开讨论，在培养学生数据素养、数据思维的同时，激发学生的爱国主义情怀及民族自豪感。其次，在讲解数据获取工具（爬虫）时，引入开放式的问题，让学生自由联想和讨论，并解答他们的疑问。在互动讨论的过程中，培养学生不畏艰难、迎难而上的进取精神，培养爱岗敬业、严谨踏实的工作作风。再次，组织并创设教师做题、学生纠错的课堂小游戏。在巩固知识难点的同时，活跃课堂氛围，使学生敢于探索新知，激发其挑战权威的批判精神。最后，教师演示函数公式的设置及应用方法，并提示要点和难点，让学生对照操作云平台进行强化理解，通过反复练习让学生体会熟能生巧的重要性，引导其养成勤加练习、刻苦钻研的学习习惯。

2. 课堂组织实施

互动式教学示例课堂组织实施见表3。

表3　互动式教学示例课堂组织实施

序号	角色	教学活动	教学目的
1	学生	观看课件《中国信息技术和大数据的发展历程》，并展开讨论。	学生在了解大数据理论发展的同时，激发爱国主义情怀及民族自豪感。
2	教师	讲解数据获取工具（爬虫）时，引入开放式的问题，让学生自由联想和讨论，教师解答疑问。	塑造学生不畏艰难、迎难而上的进取精神，激发岗位热情，培养爱岗敬业、严谨踏实的工作作风。
3	教师	组织并创设教师做题、学生纠错的课堂小游戏。	吸引学生关注，活跃课堂氛围，并通过纠错培养学生探索新知的勇气，激发其挑战权威的批判精神。
4	学生	根据教师指令参与课堂小游戏。	
5	教师	现场演示数据获取函数的公式设置及应用方法，强调操作流程，提示要点和难点。	通过反复练习让学生体会熟能生巧的重要性，引导其养成勤加练习、刻苦钻研的学习习惯。
	学生	对照操作云平台进行强化理解，进行自我总结和巩固。	

（二）任务式教学示例

1. 思政教学设计

在课程的实训内容中引入实际案例演练，以职业技能目标为引领，要求学生小组以任务为核心,协作完成大数据财务分析报告。首先,将学生进行分组,并分配小组内的个人角色,加强学生间的沟通合作。其次,以团队合作的形式逐一完成任务,充分调动学生学习的主观能动性,增强学生团队协作能力,培养创新思维。最后,通过小组完成的财务分析和预测结果,让学生在掌握财税风险点的同时增强风险意识,在生活中有准备、有规划,科学合理地安排自己的学习计划。

2. 课堂组织实施

课堂组织实施见表4。

表4 课堂组织实施

序号	角色	教学活动	教学目的
1	学生	完成组队,分配个人组内角色。	加强学生间的沟通合作。
2	教师	发布实战演练的案例任务,要求学生以小组为单位自主完成。	调动学生学习的主观能动性,增强学生的团队协作能力,培养创新思维。
3	学生	根据教师布置的任务,结合所学进行实操演练。	对前面所学"财务大数据分析"课程内容进行实操训练,以复习巩固专业技能点,帮助实现课堂知识技能目标,培养学生独立思考和动手操作能力。
4	教师	进行辅助指导和点拨。	对学生自主探究活动中遇到的问题予以及时点拨和解决,帮助总结操作规律和技巧,培养学生耐心细致的学习态度,提升其解决问题的能力。
5	教师	进行要点归纳与成果评价表彰。	总结学生出现的常见操作问题,提出解决方案。通过成果评比和表彰对学生的优异表现进行肯定,提升学生的自信心,培养其坚韧不拔、刻苦钻研的学习品质。

五、特色及创新

本课程按照"分析专业课程结构—拟定课程思政建设目标—挖掘提炼课程思政元素"的逻辑步骤和路径,探索高职会计专业课程思政建设,形成"财务大数据分析"的思政建设实例。通过任务驱动、场景模拟、角色代入、游戏组织、小组讨论、政策解读等丰富的课堂活动进行思政元素的课堂渗透。在保障课堂教学质量和教学效果的前提下,充分利用第一、第二课堂活动,深入研究思政融入途径与方法,拓宽思政教育内容供给与路径,实现"思政点—思政线—思政面—思政体"的思政教育系统搭建,形成符合课程特征的思政育人体系。

本课程思政实施的创新之处在于,根据专业课程内容挖掘新的思政育人元素。在教学过程中结合丰富的教学方法和手段，以教师点拨提示作为思政元素引入点，学生动手操作为课堂任务主线，同时，教师随时关注和学习各项最新思想引领指导文件，结合社会热点和学生情况适时对课程的教学活动及内容进行调整，做到因时而进、因势而新、因材施教，始终保持课程思政的引领性、时代性和针对性。以培育学生的爱岗敬业精神为出发点，结合企业实际岗位需求和具体工作流程，在教学实践内容的各个环节挖掘思政教育元素，增强学生的专业自信。

六、实施效果与教学反思

（一）教师思政育人目标实现情况

"财务大数据分析"课程思政的建设富有成效，教学质量评价良好。教师在授课过程中，结合思政育人案例或德育故事深入浅出地加以引导，实现了德育内容与知识理论的科学紧密结合，学生作业质量明显提升。在活动中要求学生团队合作、分工明确、互相促进，学生的服务意识和团队精神大大增强。在教学过程中，通过课程思政教学，充分挖掘课程中蕴含的思政育人元素，将显性课程的知识传播、能力培养和隐性教育的品格培养相结合，把立德树人内涵贯彻于科学文化知识教学之中。学生通过学习本课程培养了职业道德意识、树立了正确的价值导向、养成了良好的文明行为习惯、塑造了健康的心理品质。

（二）学生课堂收获与反馈情况

在教学过程中，课堂气氛热烈融洽，学生学习热情高涨，教学反馈理想。在课堂讨论环节积极撰写发言提纲、制作个人笔记，课后主动利用学习平台进行课外拓展知识点的学习和训练。课后调研结果显示，学生普遍反映受益匪浅，在学习了财会专业前沿理论知识和技能水平的基础上，培养了吃苦耐劳、坚韧不屈的精神，塑造了爱岗敬业、精益求精的品格，提升了大数据思维和科学逻辑素养，树立了正确的职业理想、职业观和择业观。在课堂小游戏及团队任务活动中，提升了学生沟通交流、团队协作、适应社会的能力。

（三）改进途径与方法反思

"财务大数据分析"是一门新课，代码编写等信息技术知识对于传统财会专业的学生而言稍有难度，由于课堂重心主要放在专业知识的讲解和学生的实际操作上，因此，存在思政元素的挖掘不够深入、职业素养目标的植入不够全面、思政育人的方法不够多样等不足，与立德树人目标的实现尚有差距。

在今后的教学实践过程中，任课教师需加强对本课程专业知识的学习拓展，增强理论前沿知识储备，提升自身专业技能水平。在稳固教学基础的前提下，深入挖掘更多思政育人元素，并运用更多新颖的教学方式和教学活动进行教学植入。同时，结合时事政治以及学生关心的生活事件，以学生更容易接受的方式进行课程思政教学，使思政育人的渠道更丰富，效果更理想。

审计与税收类

"审计实务"课程思政教学案例

◎ 安　娜

一、课程概况

"审计实务"课程是高等职业院校大数据与会计专业的专业课程,其作用在于培养学生制订审计策略,制订各项财务报表项目的具体审计计划,实施风险评估程序、控制测试和实质性程序,撰写审计报告的能力。

本课程为校级精品资源共享课程,是浙江省高等学校在线开放课程第三批建设项目。通过以项目为单元的教学活动,使学生掌握财务报表审计的基本知识和基本技能,能解决审计初步业务活动、风险评估、内部控制测试、实质性测试、报告过程中的实际问题,能完成审计助理岗位的工作任务。

本课程以"财务会计""中级会计实务""企业纳税实务""成本核算与管理"等课程的学习为基础,同时与顶岗实习、毕业设计等课程相衔接,共同培养学生的职业拓展能力。

二、课程教学目标与思政育人要求

"审计实务"课程教学目标见表1。

表1 "审计实务"课程教学目标

项目（模块）	知识目标	技能目标	职业素养目标
项目一　认识审计	了解审计法规规定及有关职业道德知识。	能遵守注册会计师审计准则的规定进行执业。	养成爱岗、敬业、法治、诚信的素质。
项目二　承接业务委托	理解审计目标、审计重要性及审计风险。	能通过小组协作运用风险导向审计理念完成审计计划阶段风险判定任务。	养成良好的职业品质和职业道德素养。

续表

项目（模块）	知识目标	技能目标	职业素养目标
项目三 计划审计工作	掌握审计计划阶段流程。	能编制审计计划工作底稿。	培养强烈的社会责任感及团队精神。
项目四 实施风险评估程序	掌握风险评估与应对程序。	能编制风险评估与应对工作底稿。	养成敬业、精益、专注和创新的工匠精神。
项目五至项目九 业务循环审计测试	掌握各业务循环控制测试、实质性程序工作流程。	能通过小组协作对各业务循环执行实质性程序，编制相应审计工作底稿，并得出正确审计结论。	养成严谨、诚信的职业品质。
项目十 出具审计报告	掌握汇总审计差异、编制试算平衡表的基本方法，理解各种审计报告意见类型。	通过小组协作整理分析所获取的审计证据及编制的工作底稿，撰写审计报告。	养成良好的职业操守，团队精神、协作精神。

本课程的思政育人原则是在教学中坚持以马克思主义为指导，加快构建中国特色哲学社会科学学科体系、学术体系、话语体系。帮助学生了解相关专业和行业领域的国家战略、法律法规和相关政策，引导学生深入社会实践、关注现实问题，培育学生经世济民、诚信服务、德法兼修的职业素养。

三、课程思政方案的整体设计

"审计实务"课程思政元素融入课程的整体设计见表2。

表2 "审计实务"课程思政元素融入课程的整体设计

序号	教学内容	课程思政育人目标	教学方法
1	通过观看注册会计师违反职业道德的相关新闻视频，帮助学生树立爱岗、敬业、法治、诚信的价值观。	社会主义核心价值观传递：爱岗、敬业、法治、诚信。	生讲生评。
2	（1）讲解"绿大地舞弊案"，了解被审计单位及其环境并评估重大错报风险，进行法治、诚信教育； （2）确定重要性水平与识别审计风险，通过"蓝田股份舞弊案"，进行法治、诚信教育。	具有独立、客观、公正的审计意识，严谨、诚信的职业品质和良好的职业道德修养。	案例点评、以练代讲。
3	（1）通过实操审计计划阶段全流程工作要点，培养学生踏实的工作作风及良好的职业操守； （2）通过小组分工编制工作底稿，培养学生团队协作能力。	具有强烈的社会责任感、团队精神、协作精神。	边讲边练、平行互动。

续表

序号	教学内容	课程思政育人目标	教学方法
4	（1）介绍我国内部控制起源，以及《周礼》记载的西周时期官厅组织结构及司会职责、秦朝上计制度和御史检查制度、宋朝知府与通判联署制度等，弘扬传统文化； （2）掌握穿行测试、符合性测试原理，执行五大业务循环内控测试，实务操作数据繁多、量大，培养学生精益求精的工匠精神。	具有制度自信、文化自信；具有敬业、精益、专注和创新的工匠精神。	项目探究、生问生答。
5	（1）通过"安然事件""獐子岛财务造假案"等案例，了解财务造假的严重后果，培养学生良好的职业操守； （2）掌握五大业务循环实质性程序原理，执行五大业务循环实质性程序，实务操作数据繁多、量大，培养学生精益求精的工匠精神。	具有严谨、诚信的职业品质和良好的职业道德修养；具有敬业、精益、专注和创新的工匠精神。	案例点评、研讨辩论。
6	结合真实的上市公司年报，学生独立对所有编制的工作底稿、审计证据等进行归档并根据前期审计结论给出审计意见，培养学生良好的职业操守，踏实肯干的工作作风，精益求精的工匠精神。	具有良好的职业操守；具有团队精神、协作精神；踏实的工作作风和精益求精的工匠精神。	边讲边练、边练边评。

四、育人元素实施案例

（一）课程思政环节的组织实施

在讲"审计独立性"这个知识点之前，笔者会布置"安然事件"这个题目给学生，3～4名学生组成一组，需要完成安然公司的背景介绍，安然事件发生的过程、原因以及该事件对会计审计行业的影响，制作成PPT，利用课前10分钟为全班同学演示。

在学生讲完案例之后，笔者会做进一步的分析，引导学生思考以下问题：
（1）在对上市公司监管如此严格的美国，为什么会发生震惊世界的会计造假案件？
（2）如果审计人员没有恪守职业道德准则，无底线地为自己谋利，会造成什么后果？
（3）会计造假会给社会造成什么危害？
学生经过分析和思考，会发现：
（1）即便在发达国家，也有监管不到位的情况。
（2）会计人员和审计人员都要爱岗敬业、遵纪守法、恪守职业道德，做好本职工作。
（3）会计、审计岗位对社会经济非常重要，相关从业人员一定要诚实守信，按照准则工作。

（二）课程思政的教案设计

课程思政的教案设计见表3。

表 3　课程思政的教案设计

课程开设二级学院	会计学院	授课教师	安娜
面向专业	大数据与会计	授课班级	会计 191–1910
课程类别	□公共类课程　√专业类课程　□社会实践类课程		
育人教学目标	帮助学生了解相关专业和行业领域的国家战略、法律法规和相关政策，引导学生深入社会实践、关注现实问题，培养学生经世济民、诚信服务、德法兼修的职业素养。		
课程思政教学重难点	将思政元素融入课程教学，目的是有效提升育人水平，强行将一些思政教育的内容嫁接到专业课教学中，牵强附会，容易造成思政元素与专业知识"两张皮"，效果会适得其反。一堂课、一个教学环节到底融入多少思政元素合适？现实生活中，道德规范、哲学原理、做人道理无处不在，许多事情都能与专业育人联系起来，但并非越多越好，妙在得当。思政元素在专业课程教学中运用恰当、适量，在紧要处起到画龙点睛的作用，才能达到理想的效果。		
教学方法和举措	推行项目化教学、案例教学、情境教学、研讨式教学等多种教学方法在课程思政教学过程中的应用，重点在于各种教学方法的综合运用与发展，结合"审计实务"课程的自身特色及教师的教学风格，使课程的项目化教学、案例教学、情境教学等教学方法在运用时更加成熟、更加有效。		
教学评价	评价内容包括：学生基于专业角度的思想政治素养发展状态、轨迹及存在的问题（课程思政之"学"的情况），课程思政教学设计、实施、支持、效能等方面的具体情况及存在的问题（课程思政之"教"的情况），课程思政在目标设计、内容供给、制度机制等方面的情况及存在的问题，进而实现以评促建、以评促改、以评促发展的目标。		
教学反思	（1）注意内容安排的层层递进； （2）结合近期的、生活中的案例授课，使学生更易理解； （3）注意实务案例讲解的细致化、条理化和全面化。		

五、特色及创新

当今社会正处于飞速发展的阶段，对审计课程的要求也越来越高。在大数据与传统审计方式的碰撞和结合下，仅仅重视专业技能和理论知识的培养已经无法跟上时代的发展。"审计实务"课程的能力目标中指出，要培养具备审计专业知识、良好的职业素养和创新能力的应用型人才。因此，面对市场的挑战和教学的改革，培养专业技能与职业素养相融合的审计人才刻不容缓，思政元素的引入有利于审计课程质量的提升。

在审计的实践工作中，既要求工作合法合规，也要求审计人员具有诚信、客观公正等职业道德素养。社会主义核心价值观包含平等、公正、法治、诚信、友善。可见，社会主义核心价值观与审计的职业道德素养是高度吻合的。本课程将社会主义核心价值观融入审计课堂，有利于培养学生的社会责任感和职业精神。

六、实施效果与教学反思

本课程将人才培养效果作为课程思政建设评价的首要标准。通过近三年课程思政的开展，人才培养质量明显提升。在未来的教学中，本课程教师将继续秉持科学谨慎的态度，在战略上高度重视，在战术上审慎推进，采取系统整体的方案，深刻把握教书育人规律和学生成长规律，着眼于学生培养的总成效和学校"三全育人"的大效果来评价课程思政建设的效果。

"内部控制"课程思政教学案例

◎孙 博

一、课程概况

"内部控制"课程是大数据与财务管理专业的核心课程，是理实一体化课程。本课程设计融合了职业院校推行的"会计技能职业技能大赛"中涉及的相关内容。本课程是为培养学生掌握内部控制设计、评价与审计的理论知识和应用能力，形成风险管理意识与能力而设置。本课程共分为内部控制基础、内部环境、风险评估、控制活动、信息与沟通、内部监督、业务层面内部控制、内部控制评价、内部控制审计9个单元，课程内容的选取综合考虑了大数据、人工智能、移动互联网、云计算、区块链等现代信息技术带来的企业内部控制设计、评价与审计，以及由此带来的风险管理方法的变化。通过学习，可以培养学生充分认识内部控制与风险管理的基础知识和基本技能。本课程的先修课程是"会计基础""企业财务会计"等课程。

二、课程教学目标与思政育人要求

"内部控制"课程的任务是全面贯彻党的教育方针，落实立德树人根本任务，满足现代信息技术飞速发展背景下企业风险管理创新对人才培养的要求。围绕高等职业教育财务会计类相关专业核心素养，采用讲练结合法、任务驱动法、小组合作法、案例教学法等多种教学方法，以学生为本、理实结合、工学结合、教学做一体化、能力与素质培养相统一的现代高职教育理念，引导学生通过内部控制与风险管理知识与技能的学习，紧密联系企业内部控制制度设计、内部控制评价、内部控制审计的实际工作，培养学生的风险管理意识，提升学生的职业能力。

三、课程思政方案的整体设计

"内部控制"课程思政元素融入课程的整体设计见表1。

表1 "内部控制"课程思政元素融入课程的整体设计

序号	教学内容	课程思政育人目标	教学方法
1	内部控制基础	我国推行内部控制制度建设时,需要坚定拥护中国共产党的领导和社会主义制度,在习近平新时代中国特色社会主义思想指引下,践行社会主义核心价值观,培养学生深厚的爱国情怀和民族自豪感。	通过对我国内部控制制度建设的讲解,学生能够正确辨识我国在企业、事业、行政单位推行内部控制规范的意义,培养学生的法治意识和爱岗敬业的精神。
2	内部环境	通过对内部环境的学习,引导学生遵纪守法、诚实守信,恪守道德准则和行为规范,具有社会责任感和社会参与意识。	通过组织架构与风险控制的讲解,明确科学合理设计组织架构是组织高效运行、员工爱岗敬业的基础,培养学生爱岗敬业的意识。同时,引导学生关注我国宏观经济的发展,增强爱国情怀。 通过企业文化的讲解与分析,引导和培养学生的爱国文化、人本文化、诚信文化。
3	风险评估	通过对风险识别、风险分析和风险应对的学习,引导学生遵纪守法、诚实守信,具有社会责任感和社会参与意识。	引导学生正确辨识引起风险的内部和外部因素,并采用有效的方法进行识别,培养学生客观公正的辨别能力和遵纪守法的工作态度。
4	控制活动	在习近平新时代中国特色社会主义思想指引下,践行社会主义核心价值观,培养学生深厚的爱国情怀。引导学生遵纪守法、诚实守信,恪守道德准则和行为规范,具有社会责任感和社会参与意识。	明确授权审批对防止错弊的重要性,培养学生严谨细致的工作态度。 正确辨识会计系统控制对于会计信息真实准确的必要性,培养学生的责任意识。 明确企业利用大数据进行运营分析不应侵犯公民隐私,引导学生树立遵纪守法的意识。
5	信息与沟通	引导学生遵纪守法、诚实守信,恪守道德准则和行为规范,具有社会责任感和社会参与意识。	明确信息传递对企业安全管理的作用,培养学生的创新能力。
6	内部监督	引导学生遵纪守法、诚实守信,恪守道德准则和行为规范。	明确内部监督体系对企业内部控制的作用,培养学生严谨的工作态度。 合理选择正确的监督方法减少内部控制的缺陷,防止舞弊行为的发生,培养学生遵纪守法的工作意识。

续表

序号	教学内容	课程思政育人目标	教学方法
7	业务层面内部控制	培养学生的安全意识、数据素养、工匠精神和创新思维。	对企业资金活动、采购业务、存货与固定资产管理、销售业务、工程项目、担保业务、财务报告和业务外包进行风险控制设计。
8	内部控制评价	引导学生遵纪守法、诚实守信、恪守道德准则和行为规范，具有社会责任感。	正确辨识内部控制评价对于防止内部舞弊的必要性，培养学生严谨的工作态度。明确内部控制缺陷认定对防止资产流失的重要性，培养学生诚实守信的工作态度。
9	内部控制审计	引导学生遵纪守法、诚实守信、恪守道德准则和行为规范，具有社会责任感。	明确内部控制审计对防止错弊的作用，培养学生严谨的工作态度。明确内部控制审计对企业有序运营的重要性，引导学生养成遵纪守法的意识。

四、育人元素实施案例

在教学过程中，应从学生实际出发，因材施教，采用讲练结合法、任务驱动法、小组合作法、案例教学法等教学方法，做学教合一，充分启发学生的科学思维能力，极大提高学生的操作技能。

学生初次接触内部控制基础知识，要帮助学生形成逻辑性整理思维，授课时要突出重点，边讲边练，互动教学。使用任务驱动法，以教学平台、企业内部控制实训平台为依托，进行专项模拟训练。通过视频、远程、微课等手段，突破时间、空间上的限制，多渠道学习，提高教学效率与效果，有效地培养学生的工作能力。同时，在教学过程中，在每一单元结束后设置相关内容的实践课，采取模拟场景的方式，及时将教学内容同业务实践联系起来，通过学生分组讨论、训练互动，学生提问与教师解答、指导有机结合，培养学生的团队合作精神。

此外，在教学过程中，突出案例教学。运用案例教学法的案例演示能够较好地引导课程内容的展开，激发学生的学习兴趣；通过对案例的分析能够较好地促进学生的思考，加深对理论知识的理解。运用案例教学法授课能达到普通说教无法达到的效果。将传授式、讨论式和案例式教学相结合，并突出案例教学，引导学生综合运用所学知识解决实际问题，从而培养学生分析问题和解决问题的能力。

采用线上 SPOC 教学，学生可灵活利用手机、电脑等终端自由选择时间、地点、内容进行学习；教师可在后台进行各种操作，自主匹配教学计划，实时答疑。学生实名注册，学习情况是可视化的，教师可随时了解每位学生的视频观看个数、次数、时长，作业、测验、考试和参与讨论的记录等，方便课堂管理，满足了对课堂实时监控的需要。

五、特色及创新

在开设"内部控制"课程时可以提供具体企业数据资料作为实践模拟材料，师生共同讨论相关业务循环，然后选择重要的业务单元作为实践模拟对象，要求学生在课后设计相应的控制要点与控制流程。在讲授内部控制的过程中，针对具体内容让学生结合实际调查情况进行课堂交流，师生之间通过共同讨论分析，对先前提交的初步评价报告进行修改、补充与完善，对企业内部控制制度提出更为深入的改进建议。在结束"内部控制"课程之后，针对专业培养计划中的"毕业实习"部分，学生可以结合实习企业的具体情况，评价当前企业的内部控制流程，对其控制弱点设计内部控制制度，这样可以充分提高学生的实务操作能力与知识综合应用能力。授课之后利用"课程方案设计"与"毕业实习"对内部控制技术进行实践训练。

六、实施效果与教学反思

"内部控制"课程难度较大，学生理解较为困难。在教学过程中，可以将真实的工作场景或案例通过表演小品、播放视频、游戏模拟等形式展开。例如，教师可以事先选择内部控制的经典失败案例，结合"内部控制"课程的相关知识点编写案例剧本，并设计各种桥段和多种可能的结果，然后组织学生排练小品或拍摄视频。在课堂上通过表演小品或播放视频再现案例场景，通过事先设计的桥段提出内部控制知识点的相关问题，由学生分组讨论。

"税收基础"课程思政教学案例
◎孙成龙

一、课程概况

（一）课程内容概述

依法纳税是每个公民的责任和担当，"税收基础"课程从税收基本理论出发，讲解企业和个人常见税种的计税规定。通过具体的业务案例，明确税费计算的方法，介绍常见税种的纳税申报方法，提升学生的财税职业素养。

税收是国家财政收入的主要来源，税收来源于企业和个人生产经营所得，企业和个人依法纳税，国家财政收入才能得到有效供给。通过本课程的学习，学生将明确企业和个人的纳税义务和责任，掌握税费计算和申报的方法，理解企业和个人的依法纳税会带动社会的进步、助推国家的发展。

（二）在专业人才培养方案中的地位和作用

本课程作为大数据与会计专业的核心课程，对于培养高素质技术技能财经人才具有重要意义。在人才培养中，积极贯彻党的教育方针，遵循学校把立德树人作为教书育人中心环节的指导原则，坚持课程思政贯穿于课程教育教学全过程。通过本课程的学习，使学生掌握税收相关规定，明确税收是国家财政收入的主要来源，理解税收取之于民、用之于民、造福于民，依法纳税是每个公民的法定义务，具备良好的职业道德和敬业精神，提高团队合作能力。

（三）在人才培养中对育人环节的支撑作用

税收来源于人民，服务于人民。大到国家建设，小到家庭生活，税收都在发挥作用。《宪法》第五十六条规定："中华人民共和国公民有依照法律纳税的义务。"了解税法知识，掌握税费计算和筹划方法，可以提升大学生依法纳税的意识。遵章纳税、遵纪守法，对于增强大学生的社会责任感，培养大学生有担当、讲诚信的品质具有重要的作用，对于大学生未来的职业发展，以及成为合格的社会主义建设者具有深远的意义。

（四）本课程课程思政教学的要点分解

掌握企业和个人的常见税种，比如增值税、企业所得税、个人所得税、房产税、土地增值税、契税等税费的计算和筹划。通过学习税法，了解征税管理规定，明确企业和个人的纳税义务，自觉履行纳税责任，实现依法纳税。依托课程教学标准融入课程思政，进行一体化设计，课前注重让学生去了解相关税收法律的历史和实质，以及开征相关税种的目的，让学生知道"是什么"，引导学生积极思考；课中在知识讲解和技能训练中，结合内容深挖社会主义核心价值观、五大发展理念等的实质，让学生明确"为什么"；课后让学生实地调研或在网上调研税种开征后某个行业或地区的发展变化，让学生感受到"怎么样"，将思政元素渗透于教学的各个环节，在潜移默化中实现专业知识、职业能力和思想素质的共同提升，促进学生的全面发展。

二、课程教学目标与思政育人要求

（一）"税收基础"课程教学目标

"税收基础"课程教学目标见表1。

表1 "税收基础"课程教学目标

序号	课程项目	课程任务	知识目标	技能目标	职业素养目标
1	纳税工作流程认知	税收的基本认知，税收分类和发票管理	（1）理解税收的概念和特点，掌握税法的构成要素；（2）了解税收分类方式，明确我国现行税制体系；（3）掌握增值税发票开具的规定。	（1）能够依法进行各类涉税事务登记；（2）会依法领购发票；（3）能够区分不同税种的差异；（4）认识企业纳税工作基本流程。	（1）培养爱岗敬业、诚实守信、服务群众、奉献社会的职业道德品质；（2）树立耐心谨慎、严谨细致、精益求精的工作作风；（3）培养法制意识、文明意识和公德意识，树立依法纳税、按时纳税的理念；（4）提升学生对国家增值税新政策的关心度，培养学生为民谋福祉的优秀思想品质。
2	增值税计算与申报	任务一：增值税的基本认知	（1）理解增值税的基本原理；（2）区分增值税纳税人与扣缴义务人；（3）明确增值税的征税范围；（4）理解并掌握税率和征收率。	（1）能充分认识增值税的特征；（2）能合理判定增值税纳税人的身份；（3）能合理确定增值税所属的征税范围。	（1）培养学生的爱国主义情怀，增强理论自信和文化自信；（2）树立耐心谨慎、严谨细致、精益求精的工作作风；（3）塑造爱岗敬业、诚实守信、服务群众、奉献社会的职业道德品质；（4）培养依法纳税的法制意识、文明意识和社会公德意识；（5）提升学生对国家增值税新政策的关心度，对增值税工作的认同感、责任感与使命感。

续表

序号	课程项目	课程任务	知识目标	技能目标	职业素养目标
2	增值税计算与申报	任务二：增值税销项税额的计算	（1）理解应纳税额计算的基本路径：应纳税额=销项税额－进项税额；（2）掌握销售额及含税销售额的换算；（3）掌握视同销售货物行为销售额的确定及组成计税价格；（4）特殊销售方式下销售额的确定。	（1）能合理确定销售额，能与价外费用做明确区分；（2）能将含税销售额换算成不含税销售额，并以此计算销项税额；（3）能合理确定视同销售货物行为销售额及组成计税价格的应用。	（1）培养学生的爱国主义情怀，增强理论自信和文化自信；（2）树立耐心谨慎、严谨细致、精益求精的工作作风；（3）塑造诚实守信的职业道德品质，合理确定企业的各项销售额；（4）树立依法纳税的法制意识、文明意识和社会公德意识；（5）提升学生对国家增值税新政策的关心度，对增值税工作的认同感、责任感与使命感。
		任务三：增值税进项税额的确定	（1）理解应纳税额计算的基本路径：应纳税额=销项税额－进项税额；（2）掌握准予抵扣的进项税额及不得抵扣的进项税额的基本内容，理解进项税额的转出与转入的税法规定；（3）掌握小规模纳税人应纳税额的计算。	（1）能合理区分准予抵扣的进项税额和不得抵扣的进项税额；（2）能准确处理进项税额的转出与转入；（3）能准确计算确定小规模纳税人应纳税额和进口货物应纳税额。	（1）培养学生的爱国主义情怀，增强理论自信和文化自信；（2）树立耐心谨慎、严谨细致、精益求精的工作作风；（3）塑造爱岗敬业、诚实守信、服务企业、奉献社会的职业素养；（4）树立依法纳税的法制意识、文明意识和社会公德意识；（5）提升学生对国家新政策的关心度，对增值税工作的认同感、责任感与使命感。
		任务四：增值税的税收优惠与征收管理	（1）理解增值税税收优惠；（2）掌握增值税的征收管理规定；（3）掌握增值税专用发票的使用规定。	（1）能合理区分不同情形下的增值税的税收优惠；（2）能充分掌握增值税纳税义务发生时间、纳税地点与纳税期限的相关规定；（3）能合理应用增值税专用发票。	（1）培养学生的爱国主义情怀，增强理论自信和文化自信；（2）树立耐心谨慎、严谨细致、精益求精的工作作风；（3）塑造爱岗敬业、诚实守信、服务群众、奉献社会的职业道德品质；（4）树立依法纳税的法制意识、文明意识和社会公德意识；（5）提升学生对国家增值税征收法律条例的关心度，对增值税工作的认同感、责任感与使命感。

续表

序号	课程项目	课程任务	知识目标	技能目标	职业素养目标
3	消费税计算与申报	任务一：消费税的基本认知	（1）理解消费税的定义和特点；（2）明确消费税的征税范围和税目；（3）掌握消费税征税环节的规定。	（1）能够区分消费税和增值税的差异；（2）能准确判断消费税纳税人和征税范围；（3）能够判断不同应税消费品的征税环节；（4）明确不同应税消费品的税率形式。	（1）培养爱岗敬业、诚实守信、服务群众、奉献社会的职业道德品质；（2）树立耐心谨慎、严谨细致、精益求精的工作作风；（3）树立法制意识、文明意识和公德意识，树立依法纳税、按时纳税的理念；（4）提升学生对税收政策的关心度，培养学生理性消费的正确消费观。
		任务二：消费税的计算与申报	（1）掌握消费税的计税方法；（2）明确不同环节下应纳消费税额的计税公式；（3）掌握已纳消费税扣除的规定。	（1）能够根据企业业务资料计算应纳消费税额；（2）能够区别已纳消费税的扣除与增值税抵扣的差异；（3）能够判断不同涉税业务的纳税义务发生时间；（4）能够填制消费税纳税申报表及相关附表。	（1）培养爱岗敬业、诚实守信、服务群众、奉献社会的职业道德品质；（2）树立耐心谨慎、严谨细致、精益求精的工作作风；（3）树立法制意识、文明意识和公德意识，树立依法纳税、按时纳税的理念；（4）提升学生对税收政策的关心度，培养学生理性消费的正确消费观。
4	关税计算与申报	关税的基本认知，关税的计算与申报	（1）确定关税纳税人及扣缴义务人；（2）掌握进口/出口关税的计税规则与完税价格；（3）掌握关税的税收优惠与征收管理。	（1）能区分进口关税税率的适用标准与税率种类；（2）能合理确定关税的完税价格；（3）能在"金税三期"智慧税务中心完成关税相关的业务流程。	（1）培养学生的爱国主义情怀，增强理论自信和文化自信；（2）树立耐心谨慎、严谨细致、精益求精的工作作风；（3）塑造爱岗敬业、诚实守信、服务群众、奉献社会的职业道德品质；（4）树立依法纳税的法制意识、文明意识和社会公德意识；（5）提升学生对国家关税新政策的关心度，对关税工作的认同感、责任感与使命感。

续表

序号	课程项目	课程任务	知识目标	技能目标	职业素养目标
5	企业所得税计算与申报	任务一：企业所得税的基本认知	（1）掌握企业所得税征税原理、制度内涵、纳税人与税率；（2）掌握企业所得税的各征税对象（项目）的概念和具体含义。	（1）能辨析和判断居民纳税人及非居民纳税人；（2）能区分企业所得税在不同情境中使用的税率；（3）能根据实际情况，将会计处理和税法处理相结合。	（1）培养爱岗敬业、诚实守信、服务群众、奉献社会的职业道德品质；（2）树立耐心谨慎、严谨细致、精益求精的工作作风；（3）树立依法纳税的法制意识、文明意识和社会公德意识；（4）提升学生对国家政策的关心度，培养学生为民谋福祉的优秀思想品质。
		任务二：企业所得税的计算	（1）辨析企业应纳税所得额与会计利润的差异；（2）掌握企业所得税的扣除项目的含义。	（1）能准确计算企业的会计利润总额；（2）能准确计算企业的扣除项目限额；（3）能根据企业的扣除项目对企业的会计利润总额进行调整。	（1）培养爱岗敬业、诚实守信、服务群众、奉献社会的职业道德品质；（2）为企业做真账，准确计算企业的应纳税额，依法纳税、尽责尽力；（3）体会市场经济发展的内在要求，充分领悟社会主义税收制度的优越性；（4）深刻体会国家减税降负，减轻居民税收负担，增强居民可支配收入，促进消费，提高人民的消费水平，从而拉动经济增长的内在逻辑。
		任务三：企业所得税的其他计算	（1）辨析收入类调整项目和资产类调整项目的差异；（2）掌握企业所得税收入类调整项目和资产类调整项目的计算与调整过程；（3）进一步理解纳税申报表之间的钩稽联系。	（1）能准确计算企业的收入类调整事项；（2）能准确计算企业的资产类调整事项；（3）能根据企业的收入类调整项目和资产类调整项目对会计利润总额进行调整。	（1）深化税制改革原因以及税制发展趋势等，做到史学教育与国情教育有机融合；（2）树立耐心谨慎、严谨细致、精益求精的工作作风；（3）树立依法纳税的法制意识、文明意识和社会公德意识；（4）明确申报表填写的严谨性体现了法律意识，税款缴纳的及时性体现了法律责任。

续表

序号	课程项目	课程任务	知识目标	技能目标	职业素养目标
5	企业所得税计算与申报	任务四：企业所得税的申报	（1）了解企业所得税的纳税申报（包括按月预缴和年终汇算清缴）； （2）掌握企业所得税纳税申报表的填列规则。	（1）能准确计算企业所得税税额； （2）能准确进行企业所得税纳税申报表的填列； （3）能根据申报的税款按期缴纳。	（1）引导学生认识企业所得税是规范和处理国家与企业分配关系的重要形式，并较好地体现公平税负。每个企业在经营过程中，都要担负一定的社会责任，遵从税法的强制与统一性； （2）深化税制改革原因以及税制发展趋势等，做到史学教育与国情教育的有机融合； （3）增强学生的理论自信和文化自信，实现知识传授与价值引领的有机统一。
6	个人所得税计算与申报	任务一：个人所得税的基本认知	（1）辨析个人所得税纳税人和所得来源的确定； （2）掌握个人所得税各征税对象（项目）的概念和具体含义。	（1）能辨析和判断居民纳税人及非居民纳税人，且能区分个人所得税的九大征税对象； （2）能根据实际生活中的情况，将遇到的个人所得和报酬准确分类到九大征税对象中； （3）初步了解个人综合所得的概念以及工资薪金专项扣除的含义。	（1）做到史学教育与国情教育的有机融合，在个税税收史学中认识个税税收国情； （2）明确公民个人在税法面前的真实身份，根据身份进行纳税，培养学生严谨、诚信的职业素养； （3）实现法治教育的内化于心，培养税法遵循的自觉性； （4）提升学生对国家政策的关心度，培养学生为民谋福祉的优秀思想品质。
		任务二：综合所得的计算与申报	（1）确定居民个人综合所得的应纳税收入额； （2）掌握工资、薪金专项附加扣除的实际个人的扣除情况与应纳税额的计算； （3）掌握劳务报酬所得、稿酬所得、特许权使用费所得的计税方法。	（1）能辨析居民个人综合所得的应纳税收入额； （2）能区分工资、薪金七大专项附加扣除的扣除标准与实际应用； （3）能合理准确计算居民个人综合所得应纳税额。	（1）引导学生思考个人与集体间的辩证关系，强调居民所得纳税的意义； （2）坚定爱国主义信念，树立耐心谨慎、严谨细致、精益求精的工作作风； （3）倡导诚实守信，树立依法纳税的法制意识、文明意识和社会公德意识； （4）提升学生职业敏感度和社会责任感，引导其正确看待个人职业生涯的发展和规划。

续表

序号	课程项目	课程任务	知识目标	技能目标	职业素养目标
6	个人所得税计算与申报	任务三：经营所得、其他四项所得的计算与申报	（1）掌握经营所得应纳税额的计算、经营所得适用的超额累进税率； （2）了解《个体工商户个人所得税计税办法》中关于经营所得扣除项目的规定； （3）掌握经营所得及其他四项所得应纳税额的计算方法和具体步骤。	（1）能准确分辨经营所得适用的具体实际情况。 （2）能根据实际情况准确计算某个体工商户的生产、经营的应纳税所得额； （3）能根据实务案例准确计算经营所得相关业务的应纳税额。	（1）向学生传递诚实守信、合法经营、遵纪守法的价值观； （2）向学生讲授我国税收制度的特点，引导其感受社会主义制度的优越性； （3）培养学生服务社会的能力，树立奉献国家、服务人民的坚定信心和决心； （4）增强学生的理论自信和文化自信，提升课堂文化和思想内涵。
7	其他税费计算与申报	任务一：城市维护建设税、印花税、车船税的计算与申报	（1）了解城市维护建设税、印花税和车船税的概念及特点； （2）掌握城市维护建设税、印花税和车船税的税款计算。	（1）能确定城市维护建设税、印花税、车船税的纳税人及其适用税率； （2）会根据业务资料计算城市维护建设税、印花税、车船税税费金额； （3）能够向其他财会人员宣传城市维护建设税、印花税、车船税的税费法规政策。	（1）明晰作为财务人的职业道德要求，秉承说老实话、办老实事、做老实人的守信方针，依法依规，不偷税漏税； （2）明确公民个人在税法面前的真实身份，根据身份进行纳税，培养学生严谨、诚信的职业素养； （3）突出我国当今所收取附加费通常具有税法规定的特定目的，提升学生对国家政策的关心度； （4）为学生解读近年来的相关税费政策，培养学生为人民服务的优秀思想品质。
		任务二：房产税、契税、城镇土地使用税的计算与申报	（1）了解房产税、契税、城镇土地使用税的概念及特点； （2）掌握房产税、契税、城镇土地使用税的税款计算。	（1）能确定房产税、契税、城镇土地使用税的纳税人及其适用税率； （2）会根据业务资料计算房产税、契税、城镇土地使用税税费金额； （3）能够向其他财会人员宣传房产税、契税、城镇土地使用税的税费法规政策。	（1）传承拼搏精神、团队精神和奉献精神，使学生具备良好的职业道德素质和心理素质； （2）将人文融入税收，在系统传授专业知识的同时，传播追求知识的志向和探索知识的勇气； （3）利用税收政策的背后原理提升学生的辩证思维和使命担当精神； （4）加强课堂教学和思想政治的融合，有助于科学引领学生的理想信念与道德价值的构建。

续表

序号	课程项目	课程任务	知识目标	技能目标	职业素养目标
7	其他税费计算与申报	任务三：土地增值税、资源税的计算与申报	（1）了解土地增值税、资源税的概念及特点； （2）掌握土地增值税、资源税的税款计算。	（1）能确定土地增值税、资源税的纳税人、纳税范围及适用税率； （2）会根据业务资料计算土地增值税、资源税税费金额； （3）能够向其他财会人员宣传土地增值税、资源税的税费法规政策。	（1）传达环境保护、节能减排的意识，树立正确的消费价值观，做到勤俭节约、绿色消费； （2）大学生作为新时代的接班人，应该告别不合理消费，做到节制消费； （3）利用税收政策背后的原理提升学生的辩证思维能力，培养使命担当精神； （4）加强课堂教学和思想政治的融合，有助于科学引领学生的理想信念与道德价值的构建。

（二）本课程融合思政进行育人的要求

（1）发挥课堂的作用，从教学目标出发，深入挖掘税法知识中的思想政治教育资源，加强课堂教学和思想政治的融合，有助于科学引领学生的理想信念与道德价值的构建。

（2）通过润物细无声的方式，将税法学科领域与思想政治教育完美结合，形成交叉互联，实现渗透式教学，有助于全面形成全员育人、全过程育人的大思政局面。

（3）通过税法专业课程思政与专业知识的融合，有助于学生掌握税收文化与税收知识，养成正确的税收理念。这不仅关系到学生家国情怀的培养，更涉及学生的公共精神、社会责任意识的养成。

由表2可知，税法与国家利益、行业（企业）利益、个人利益息息相关。

表2　税法与国家利益、行业（企业）利益、个人利益息息相关

层面	国家（宏观）	行业、企业（中观）	个人（微观）
思政育人	爱国情怀 道路自信 理论自信 制度自信 文化自信	职业素养 社会责任 爱岗敬业 诚实守信 依法纳税	专业精神 责任担当 勇于创新 投身实践 开阔眼界

三、课程思政方案的整体设计

"税收基础"课程思政教学的实践性较强，培养学生处理涉税业务是财会专业学生必

须要掌握的基本技能,将思政教学引入税收课堂教学现实意义重大,通过课程思政提高财会专业学生依法纳税的思维意识观,以便积极发挥课程思政在课堂教学中的重要作用。

"税收基础"课程思政元素融入课程的整体设计见表3。

表3 "税收基础"课程思政元素融入课程的整体设计

序号	教学内容	课程思政育人目标	思政元素的融入路径
1	纳税工作流程认知	培养学生遵纪守法的意识,明确社会主义税收取之于民,用之于民的本质。	明确税收"三性",即强制性、无偿性和固定性。第一,通过理解税收的强制性,理解必须依法纳税,否则将触犯法律并承担法律责任;第二,理解税收的无偿性,明确税收取之于民、用之于民,培养学生主动纳税的意识;第三,了解税收的固定性,税收保持一定的稳定性,从而对经济的干扰降到最低。利用税收政策,可以调节经济,促进市场的正常运转。
2	增值税的计算与申报	培养学生坚守道德底线,严禁触碰法律红线,依法纳税,严谨执业的工作作风。	增值税一般计税方法下,可以抵扣进项税额。税额的抵扣需要合法的扣税凭证,如果通过非法手段取得抵扣凭证,不仅不符合抵扣要求,而且会承担法律责任。通过学习增值税的进项税额抵扣政策,明确税法抵扣要在法律允许的范围,通过合法的途径进行抵扣处理,涉及后期使用用途的转变,前期已经抵扣了进项税的事项,需要做进项税额转出处理。
3	消费税的计算与申报	培养学生勤俭节约的消费观念、绿色生态的环境保护观念。	消费税是在增值税的基础上,针对应税消费品征收的流转税。相比增值税,消费税起到调节消费结构,税收转移支付的作用。通过对消费税范围的讲授,让学生掌握消费税的计税规定,理解国家设立消费税的宗旨,树立正确的消费价值观,做到勤俭节约、绿色消费。
4	关税的计算与申报	培养学生的国际化视野,在国际税则制定中,体会国际竞争与合作,感受人类命运共同体的建设与发展。	为学生解读税收新政策。在实操环节,按照课程的要求,能够结合实务内容计算关税完税价格,能够结合实务内容计算关税应纳税额,并进行申报纳税。
5	企业所得税的计算与申报	培养学生创新与创业意识,了解西部大开发、基础设施建设、小微企业享受的税收优惠政策,感受共同富裕的社会主义制度优越性。	介绍国家为了照顾某些纳税人的特殊情况而给予税收优惠的相关规定,主张学生在学习中不断强化自己的爱国情怀,建立制度自信。在具体教学过程中,不能仅局限于传授税收优惠的内容条款,而要将优惠提出的宗旨、原则与政策导向讲深讲透。
6	个人所得税的计算与申报	培养学生的家庭观念,通过学习专项附加扣除内容的学习,弘扬尊老爱幼的中华传统美德,加深对文明、和谐的社会主义核心价值观的认识。	坚定爱国主义信念,推进综合与分类相结合的个人所得税制度改革,根据我国国情设置专项扣除,国家减税降负,减轻居民税收负担,增强居民可支配收入,促进消费,提高人民的消费水平,从而拉动经济增长。

续表

序号	教学内容	课程思政育人目标	思政元素的融入路径
7	其他税费的计算与申报	培养学生节能减排的资源节约观念，共建共享的发展理念，百年大计教育为本的理念。	为学生解读税收新政策。 在实操环节，按照课程的要求，能够结合实务判断业务中涉及的具体税种，能够结合实务内容计算各个税种的应纳税额。明确其中的易错点，并进行习题练习，巩固掌握。 根据公司实际业务明晰作为一个财务人的职业道德要求，秉承说老实话、办老实事、做老实人守信方针，诚实反映公司税务情况，依法依规，不偷税漏税。

四、育人元素实施案例

（一）纳税准备基础教学环节，培养学生诚信、敬业的精神

"税收基础"课程思政教学案例

此环节的教学是"税收基础"课程基础教学部分，旨在让学生掌握纳税申报之前的准备工作，教学内容比较枯燥乏味。通过采用模拟情境教学方法，将此环节教学内容进一步细化，从办理涉税登记、领购发票等环节入手，让学生分组操作练习，快速掌握办理涉税登记相关事项。由此引入诚实守信的思政元素，纳税人必须要按规定办理纳税申报相关业务，遵循诚实守信的原则，这是会计职业道德的要求，也是践行社会主义核心价值观的体现，纳税人应自觉依法纳税，这是税收义务性要求。强调作为企业财务人员，应当具备高尚的职业情操、爱岗敬业的精神，根据企业综合情况按规定办理纳税申报；作为企业负责人，应自觉督促财务人员按时纳税申报，及时缴纳税款，在规定的时间内完成纳税申报工作。在此教学环节应重点阐明，国家税收乃国之命脉、民生之本，依法纳税是一种敬业的表现，更是一种爱国的表现，结合实际情况开展思政教学活动，引导学生学习税收基础知识点的同时，培养其爱国、敬业，诚实守信的职业情怀。

（二）税费计算申报教学环节，培养学生平等、公正、法治的思维观

"税收基础"课程的重要教学环节是相关税种的计算与申报，此环节的教学内容是本课程的核心教学部分，也是财会专业学生处理涉税业务的关键环节。此环节教学内容较多，用时较长，必须要通过实训、产教融合的综合教学模式，让学生边学边做，这样才能促进其对相关知识点的掌握。由此，在教学环节中可以引入社会主义核心价值观"自由、平等、公正、法治"思政内容，强调纳税人在法律面前地位都是平等的，在市场经济活动中任何单位和个人都可以自由参与合法经营活动，通过参与合法市场竞争，壮大自身的实力，但在经营发展的同时必须要按规定缴纳相关的税费。阐明违反法律规定、未及时申报纳税的严重后果。通过课堂举例吸引学生的注意力，活跃课堂气氛，如某演员偷税事件，不但要补缴税款还要被处以巨额罚款。告诫学生只要符合税法规定要求，就必须按规定申

报纳税，纳税申报在规定的时间范围内是相对自由的、要求是平等的，超出时间范围规定将会承担相应的法律责任。授课时，将公平、公正原则与实际教学相结合，强调纳税申报的严谨性，任何单位和个人都要按统一的规定办理纳税申报，违反规定都会被追究法律责任，严重的还会被追究刑事责任，由此培养学生的税务风险意识，促进其能主动参与到课程学习中来。

（三）纳税申报教学总结环节，培养学生正确的人生观、价值观及世界观

通过"税收基础"课程内容的教学，旨在让学生明白，税收乃国家发展之根本，是国家财政收入的主要来源，西部大开发战略等重大政策的实施，都离不开强大的税收作为支撑。由此，可引入社会主义核心价值观中的"富强、民主、文明、和谐"，可将这些思政元素贯穿于教学的始终。在教学过程中强调国家强大是综合国力的强大，只有强大的国家才能做到富强民主。国家强大必须要有足够的财力作为保障，而税收则是国家财力的主要来源，只有具备稳健协调的税收收入体系，才能真正意义上创造出文明和谐的社会主义国家，也只有这样，富强、民主、文明、和谐的社会主义国家才能持续发展。通过课程思政教学，让学生明白学好"税收基础"课程的现实意义，在以后的工作中做好会计业务处理及纳税申报工作，不仅是个人工作层面的要求，而是一种爱国、参与国家经济建设的表现，由此促进学生树立正确的人生观、价值观及世界观，提高学生的学习求知欲望。

五、特色及创新

依法纳税是每个公民的责任和担当，"税收基础"课程从税收基本理论出发，讲解企业和个人常见税种的计税规定。在知识掌握上，让学生了解国家税收法律制度，明确每一个税种的纳税规定和风险特征，树立按章纳税、遵纪守法的意识；在能力提升上，让学生具备正确计算各个税种应纳税额的核算能力，以及正确进行纳税筹划，处理税收疑难，防范职业风险的职业能力。通过具体的业务案例，明确税费计算的方法，掌握纳税申报的流程，提升学生财税职业素养。

税收是国家财政收入的主要来源，税收来源于企业和个人生产经营所得，企业和个人依法纳税，国家财政收入才能得到有效供给。通过本课程的学习，明确企业和个人的纳税义务和责任，掌握税费计算和申报的方法，认识到企业和个人依法纳税能带动社会的进步、助推国家的发展。

六、实施效果与教学反思

课程思政在课程育人和教学质量提升中具有重要意义，在"税收基础"课程中把握

"社会主义税收，取之于民用之于民"这一凸显社会制度优越性的核心理念，深度挖掘各个税种中爱党、爱国、诚信、公正、法治等思政元素，围绕政治认同、家国情怀、文化素养、宪法法治意识、道德修养等优化课程思政内容，将思政贯穿于课程知识传授和能力培养的全过程，引导学生树立正确的人生观、世界观和价值观，培养学生的使命感和社会责任感。

为了达到更好的教学效果，课程可以引入企业仿真纳税申报软件，学生在校就可以模拟企业真实业务场景；将"1+X"智能财税职业等级证书考试内容与课程内容有机融合，以实现书证融通为课程建设目标，推动学生未来的职业发展。另外，在教学中需要重点关注以下两点：第一，税种的解析应注意结合真实企业涉税案例进行分类讲解，便于学生理解，提升岗位适应性；第二，通过案例解析，情景引入等方式，提高学生对税收知识的关注度，提升课程思政的育人效果。

信用管理类

"信用管理实务"课程思政教学案例

◎于玲燕

一、课程概况

"信用管理实务"课程是信用管理专业针对信用管理岗位（群）职业能力培养而设置的一门理实一体化的专业核心课程。该课程以信用管理岗位典型工作任务为载体，以国家职业技能标准——信用管理师为参考，设计并开发了9个项目，涵盖企业日常信用管理的主要工作。其先修课程有"基础会计""财务分析"等。本课程也是学习"信用评级""信用数据挖掘与处理""信用风险防范与案例分析"等后续课程的基础。

本课程主要培养学生对信用管理岗位所涉及的信用信息搜集能力、信用分析能力等，要求学生能运用相关专业知识与业务技能对企业信用状况进行定性和定量评价分析。

二、课程教学目标与思政育人要求

（一）课程教学目标

"信用管理实务"课程教学目标见表1。

表1 "信用管理实务"课程教育目标

章（模块）	知识目标	技能目标	职业素养目标
信用概述	信用的定义； 信用的种类； 信用的经济学原理。	风险识别能力； 博弈思维。	风险意识； 讲中国故事。
国家信用管理体系	国家信用管理体系的建设过程； 失信惩戒机制。	认识信用管理行业； 理解失信惩戒机制的运行。	制度自信。

续表

章（模块）	知识目标	技能目标	职业素养目标
各国信用管理体系	各国信用管理体系的发展历程及特点。	理解信用强国战略。	如何传承和发展优秀的中华诚信文化。
我国信用管理体系	我国信用管理体系的发展历程及特点。	我国信用现状分析；问卷设计能力。	激发学生对中华诚信文化的自豪感，坚定文化自信。
企业信用管理概述	企业信用管理的内容；企业信用管理体系。	根据企业实际情况建立合适的信用管理体系，坚定青年理想信念。	企业社会责任。
客户信用信息管理	客户信用信息的获取渠道。	获取客户信用信息。	信用职业素养。
客户信用评价	客户信用的定性评价；客户信用的定量评价。	能对客户进行定性和定量分析。	信用职业素养。
客户授信	总体授信额度的确定方法；个体授信额度的确定方法。	确定总体授信额度和个体授信额度。	风险意识。
应收账款管理	期内应收账款管理；逾期应收账款管理。	选择合适的应收账款管理策略。	法治意识。
规避信用风险的金融工具	出口信用保险；担保；保理。	根据企业实际情况选择合适的金融工具。	拓宽视野。

（二）课程思政育人要求

"信用管理实务"课程思政建设目标：使学生理解我国信用领域取得的巨大进步，树立制度自信；引导学生发现我国信用领域的创新实践，培育创新意识；通过调研和讨论了解我国信用建设的现状，关注中国问题，筑牢实践基础；通过案例研讨和实践教学，培养职业伦理和职业道德。

"信用管理实务"课程以暑期社会实践、师生协同信用调研、社团助学、同伴引领等活动为切入点，以国家信用篇、企业信用篇、个人信用篇、信用政策篇、信用分析篇、金融工具篇和国际信用篇等内容为载体，立足课外及丰富的信用传播形式，与专业建设深度融合，构建师生学习共同体，将课程思政育人工作做深做实。

三、课程思政方案的整体设计

"信用管理实务"课程思政元素融入课程的整体设计见表2。

表2 "信用管理实务"课程思政元素融入课程的整体设计

序号	教学内容	课程思政育人目标	教学方法
1	信用概述	通过分析个人信用、企业信用和国家信用风险案例，引导学生关注自身风险识别能力的提升； 通过阅读囚徒困境等经典博弈论故事以及观看电影《美丽心灵》，引导学生关注博弈论在我国经济生活的应用。	课堂讨论； 博弈论案例分析。
2	国家信用管理体系	理解建设一个更加公平、诚信、开放的社会主义市场经济体制，提升全民族文明素质，营造诚信社会，对我国实现社会主义现代化至关重要。	解读行业分析报告。
3	各国信用管理体系	引导学生思考如何解决中西方文化冲突、如何规范社会信用体系，如何引领和推动全球信用标准的制定与提升。	解读《大国信用——全球视野的社会信用体系建设》。
4	我国信用管理体系	观看视频：《诚信——中国行动》； 鼓励学生利用暑假返乡或者"暑期实践"等机会深入农村，关注乡村振兴视角下的农村信用建设。	观看视频、互动讨论； 富阳公望家庭指数调研实践。
5	企业信用管理概述	围绕企业的营利性原则与企业社会责任之间的关系展开深入思考与讨论； 了解信用政策。	债券违约案例分析； 文献查阅。
6	客户信用信息管理	正确理解并进行客户信用信息采集。	信用信息列表。
7	客户信用评价	采用探究式方法对上市公司进行信用评价。	角色模拟。
8	客户授信	严把授信用途真实性，合理分析授信客户授信需求，确保资金用于正常生产经营。	案例分析。
9	应收账款管理	理解建立并执行应收账款管理的重要性。	案例分析。
10	规避信用风险的金融工具	了解出口信用保险公司如何为中国企业走出去保驾护航； 合理使用担保和保理。	案例分析。

四、育人元素实施案例

育人元素实施案例见表3。

表3 "信用管理实务"课程育人元素实施案例

课程开设二级学院	会计学院	授课教师	于玲燕
面向专业	信用管理专业	授课班级	信管201、信管202
课程类别	□公共类课程　√专业类课程　□社会实践类课程		

"信用管理实务"课程思政教学案例

续表

育人教学目标	"信用管理实务"课程思政的目标是要实现中国经济发展与信用管理内容的充分融合，一方面让学生在一定程度上熟悉中国特色社会主义政治经济运行的基本规律，强化对中国特色社会主义经济运行秩序的了解，深刻理解"坚持社会主义市场经济改革方向，处理好政府和市场的关系，使市场在资源配置中起决定性作用和更好发挥政府作用"，从专业课＋思政的视角为学生树立科学的世界观、人生观和价值观打下必需的思想和理论根基，从而加强学生建设中国特色社会主义的信心。另一方面，在学习信用管理理论的基础上，加强培养学生的分析能力、判断能力；注重拓展学生的应变能力和创新能力；培养学生活用信用管理思想理解、分析问题的能力；培养学生以马克思列宁主义、毛泽东思想、邓小平理论、"三个代表"重要思想、科学发展观和习近平新时代中国特色社会主义思想为指导，分析问题和解决问题的能力，以适合新时代对专业人才的要求。
课程思政教学重难点	对于初涉信用管理学的学生，如何以通俗易懂的方式讲解信用管理理论，并将思想政治教育贯穿于教学始终，实现学生对知识内容的扎实掌握和运用。
教学方法和举措	第一，案例教学法。针对本课程实务性较强、对学生实践动手能力要求较高的特点，任课教师设计了融合信用分析行为等多个知识点在内的企业信用分析案例。 第二，角色模拟教学法。在教学过程中，学生分组承担项目角色，并结合案例分析需求，分组完成信用分析流程。通过亲身实践，加深对工匠精神及契约精神的理解。 第三，课堂辩论。阅读信用风险案例，学生围绕如何规避企业信用风险、个人信用风险和国家信用风险进行小组讨论，针对该问题列出法律依据并进行辩论。通过该方式，引导学生自主搜集不同信用风险案例并进行对比，总结三种不同信用形式的差异，拓展国际化视野，尊重文化制度和法律差异。 第四，社会实践。由于本课程是信用管理专业学术的启蒙课程，为了帮助学生顺利实现知识的衔接，在暑假开展了针对乡村信用体系建设的社会实践活动。学生通过设计调查问卷、发放调查问卷、开展访谈等活动，加深对信用实践的认识和理解。
教学评价	通过组内成员互评、组间成果互评和教师综合评价，分别对学生投入和成果质量进行评价，从而在巩固理论知识、提升应用能力的同时，凝练思政育人主线。
教学反思	思政教育应当突出以教师为本。建立一支师德高尚、学养深厚、潜心教学的师资队伍是建好专业思政的重要保障。 （1）研讨思政教学方法，探索"融入、嵌入、渗透"的专业思政教育教学方法改革，形成德能并重、三德（职业道德、学术道德和社会主义公民道德）互补升华的人才培养要求，坚持思政课程的显性教育与专业课程的隐性教育同向合力，形成专业思政教学团队。 （2）建立诸如"入职培训—助教培训—首开课培训—青年教师授课竞赛—骨干教师培养—教学名师培养"等环环相扣的教师思政教学能力提升机制，构建教师成长发展的轨迹链、进阶链和思政教学发展专题活动载体链，形成专业思政教育人才储备机制。

五、特色及创新

"信用管理实务"课程思政的特色及创新：

第一，把握高职学生思维活跃、视野开阔、情感丰富等特点，注意发挥学生主体作用，多采用启发式、体验式、互动式的方法，在平等、民主的氛围中，让思想政治教育"入脑入心"。

第二，第一课堂与第二课堂深度融合，让学生在社会实践中感受信用的力量。本课程是信用管理专业学术的启蒙课程，为了帮助学生顺利实现知识的衔接，在暑假开展了针对乡村信用体系建设的社会实践活动。学生通过设计调查问卷、发放调查问卷、开展访谈等活动，加深对信用实践的认识和理解。

六、实施效果与教学反思

基于信用管理实务课程的思政研究项目——专业思政与课程思政耦合育人实践探索被列为浙江金融职业学院 2021 年课程思政教学研究立项项目，已处于结题状态。

在课程思政的研究过程中，教学团队也注意到教师对课程思政的研究力度还需要不断加深，特色活动和亮点需要不断提炼、不断实践。在今后的课程思政的研究过程中，要多研究国家关于课程思政的纲领性文件，多观摩学习优秀课程思政项目的设计及实施，不断提升教师的课程思政研究能力。

"金融机构信用管理"课程思政教学案例
◎牟昀汀

一、课程概况

数字经济时代带来的商业革新正演变为高职院校财经类专业教育变革的重要推力。互联网、大数据、智能化、云计算、物联网等现代技术赋能财税领域，服务于产业升级与创新创业创造，社会各行业迫切需要知识面广、基础理论扎实、实践能力优异、创新意识高、职业素养完备的应用型人才。数字化、共享化、专业化背景下催生新技术、新产业、新业态、新岗群，亟须广泛而精准的信用管理岗位对接。

"金融机构信用管理"以"信用管理实务""信用评级""财务分析"三门课程为基础，反映企业生产实际，且融入新技术、新工艺、新流程、新规范，属于会计学院信用管理本科班一年级的专业必修课。本课程属于信用管理及经济金融管理类专业的基础应用性课程，采用经济金融与企业管理的研究范畴，涵盖了信用、信用风险与信用管理、金融机构信用管理的风险偏好与管理体系及其实践发展、金融机构信用管理的量化基础及其主要方法与工具、金融机构信用管理的实务运作、金融机构信用与社会信用体系建设、金融机构信用管理的监管与发展等相关内容与活动。

二、课程教学目标与思政育人要求

本课程以教育部《高等学校课程思政建设指导纲要》、浙江省教育厅《浙江省高校思政建设实施方案》、浙江金融职业学院和会计学院《课程思政建设工作方案》为指导，围绕立德树人根本任务，深挖课程思政育人元素，探索推动专业思政和课程思政的有机结合，将课程思政理念、目标和内容深度融入专业人才培养全过程，加强专业教育、劳动教育和美育，培养学生理想信念坚定，德、智、体、美、劳全面发展；培养学生家国情怀、职业道德和历史使命感；培养学生人文素养、职业道德、辩证思维、系统思维、创新思维。

"金融机构信用管理"以课程思政为抓手，落实立德树人根本任务，在教学资源上有效整合了相关教学案例、视频、讨论主题、知识拓展等资料，让学生在不断探索中学习复习，巩固和加深对知识的理解，提高创新能力，增强对社会思潮的辨别能力和判断能力，从而实现知识的内化。

在教学方式上，秉承"教师为主导、学生为主体"的教学理念，真正实现了教与学的互动。组织开展随机选人、提问、讨论、小组互评等活动，根据不同要求与不同情况，有针对性地采取不同的教学方式。针对金融机构信用管理的实务运作，根据学生分组自行寻找相关案例进行分析讨论，强调学生团队合作，加强学生自主分析的能力。

在教学内容上，根据教学大纲提炼每节课的思政元素，结合学生的个人情感和价值观需要，将思政元素科学地融入理论及实训课程中，从专业、行业、国家、国际、文化、历史等角度，增加信用管理学课程的知识性、人文性，提升引领性、时代性和开放性。

在教学评价上，注重学生学习的互动过程，根据具体情况适时改进教学、设计教学活动。全过程掌握学生的学习动态，鼓励学生进行课后读书、案例讨论、课前提问等，指导学生参加管理案例分析大赛、统计调查大赛等。考核方式中对学生课堂参与度、案例综合分析能力进行综合评定，增设对学生综合素质和能力的评价体系，在提高学生学习积极性的同时，引导学生树立了良好的人生观和价值观。

"金融机构信用管理"课程考核方案见表1。

表1 "金融机构信用管理"课程考核方案

课程类型	□专业理论课程 ☑专业理实一体化课程 □专业实践课程			
适用专业	信用管理本科班			
序号	考核项目	分值比例	评分标准	过程性材料
			考核项目 / 分值（分）	
1	平时分	30%	到课率 / 40 课堂参与度 / 60	平时打分
2	专业实训	30%	案例分析 / 100	小组作业汇报 （金融机构信用管理实务案例分析）
3	期末考核	40%	单项选择题 / 30 多项选择题 / 20 判断题 / 10 实务题 / 40	班级成绩单 期末试卷（A/B） 参考答案及评分标准（A/B） 学生答卷
合计		100%	—	—

针对信用管理课程本身的特点，更加侧重德育内容。从讲授金融机构信用管理相关理论和框架体系，到深入思考如何在教学内容中融入情感和价值观的教育，融入国家大事和时政热点，让思政元素鲜活起来。同时不断挖掘学生的兴趣点，加强与学生的沟通交流，找准价值引领的着力点，将价值观的塑造和中华美德的传承渗入到日常教学和生活中。围绕课程教学目标，融入讲仁爱、重民本、崇正义、尚和合、求大同等思政元素，积极开展中国特色社会主义和中国梦教育、法治教育、劳动教育、心理健康教育等一系列思政教育，将立德树人融入教书育人全过程。让学生在学习信用管理学专业知识的同时，不断提

升政治素养，提高社会公德、职业道德，自觉养成诚实守信的道德品质，树立正确的世界观、人生观和价值观，真正做到学以致用、知行合一。

"金融机构信用管理"课程实现"知识传授与价值引领"并驱的教学路径，把价值引领要素及内涵巧妙地融合在原有的课堂教学中，培养学生的世界观、人生观、价值观，融入社会主义核心价值观的多元素：

（1）融入社会主义核心价值观的法治元素，潜移默化中深化学生对于依法治国的理解，作为个人需遵循国家的法律法规，遵守行业规范，提高学生的法治道德修养。

（2）融入社会主义核心价值观的诚信元素，企业和个人在风险管理过程中必须保持最大的诚意，双方都应恪守信用，互不欺骗和隐瞒。教育学生诚信立身、诚信做人、诚信创业，提高学生的思想道德修养。

（3）融入社会主义核心价值观的公正元素，作为未来的信用管理人员，在评级过程中应注重程序公正、过程公正，不泄露内部消息，避免内幕交易。

（4）融入社会主义核心价值观的和谐元素，为构建和谐社会共谋一份力。

（5）融入社会主义核心价值观的爱国元素，引导学生树立爱国主义情怀，以及对民族和文化的归属感、认同感、尊严感与荣誉感，增强学生的民族自信心。

三、课程思政方案的整体设计

"金融机构信用管理"课程思政方案的整体设计见表 2。

表 2 "金融机构信用管理"课程思政方案的整体设计

章节	知识目标	能力目标	思政目标	思政目标在本章节中具体体现点和结合点	思政教育呈现内容	呈现形式	学习评价
金融机构信用管理导论	理解信用管理的内涵及金融机构信用管理的意义。	掌握金融机构发挥的信用中介和信用创造功能。	社会主义核心价值观的诚信元素。	融入社会主义核心价值观的法治元素，金融机构信用管理的目的是通过科学的管理减少在信用管理活动中履行信用契约的损失。	金融机构进行信用管理的必要性：金融机构信用管理的目的是通过科学的管理减少在信用管理活动中履行信用契约的损失，融入社会主义核心价值观的诚信元素。诚信是建立社会主义和谐社会的内在要求，任何机构在风险管理过程中必须保持最大的诚意，双方都应恪守信用，互不欺骗和隐瞒，引导学生诚信立身、诚信做人、诚信创业，提高学生的思想道德修养。引入曾子杀猪、狼来了等经典故事，以及现代天价大虾、骗贷等事件，引导学生从不同角度对信用内涵进行思考。	头脑风暴	小组讨论

续表

章节	知识目标	能力目标	思政目标	思政目标在本章节中具体体现点和结合点	思政教育呈现内容	呈现形式	学习评价
金融机构信用管理风险偏好与管理体系	了解金融机构风险管理偏好及机构设置。	掌握风险偏好与风险容忍度。	风险管理与底线思维、法治意识。	法治对企业发展起着引领、规范和推动作用，企业在进行筹资、投资的过程中必须遵守国家的法律法规，引导学生树立法治意识。	（1）通过区分风险偏好与风险容忍度，引导学生加强风险意识。作为大学生个人，应该做到个人层面的风险识别与安全防护。（2）法治对企业发展起着引领、规范和推动作用，企业在进行筹资、投资的过程中必须遵守国家的法律法规，引导学生树立法治意识。	情景教学	分组讨论
金融机构主要业务及其信用风险	了解信贷业务及其信用风险。	掌握债券业务及其信用风险。	社会主义核心价值观的诚信元素。	作为从业人员，与承销商、投资者等外部人员交流沟通中应注意不瞒报企业财务信息，不泄露公司商业机密，避免内幕交易。	以浙江吉利控股集团2020年3月境外发行的4亿5年期无抵押担保高级美元债，发行利率3%，全球簿记行为巴克莱、中行、法国巴黎银行、德意志银行、渣打银行为例，分析债券的基本要素，展现企业在发行债券前需要筹备的相关资料（募集说明书OC的架构）、发行簿记过程的定价情况等，告诉学生作为发行企业如何把握企业内部公司架构、营运情况、财务状况等信息，保证信息公开公正，不隐瞒不虚报。此外，作为会计从业人员，与承销商、投资者等外部人员交流沟通中应注意不瞒报企业财务信息，不泄露公司商业机密，避免内幕交易。	沙龙讲座	分享讨论
信用评级与信用评分	了解信用评级的概念。	掌握信用评级的方法及其应用。	公允公正、爱国主义情怀、民族认同感。	强调评级的公允公正，增强学生的民族认同感。	通过外部评级与内部评级的差异，引导学生关注评级本身的公允性。尤其作为信用管理专业的学生，在评级中需要保证过程公正、结果公正、程序公正，引导学生树立爱国主义情怀，以及对民族和文化的归属感、认同感、尊严感与荣誉感，增强学生的民族自信心。	讨论教学	头脑风暴

续表

章节	知识目标	能力目标	思政目标	思政目标在本章节中具体体现点和结合点	思政教育呈现内容	呈现形式	学习评价
商业银行的信用管理	了解商业银行信用管理的基本内容。	掌握个人信贷和公司信贷管理的区别。	诚信立身、诚信做人。	公司资金部应对企业贷款进行合理的台账管理，逐笔逐次登记借款人、保证人、担保方式、还款期限、适用利率、还款方式，不逾期还款。企业要以诚信立业，不可违约。商业银行针对不良贷款进行动态跟踪管理，规避信用风险。	个人信贷业务倘若违约，会进入中国人民银行失信名单，甚至可能影响日常的出行、购房等。融入社会主义核心价值观的诚信元素，诚信立身、诚信做人，倘若有个人贷款，应按时偿还，不违约、不失信。	讨论教学	头脑风暴
保险公司的信用管理	了解保险公司的类型和主要业务。	掌握保险公司信用风险及管理体系。	底线思维、法制教育。	培养从可能出现的最坏情况出发，调动一切积极因素使事物朝着预期目标发展的思维方法。	帮助学生了解违法金融行为的严重后果，通过法制教育使学生学法、知法，能用法律武器保护自身的合法权益。	案例讲解	反面教学
证券公司的信用管理	了解证券公司的类型和主要业务。	掌握证券公司信用风险及管理体系。	学法、知法、守法。	遵循行业操作规范，树立法治意识。	《证券公司全面风险管理规范》及《证券公司流动性风险管理指引》，要求证券公司制定包含风险容忍度和风险限额等风险指标体系，引导学生遵循行业规范以及国家法律，树立明确的法治意识，结合内幕操作和交易案例，帮助学生了解违法金融行为的严重后果，通过法制教育使学生学法、知法，能用法律武器保护自身的合法权益。	讨论教学	小组讨论

续表

章节	知识目标	能力目标	思政目标	思政目标在本章节中具体体现点和结合点	思政教育呈现内容	呈现形式	学习评价
信托公司的信用管理	了解信托公司的类型和主要业务。	掌握证券公司信用风险及管理体系。	与时俱进，创新发展。	引导学生关注新兴金融业态的发展变化。	以财经新闻为切入点，借用新闻解读法，结合教材理论和新闻内容，讲解我国信托业务的创新发展，引导学生树立创新创业精神。同时，借用数据查询法，引导学生通过中国人民银行、统计局、外汇管理局等官网查询最为精确、权威的经济数据，培养学生严谨的科学研究态度、求真务实的学习态度和工作作风。	引导教学	案例教学
基金管理公司的信用管理	了解基金管理公司的类型和主要业务。	掌握基金管理公司信用风险及管理体系。	规范管理、内部控制。	明确规则意识，加强规范管理。	运用理论概述—视频演示—学生思考讨论的教学手段，让学生深入思考真实案例，强化学生对基金公司内部控制内涵的理解和认识，引导学生树立一种"规范"意识，将规则、约束、自我控制的意识深入会计职业道德要求中来。	讨论教学	头脑风暴
其他金融机构的信用管理	掌握汽车金融、消费金融公司的信用风险及管理体系。	掌握财务公司的信用管理。	遵守职业道德，勇于担当。	有创新意识，紧跟时代，用发展的眼光看待新兴业务形式。	国内消费金融公司相较于国外，应积极借鉴先进的经验，总结教训。此外，学生应警惕消费金融公司的新业务形式，看透业务本质，不上当受骗，为构建和谐社会献出一份力。 汽车金融公司推陈出新，加快行业产品创新步伐。2020年，《融资租赁公司监督管理暂行办法》发布，明确了租赁公司审慎监管指标；与此同时，各地金管局也认真对辖区内的融资租赁公司进行现场检查，逐步清理"空壳""失联"融资租赁公司，并加强对违法违规主体的惩戒。总体而言，严监管将有利于租赁行业更加健康、规范地发展，规范经营的租赁公司将得到更多公平有序的竞争空间。通过汽车金融公司的创新式业务引导学生提高创新思维，用发展的眼光看待问题。	案例教学	小组讨论

四、育人元素实施案例

育人元素实施案例见表3。

表3 "金融机构信用管理"课程育人元素实施案例

课程开设 二级学院	会计学院	授课教师	牟昀汀
面向专业	信用管理	授课班级	信用管理本科班
课程类别	□公共类课程　☑专业类课程　□社会实践类课程			
育人教学目标	1. 实现"知识传授与价值引领"并驱的教学路径,把价值引领要素及内涵巧妙地融合在原有的课堂教学中,培养学生的世界观、人生观、价值观,融入社会主义核心价值观的多元素: (1)融入社会主义核心价值观的法治元素,潜移默化中深化学生对于依法治国的理解,作为个人需遵循国家的法律法规,遵守行业规范,提高学生的法治道德修养。 (2)融入社会主义核心价值观的诚信元素,企业和个人在风险管理过程中必须保持最大的诚意,双方都应恪守信用,互不欺骗和隐瞒。教育学生诚信立身、诚信做人、诚信创业,提高学生的思想道德修养。 (3)融入社会主义核心价值观的公正元素,作为未来的信用管理人员,在评级过程中应注重程序公正、过程公正,不泄露内部消息,避免内幕交易。 (4)融入社会主义核心价值观的和谐元素,为构建和谐社会共谋一份力。 (5)融入社会主义核心价值观的爱国元素,引导学生树立爱国主义情怀,以及对民族和文化的归属感、认同感、尊严感与荣誉感,增强学生的民族自信心。 2. 教学过程中有机融入马克思主义哲学理论,教会学生用发展、辩证的观点正确看待事物。 3. 授课过程中培养学生职业思维,为成为合格的社会人奠基,培养学生底线思维,教育学生直面风险,加强学生的风险意识与安全观教育。			
课程思政 教学重难点	以浙江吉利控股集团2020年3月境外发行的4亿5年期无抵押担保高级美元债,发行利率3%,全球簿记行为巴克莱、中行、法国巴黎银行、德意志银行、渣打银行为例,分析债券的基本要素,展现企业在发行债券前需要筹备的相关资料(募集说明书OC的架构)、发行簿记过程的定价情况等,告诉学生作为发行企业如何把握企业内部公司架构、营运情况、财务状况等信息,保证信息公开公正,不隐瞒不虚报。此外,作为会计从业人员,与承销商、与投资者等外部人员交流沟通中应注意不瞒报企业财务信息,不泄露公司商业机密,避免内幕交易。			
教学方法 和举措	1. 启发式教学法。 本课程教学过程中经常运用启发式教学法,让学生扮演各类金融机构的从业人员,通过模拟各个岗位的各个业务,融入社会主义核心价值观的法治元素,了解企业和个人必须遵守国家的法律法规。在教学过程中结合课程内容介绍最新理论和法规,有利于在潜移默化中深化学生对于依法治国理念的理解,提高学生的法治道德修养。 2. 案例教学法。 该章节广泛采用案例教学法,针对各类金融机构的信用风险,指导学生进行分析讨论,尤其是关注国际经验,警示信用管理从业人员必须讲信用、讲信誉、信守承诺。针对信贷业务、债券业务,个人需按时足额偿还贷款,企业要逐笔登记借款人、借款金额、利率、还款日期等借款台账,明确债务的由来,防止不明账目,不得失信违约或者逾期。			

续表

教学方法和举措	3. 情景教学法。 教学过程中结合所学内容适当开展实操情景模拟训练，让学生在模拟情景里，深入分析如何发现问题和解决问题，不要被物质利益所诱惑，让学生意识到廉洁自律、做人要清白、做事要认真的重要性，进而锻炼和提高学生的各项专业技能和逻辑思维能力。 4. 讨论式教学法。 教学过程中经常结合课程内容开展主题讨论，可以培养学生的独立思考能力和创新精神，同时加深了学生对自身价值观和会计职业道德素养的认知，进一步提高学生的行为规范。加强风险意识，预防原则的主旨不是去消除非常可能出现的损害事件，或者事后弥补已经造成的损失，而是专注于消除危害的可能根源。应提前预判企业状况，针对各类融资方式进行风险管理。各类金融机构应该在当前背景下，提升风险防范意识。
教学评价	小组讨论以案例汇报形式呈现，通过学生互评和教师点评相结合的方式进行评价。

五、特色及创新

"金融机构信用管理"课程采用混合式教学，灵活运用情景式教学、案例讨论、探索辩论、翻转课堂、课外实践等方式，通过引进现实案例，让学生积极参与，提高信用意识和综合素质。教学过程中多运用任务为导向的教学模式，通过任务、小组合作、讨论、反思，使学生的素质得到提升。在课程思政教学中运用现代信息技术，激发学生学习兴趣，引导学生深入思考。在第二课堂中，通过读书沙龙、专题讲座、信用知识竞赛、案例大赛、微视频的拍摄等增强课程的德育功能，传承中华民族诚信文化，培养学生诚实守信、以诚待人的美德。

六、实施效果与教学反思

（1）关于信用评级方面的教学，可以选取大公国际被处罚等案例，通过导入"大公国际信用评级的致命猫腻"等相关视频，引导学生思考信用评级的费用由谁来支付可能更有利于评级结果的公正性等问题，并补充征信标准化、信用评级规范的相关文件，引导学生形成公平公正、遵纪守法的职业道德。教学中还可以模拟信用评级的整个过程，让学生熟悉信用评级的业务内容与业务流程，理解信用评级的原则，明确信用评级机构的行为准则，使得学生在角色扮演过程中掌握该项职业技能，同时提升自己的思想道德素养和敬业精神。

（2）可将思政元素融入第二课堂，让学生在亲自实践中深入了解职业。通过整合校内外社会资源，如联信订单班等，聘请校外业务专家对信用管理相关行业的业务与风险管理进行实训，共同安排指导学生去相关机构进行实习，培养学生的动手能力和社会责任感，让学生亲身体验胜任相关工作的能力和素质要求。

"信用数据挖掘与处理"课程思政教学案例

◎桑 滨

一、课程概况

对于一个企业来讲，以前有没有信用都能生存，眼下没有信用就是破产。目前，国家级以及省级的信用信息平台拥有信息全面的企业档案，而大数据的应用使得信用数据得以更好地被处理。在大数据时代，为了让学生更好地掌握信用数据处理工具，让人才更好地适应市场需要，我院针对信管专业大二学生开设了"信用数据挖掘与处理"课程。

"信用数据挖掘与处理"课程是财会类专业的专业核心课程，而且是一门理实一体化的应用课程。本课程从企业实际应用出发，将企业实际应用引入课堂教学，目的是让学生使用 Excel 软件进行数据收集、公式与函数运算、数据分析、图表绘制，自动产生各种所需要的数据结果，为经营决策或财务管理提供决策依据。本课程同时注重培养学生的方法能力、社会能力，最终形成经济管理的职业综合能力。通过本课程的教学，使学生在熟练掌握会计、信用管理等基本理论的基础上，学会运用 Excel 软件处理相关数据的基本操作技能，在信息化时代具备核心职业技能，增强学生岗位适应能力。

二、课程教学目标与思政育人要求

（一）知识目标与能力目标

信用管理专业及财会类专业的学生通过信用数据处理操作课程的学习和训练，应熟练掌握 Excel 软件的基本操作技能，将所学的数据处理、统计理论等技能运用于实际工作；能熟练使用常用的大型数据处理软件，提高计算机操作应用能力，拓宽知识面，提高适应社会的能力。

（1）认识 Excel 工作界面，掌握 Excel 的安装方法。

（2）掌握数据的输入与编辑，掌握公式的引入、运算符优先级，掌握函数的输入，会创建图表并格式化背景，能熟练操作总账电算化核算系统。

（3）了解算数、集合、调和平均值，了解众数、中位数、方差、标准差，掌握偏度、峰度计算、数据分析工具加载。

（4）掌握数据分组方法，掌握频数统计方法。

（5）掌握随机抽样方法，了解均匀、正态、伯努利分布、二项分布、泊松分布、随机数概念，掌握生成某个区间的随机数的操作方法。

（6）掌握计算二项分布的概率的操作方法，掌握使用泊松分布函数的操作方法，掌握使用正态分布函数的操作方法。

（7）掌握时间序列的建模，掌握时间序列的指数平滑的操作方法。

（8）掌握数据透视表的创建、清除、编辑，能运用数据透视表分析数据，掌握数据透视图的创建、清除、编辑，能运用数据透视图分析数据。

（二）素质目标

（1）具有诚实守信、客观公正的职业精神。

（2）具有服从管理、分工协作的团队意识。

（3）具有严谨细致、认真负责的工作态度。

（4）具有良好的心理素质、服务意识和责任担当。

（5）具有较强的语言表达、会计职业沟通与协调能力。

（6）具有一定的财经文本的整理、汇总、撰写能力。

（7）具备一定的大数据、物联网、人工智能等信息化理念。

（8）能自主学习、归纳和总结相关专业新知识、新技术和新方法。

三、课程思政方案的整体设计

"信息数据挖掘与处理"课程思政方案融入课程的整体设计见表1。

表1 "信息数据挖掘与处理"课程思政元素融入课程的整体设计

序号	教学内容	课程思政育人目标	教学方法
1	第1章：Excel 基础知识	培育和践行核心价值观——爱国：爱祖国、爱人民、爱家乡、爱学校、道路自信、理论自信、制度自信、文化自信、政治意识、大局意识、核心意识、看齐意识、民族精神、时代精神等。	Excel 功能很多，但国内类似软件也不逊色于它，如一起写、石墨、语雀、腾讯文档等。
2	第2章：Excel 的数据管理	培育和践行核心价值观——敬业：热爱劳动、热爱工作、热爱岗位、职业道德、精益求精等。	数据的重要性、完整性等。

续表

序号	教学内容	课程思政育人目标	教学方法
3	第3章：描述性统计分析	培育和践行核心价值观——爱国：爱祖国、爱人民、爱家乡、爱学校、道路自信、理论自信、制度自信、文化自信、政治意识、大局意识、核心意识、看齐意识、民族精神、时代精神等。	大数据时代要具备处理大量数据及分析数据的能力。
4	第4章：数据分组与频数统计	培育和践行核心价值观——文明：以人为本、物质文明、精神文明、政治文明、社会文明、生态文明、社会秩序、国家软实力、国民素质、科学精神、工匠精神。	介绍统计函数的功能与作用，并学以致用解决生活中的常见问题，培养学生的科学精神。
5	第5章：抽样与随机数发生器	培育和践行核心价值观——和谐：真善美、和而不同、以和为贵等。	国民收入抽样统计，民众生活幸福指数统计等。
6	第6章：几种重要分布	培育和践行核心价值观——文明：以人为本、物质文明、精神文明、政治文明、社会文明、生态文明、社会秩序、国家软实力、国民素质、科学精神、人民精神、工匠精神、公序良俗、优秀传统文化、社会风尚等。	新冠疫情大致呈现什么分布，如今的下降趋势说明什么。
7	第7章：时间序列分析	培育和践行核心价值观——富强：物质现代化、科学技术发展、共同富裕、勤劳致富、国家综合国力、基本国情、中国梦等。	通过对国内第一产业、第二产业、第三产业总值的时间序列进行分析，使学生更加直观地了解各个产业的分布比例，引导学生对产业的发展贡献自己的一分力量。
8	第8章：数据透视表	培育和践行核心价值观——文明：以人为本、物质文明、精神文明、政治文明、社会文明、生态文明、社会秩序、国家软实力、国民素质、科学精神等。	大数据的可视化分析，例如利用人均GDP数据创建数据透视表。

四、育人元素实施案例

本案例的学习内容：根据我国及国外疫情实时数据信息绘制图表，并根据图表显示情况进行统计分析。

图 1 是我国某时期的疫情数据信息，请根据数据绘制折线图（见图 2 和图 3），并与其他国家数据进行对比分析。

单位：人

	新增确诊	新增疑似
3月24日	99	33
3月25日	114	58
3月26日	118	49
3月27日	135	29
3月28日	128	28
3月29日	106	17
3月30日	98	44
3月31日	86	26
4月1日	93	20
4月2日	78	12
4月3日	73	11
4月4日	55	11
4月5日	75	10
4月6日	66	12

图1

Excel 数据图表的类型很多，在现代数据处理实践中，使用较多的有柱形图、条形图、折线图、饼图、面积图和散点图等。表现不同的数据关系，需要制作专门的对应图表。

折线图是用直线段将各个数据点连接起来而组成的图形，它以折线的方式显示数据的变化趋势。折线图常常用来分析数据随时间变化的趋势。一般情况下，折线图的 X 轴表示时间的推移，而 Y 轴表示不同时刻数值的大小。折线图的常见样式有：折线图、堆积折线图、百分比堆积折线图、数据点折线图、堆积数据点折线图、百分比堆积数据点折线图和三维折线图等。

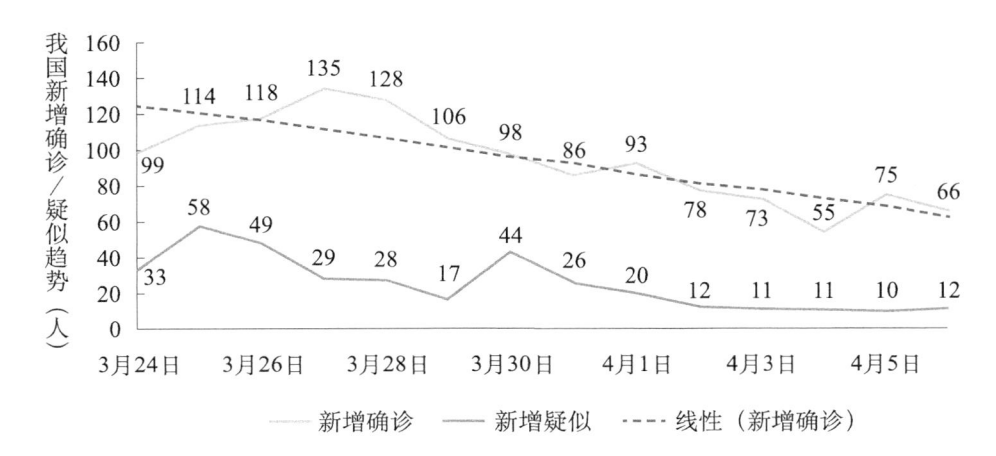

图2

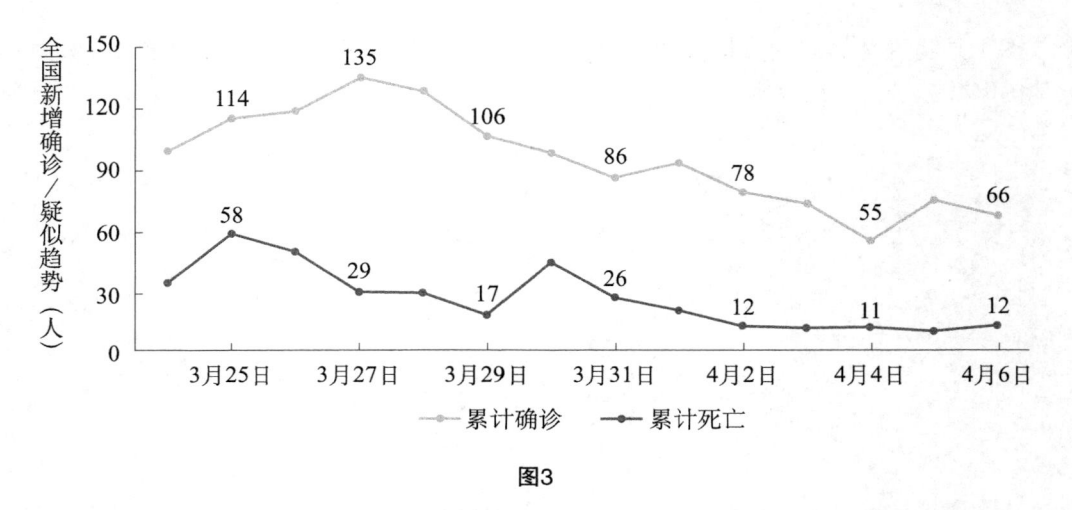

图3

运用同样的方法，根据国外不同国家的疫情数据，可以绘制下面的折线图（见图4~图8）。

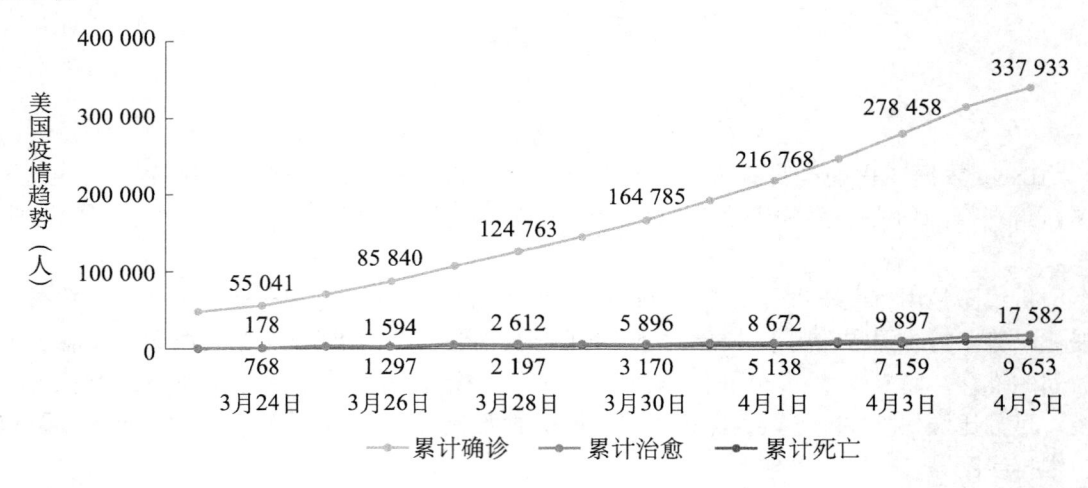

图4

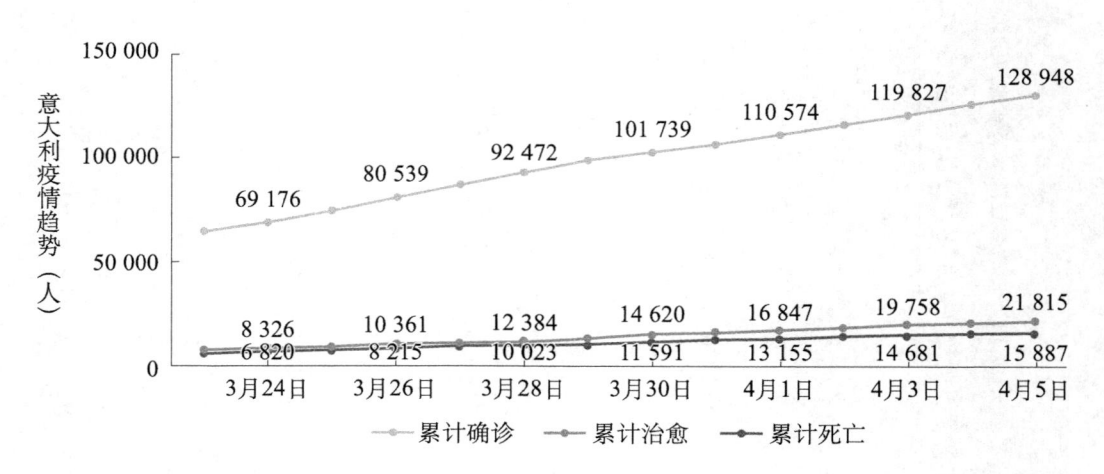

图5

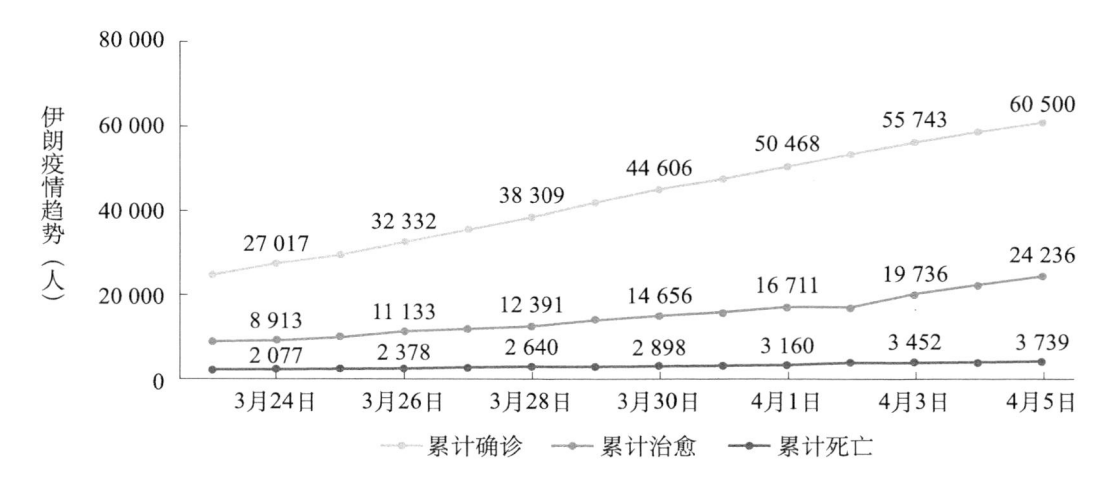

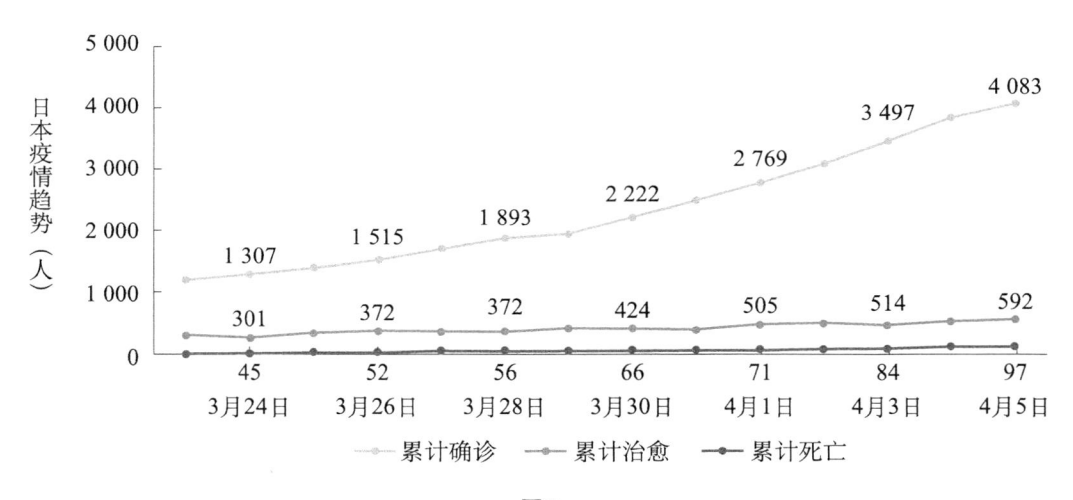

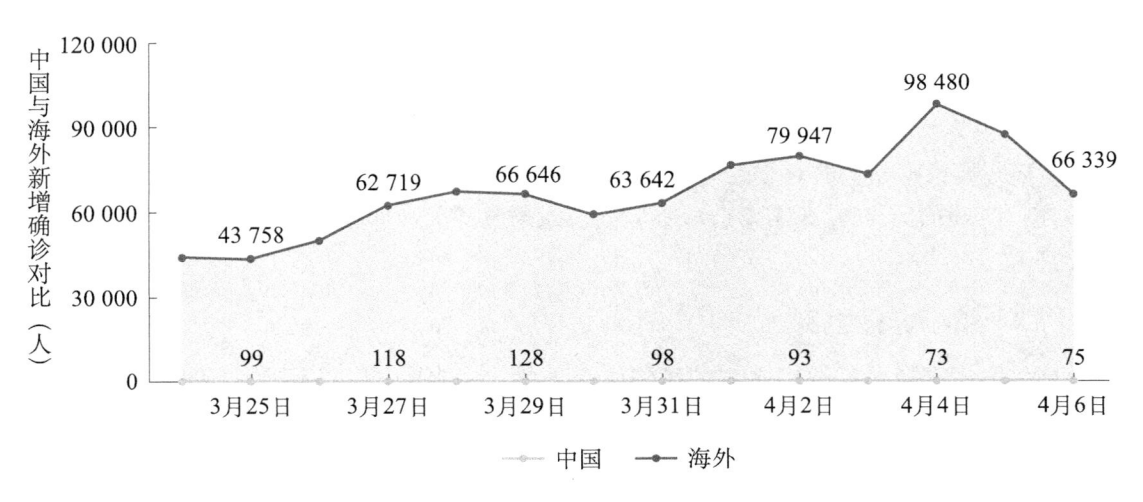

图6

图7

图8

上面介绍的是折线图，下面介绍柱形图。柱形图也称为直方图，用于显示某一段时间内数据的变化，或比较各数据项之间的差异。分类在水平方向组织，而数值在垂直方向组织，以强调对于时间的变化。在实际应用中，柱形图还有一些变形，例如，堆积柱形图显示单个数据项与整体的关系，三维透视的柱形图可以比较两个坐标轴上的数据点等（见图9）。

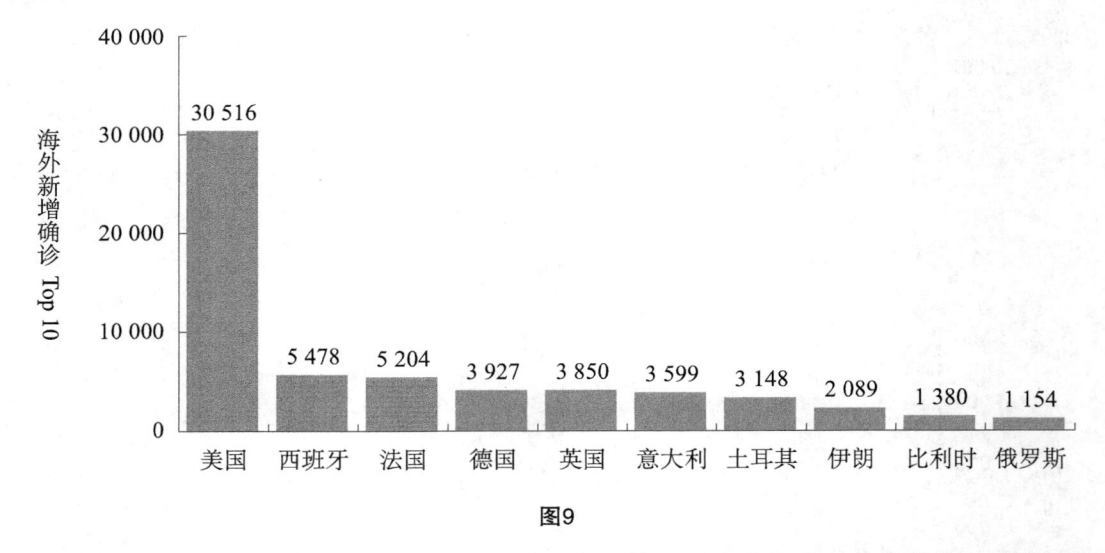

国家	海外新增确诊 Top 10
美国	30 516
西班牙	5 478
法国	5 204
德国	3 927
英国	3 850
意大利	3 599
土耳其	3 148
伊朗	2 089
比利时	1 380
俄罗斯	1 154

图9

由上述多个图表数据可知，我国的疫情防控工作在世界范围内具有领先优势，多个受疫情影响国家的医学社团代表和专家表示，中国鼓励居家减少社交，密切接触者追踪，检测和隔离，严格的信息发布等经验举措为全球疫情防控提供了借鉴。

五、特色及创新

（一）按专业量身定制

由于不同专业的学生有不同的职业要求，因此在教学设计中，除了具有共性的内容之外，还需要根据学生的专业确定专业化内容。教学内容不仅要因"课"制宜，而且要因"生"制宜，根据不同专业需要选取不同的切入角度和关注的重点，符合学生所在专业的职业要求。

（二）精心选择案例

良好的授课效果需要以丰富的案例作为支撑，才能让教学内容有血有肉。选择教学案例应遵循"近、远、广、专"的原则。所谓"近"就是选取最新发生的、学生熟悉的案例，比如淘宝芝麻信用协议、App手机权限问题等都是学生身边的案例，讨论这些案例容易引起学生的共鸣。所谓"远"是指引入国外的案例开拓学生的视野，学生从这些不熟悉的案例中获取新鲜的知识。所谓"广"是指选取多个行业的案例应用，兼有国内与国外、企业与政府部门，让学生打开思路。所谓"专"是指聚焦学生所在的专业，让其从专业视角深入理解问题。

六、实施效果与教学反思

第一，学习知识点。对于高职院校非思政课程的教师而言，课程思政的难，说到底是不知如何将社会主义核心价值观展开分析并与专业教学内容有机结合，这就需要学习党的二十大报告精神、全国教育大会精神以及职业素养等相关知识点。

第二，挖掘结合点。就是要找到将思政元素、职业素养融入课堂教学内容中去的位置，这要求教师要强化课程思政意识，找准将社会热点和身边鲜活事例与教学内容有机结合的点，并融入思政元素。

第三，找到融入点。在将思政内容融入课堂的过程中，教师可以根据需要把理论和现实结合起来后再"掰开揉碎"讲，不要生搬硬套，要用身边的事、用学生的语言来讲，这样才会生动，才会被学生接受。经常操练不断优化，这样的融入才会更周密、更具说服力。当然，要达到这种水平，一是需要多加练习，熟能生巧；二是教研室、课程组要强化集体备课，集众人的智慧才能更加精准、更加有效。

总之，从思政课程到课程思政，是高职教育价值的理性回归。把思政元素和职业素养融入课堂，是一项开创性的工作，是实施课程思政的难点所在，应通过不断改进，由点到线再到面，逐步深入。

参考文献

[1] 董必荣.论课程思政的本质与内涵.财会通讯,2022(12):21-26.

[2] 季周,李扣庆,张涛.会计诚信教育:课程思政新实践.新会计,2021(10):17-19.

[3] 周竹梅,宋岩,李海廷.以"七一"重要讲话引领会计课程思政教学.会计之友,2021(21):158-161.

[4] 张修权.授遵法重德之法 铸会计诚信之魂.中国会计报,2022-11-11(12).

[5] 张博.新时代高校"课程思政"建设研究.长春:吉林大学,2022.

[6] 李广苜紫,王婷,2021.产教融合视域下课程思政的探索与实践:以《成本会计》课程为例//《新课改教育理论探究》第十四辑,新课程研究杂志社:12-13.

[7] 尹律,戚振东,张佳欣.学习"七一"重要讲话 提升会计课程思政建设水平.会计之友,2021(24):157-160.

[8] 时军,张兰,王亚男.中级财务会计教学改革实践路径研究:基于"课程思政"视角.财会通讯,2022(21):151-155.

[9] 姜梦宇,2023.关于"课程思政"有效融入高职院校大数据与会计专业的策略探究//中国智慧城市经济专家委员会.2023年智慧城市建设论坛上海分论坛论文集.北京:中国智慧城市经济专家委员会:38-39.

[10] 史艳玉.新媒体背景下高校课程思政路径探究.经济师,2023(2):163-164.

[11] 宁婵.新时代工匠精神培育与高职院校课程思政融合的探讨.产业与科技论坛,2022,21(23):204-205.

[12] 王兆琳.高职院校会计专业课程思政教学研究.陕西教育(高教),2023(12):21-23.

[13] 王立新,王英兰."课程思政"视角下高职会计专业课教学改革探讨.浙江工贸职业技术学院学报,2018,18(2):21-24.

[14] 张莉.财务管理专业推进"课程思政"建设的策略.学校党建与思想教育,2019,(18):55-56.

[15] 张岩,宋京津,关福远.高校"课程思政"教学改革的阻力与对策.高教学刊,2020(29):174-177.

[16] 薛丽达，张菊香，董必荣，等.会计学"课程思政"教学改革研究：基于管理会计指引体系的思考.财会通讯，2021（24）：159-162.

[17] 高鹤，翟梓琪.专业课程与课程思政相结合取得新突破.中国会计报，2021-08-27（11）.

[18] 孙卓.基于社会主义核心价值观的中级财务会计课程思政教学实践研究.商业会计，2020（11）：110-112.

[19] 殷俊明，张兴亮.会计学"专业思政"建设的思考与探索.财会通讯，2020（15）：163-166+176.

[20] 洪镔.专业课"课程思政"的课堂教学设计：以"中级财务会计"课程为例.厦门城市职业学院学报，2020，22（3）：15-19.

[21] 岳世忠，张楠.会计学专业综合改革研究：思政教育视角.财会研究，2019（10）：32-34.

[22] 张其慧.文化育人视域下高职课程思政教学设计与实践：以《基础会计》课程为例.浙江工贸职业技术学院学报，2019，19（4）：32-36.

[23] 张清玉，詹自琦.对财务会计课程思政教学改革的思考.商业会计，2021（4）：111-113.

[24] 孙慧倩，王烨.植入社会主义核心价值观的会计学课程思政框架构建.财会通讯，2021（21）：163-167.

[25] 董必荣，张兴亮."会计学"课程的课程思政设计研究.财会通讯，2022（24）：26-29.

[26] 邹晓琴.《财务管理》课程思政融合教学改革研究.产业与科技论坛，2022（23）：184-186.

[27] 石磊.高职院校会计专业教育课程思政重要性的思考.当代会计，2021（2）：164-166.

[28] 孙玉红.纳税申报岗位实务课程思政研究.当代会计，2021（8）：23-25.

[29] 洪世勇.基于双师协同的课程思政教学模式构建研究.厦门城市职业学院学报，2021，23（3）：31-35.

[30] 康杰.会计文化.北京：北京师范大学出版社，2022.

[31] 李舟，2021.高校会计类操作课程"课程思政"教学闭环设计：以"Excel在财务中的应用"为例//福建省商贸协会.华南教育信息化研究经验交流会2021论文汇编（十二）.厦门：福建省商贸协会：38-39.

[32] 陈钢，2021.浅谈会计基础与实务课程融入"课程思政"德育元素挖掘//中国智慧工程研究会，课程教学与管理研究论文集（二）.北京：中国智慧工程研究会智能学习与创新研究工作委员会:291-295.

[33] 田高良，曹纳，李留闯.高校高级财务管理课程思政建设研究.大学教育，2023（6）：91-93+104.

[34] 覃田，陈志挺.高职院校课程思政"四维融入"模式的探索与思考：以广西工商

职业技术学院为例．大学教育，2023（7）：122-125.

[35] 李文新，王淑娟，杨霞．管理会计课程思政的现状、目标及实现路径．当代会计，2021（5）：164-166.

[36] 章惠敏．课程思政视角下高职会计专业课程教学改革路径探析：以"企业ERP财务应用"为例．当代会计，2020（18）：149-150.

[37] 张静，倪琳妍．"互联网＋课程思政"教学模式改革实践．教育现代化，2019，6（88）：47-48.

[38] 谢平华．"双向互动"课程思政教学模式探索：以基础会计学为例．新会计，2021（11）：22-23.

[39] 柴美娟，姚金伟．现代学徒制视域下实践类课程思政教学实践与研究．机械职业教育，2023（5）：54-58.

[40] 涂频．"智慧教育＋课程思政"的混合式教学设计研究．教育现代化，2019，6（A4）：213-215.

[41] 傅徐翼．课程思政视域下的高职立体化育人之路探析．科技资讯，2017，15（34）：209-210.

[42] 臧泽华．基于蓝墨云平台的《财务管理》课程思政教学设计思考．吉林：吉林化工学院学报，2019，36（10）：42-45.

[43] 黄煜栋．"课程思政"视域下课堂教学质量评价融入"思政元素"的探索与实践．现代职业教育，2019（24）：32-33.

图书在版编目（CIP）数据

会计专业群课程思政案例/张薇，刘冰洋编著.--北京：中国人民大学出版社，2024.3
ISBN 978-7-300-32595-8

Ⅰ.①会… Ⅱ.①张… ②刘… Ⅲ.①职业教育－思想政治教育－研究－中国 Ⅳ.① G711

中国国家版本馆 CIP 数据核字（2024）第 045612 号

金苑文库
浙江金融职业学院中国特色高水平高职学校建设系列成果
会计专业群课程思政案例
张 薇 刘冰洋 编著
Kuaiji Zhuanyequn Kecheng Sizheng Anli

出版发行	中国人民大学出版社		
社　址	北京中关村大街 31 号	邮政编码	100080
电　话	010-62511242（总编室）		010-62511770（质管部）
	010-82501766（邮购部）		010-62514148（门市部）
	010-62515195（发行公司）		010-62515275（盗版举报）
网　址	http://www.crup.com.cn		
经　销	新华书店		
印　刷	固安县铭成印刷有限公司		
开　本	787mm×1092mm　1/16	版　次	2024 年 3 月第 1 版
印　张	14	印　次	2024 年 3 月第 1 次印刷
字　数	316 000	定　价	48.00 元

版权所有　侵权必究　　印装差错　负责调换